테마별 실무서 13

비상장주식평가 세무

한국세무사회

발간사

세무사는 공공성있는 세무전문가로 납세자권익 보호와 성실한 납세의무 이행에 이바지하는 사명이 있습니다. 이 때문에 세무사는 모름지기 높은 전문성과 책임성을 갖춰야 하고 이를 위한 연구와 교육은 아무리 강조해도 지나치지 않습니다.

한국세무사회는 그동안 많은 세법책과 실무서를 발간하면서 회원의 전문성과 책임성을 함양하기 위해 노력해왔습니다. 하지만 회원보다는 관성적인 출판에 그치고 저자 편의가 앞서 사업현장의 회원님을 만족시키는데 부족함이 참 많았습니다.

제33대 한국세무사회는 도서출판까지 혁신하여 사업현장의 회원들의 직무 요령, 리스크 관리 및 컨설팅기법 등을 망라해 회원들이 책상머리에 두고 무시로 회원을 돕는 '실사구시 지침서'를 어떻게 마련할지 고민해왔습니다.

그 결과 세목별 기본서, 신고실무도 회원친화적으로 형식과 콘텐츠도 바꾸고 회원님이 전문적인 핵심직무를 수행할 때 유용한 길잡이가 될 '테마별 실무서 시리즈'를 새롭게 내게 되었습니다.

'한국세무사회 테마별 실무서'는 사업현장에서 부딪히는 핵심주제 50개를 추출하고 각 테마마다 최고의 전문가가 참여하여 관계법령, 예규 및 판례의 나열 아닌 직무요령과 리스크 관리, 컨설팅 기법 등 권위있는 전문 집필자의 노하우까지 담아냈습니다.

조세출판사에 큰 획을 그을 책이 될 '한국세무사회 테마별 실무서 시리즈'가 앞으로 개정과 증보를 거듭하면서 사업현장의 회원님을 최고의 조세전문가로 완성시키는 기념비적인 책이 되리라 믿어 의심치 않습니다.

어려운 여건에도 남다른 열정과 전문성으로 '한국세무사회 테마별 실무서'가 탄생하는데 함께해주시는 집필진 세무사님과 한국세무사회 도서출판위원회 위원님께 고마움을 전합니다.

2025년 5월

한국세무사회 회장 구재이

비상장주식평가 세무

>>> 제1절 · 재산평가의 의의 및 평가기준일 ······· 13
- Ⅰ. 비상장주식 평가의 의의 ······· 13
  1. 비상장주식의 범위 ······· 13
  2. 비상장주식 평가 의의 ······· 13
  3. 다른 법령에 따른 비상장주식 평가방법 ······· 14
- Ⅱ. 평가기준일 ······· 15
  1. 상속재산의 평가기준일 ······· 15
  2. 증여재산의 평가기준일 ······· 17
- Ⅲ. 기타 법령에 의한 평가기준일 ······· 21
  1. 법인세법상 부당행위계산 규정 적용시 평가기준일 ······· 21
  2. 소득세법상 부당행위계산 규정 적용시 평가기준일 ······· 21
- Ⅳ. 재산평가의 기본원칙 ······· 22
  1. 재산평가의 원칙 ······· 22
  2. 재산평가할 때 계산단위 ······· 22
  3. 원물과 과실 ······· 23
  4. 공유재산의 평가 ······· 23
  5. 연부 또는 월부로 취득하여 상환완료 전인 재산의 평가 ······· 24
  6. 국외재산의 평가 ······· 24
  7. 국외재산의 원화환산 ······· 24
  8. 외화자산 및 부채평가의 평가 ······· 25
  9. 평가방법의 정함이 없는 재산의 평가 ······· 25
  10. 국세청장의 평가관련 세부사항 규정 ······· 25

>>>> **제2절 · 시가평가** ···································· 29
   Ⅰ. 비상장주식의 시가 평가원칙 ···································· 29
   Ⅱ. 구체적인 시가의 범위 ··· 30
      1. 매매가액 ··· 30
      2. 감정가액의 평균액 ··· 32
      3. 경매가격·공매가액 ··· 34
      4. 면적·위치·용도 등이 동일하거나 유사한 다른 재산의 매매 등 사례가액 ··· 36
      5. 평가기간 외의 기간 중에 매매가액 등의 시가적용 ········ 38
      6. 시가에 해당하는 가액이 둘 이상인 경우 적용순서 ······· 41

>>>> **제3절 · 비상장주식의 보충적 평가방법** ························ 47
   Ⅰ. 비상장주식 평가 의의 ··· 47
   Ⅱ. 가중평균액과 순자산가치의 80%중 비교에 의한 평가방법 48
      1. 1주당 평가액 ·· 51
      2. 1주당 순자산가치 ·· 51
      3. 1주당 순손익가치 ·· 52
      4. 부동산과다보유법인이란 ································· 54
      5. 순손익가치 또는 순자산가치가 부수(-)인 경우 가중평균방법 ·· 61
   Ⅲ. 순자산가치로만 1주당 가액을 평가하는 경우 ············· 62
      1. 청산절차가 진행중인 법인의 주식 등 ················· 63
      2. 사업개시전의 법인, 사업개시 후 3년 미만의 법인과 휴업·폐업 중에 있는 법인의 주식 또는 출자지분 ············ 63

3. 최근 3년간 계속하여 결손인 법인 ·················· 66
4. 골프장등 영위 업종으로서 자산총액 중 부동산 등 비율이
   80% 이상인 법인 ·· 67
5. 자산총액 중 부동산 등 비율이 80% 이상인 법인 ······· 67
6. 자산총액 중 주식 등 가액 비율이 80% 이상인 법인 ····· 69
7. 법인설립시부터 확정된 존속기한 중 잔여존속기한이 3년
   이내인 법인의 주식 ·· 69
8. 순자산가치로만 1주당 가액을 평가하는 경우 영업권 가산
   여부 ·· 70
Ⅳ. 평가심의위원회가 심의·제시하는 평가가액으로 평가 ········ 73
   1. 평가방법 ··· 73
   2. 신청방법 ··· 74

제4절 · 1주당 순손익가치의 계산 ··················· 77
Ⅰ. 의의 ·· 77
Ⅱ. 순손익가치 계산방식 ·· 78
   1. 1주당 최근 3년간 순손익액의 가중평균액에 의한
      순손익가치 계산 ·· 78
   2. 1주당 추정이익의 평균가액에 의한 순손익가치 계산 ··· 79
   3. 평가대상 사업연도 중에 합병이 있는 경우 ············· 87
   4. 법인세경정이 있는 경우의 1주당 순손익액의 계산 ······ 88
   5. 액면가액이 변동(분할 또는 병합)된 경우 ················ 88

제5절 · 순손익액의 계산 ································ 89
Ⅰ. 의의 ·· 89
Ⅱ. 순손익액의 계산구조 ·· 91

Ⅲ. 순손익액 계산서 서식을 중심으로 구체적 계산과정 ········· 95
　1. 개요 ··· 95
　2. 가감항목의 대상 및 구분기준 ··· 95
　3. 각 사업연도 소득금액 ·· 97
　4. 각 사업연도 소득에 가산할 금액 ······································ 98
　5. 각 사업연도 소득에서 공제할 금액 ································ 102
　6. 유상증자 또는 유상감자시 반영액 ·································· 112
　7. 각 사업연도말 주식수 또는 환산주식수 ························· 113
　8. 가중평균액 ··· 120
　9. 기획재정부장관이 고시하는 이자율 ································ 120
　10. 최근 3년간 순손익액의 가중평균액에 의한 1주당
　　　가액 ··· 121

제6절 · 1주당 순자산가치의 계산 ··· 125
Ⅰ. 의의 ··· 125
Ⅱ. 자산총계의 계산 ·· 127
　1. 자산총계의 계산구조 ·· 127
　2. 재무상태표상 자산가액 ·· 131
　3. 평가차액 ··· 131
　4. 자산에서 제외하는 항목 ··· 151
Ⅲ. 부채총계의 계산 ·· 157
　1. 부채총계의 계산구조 ·· 157
　2. 재무상태표상 부채액 ·· 158
　3. 부채에 가산하는 항목 ·· 158
　4. 부채에서 제외하는 항목 ··· 165
　5. 골프장을 영위하는 법인 등의 입회금 또는 보증금 평가방법
　　 ··· 167

CONTENTS

- Ⅳ. 영업권 평가액의 가산 ·· 170
  - 1. 순손익가치와 순자산가치를 가중평균할 때 영업권 가산여부 ··· 171
  - 2. 순자산가치로만 1주당 가액을 평가하는 경우 영업권 가산여부 ··· 171
  - 3. 순손익가치와 순자산가치를 가중평균할 때 영업권 평가액 ··· 173
- Ⅴ. 발행주식총수의 계산 ·· 186
  - 1. 원칙 ·· 186
  - 2. 자기주식이 있는 경우 ·· 187

제7절 • 최대주주 등의 보유주식에 대한 할증평가 ············· 189
- Ⅰ. 의의 ··· 189
- Ⅱ. 최대주주 등의 범위 및 판정기준 ···································· 190
  - 1. 최대주주의 주식에 대한 할증평가 ································ 190
  - 2. 최대주주 등의 정의 ··· 190
  - 3. 최대주주 등의 판정기준 ··· 190
  - 4. 최대주주 등이 보유하는 주식 등의 지분율 계산 ········· 190
- Ⅲ. 할증평가의 대상 및 범위 ··· 192
  - 1. 할증평가 대상 ·· 192
  - 2. 할증비율 ·· 192
  - 3. 의결권이 없는 주식은 할증평가 제외 ························· 193
- Ⅳ. 할증평가를 하지 아니하는 경우 ······································ 194
- Ⅴ. 중소기업·중견기업 주식에 대한 할증평가의 면제 ········· 196
  - 1. 원칙 ·· 196
  - 2. 유예기간 중에 있는 중소기업 주식등에 대한 할증평가 면제여부 ··· 196

  3. 외국법인의 최대주주 주식 등에 대한 할증평가 면제
   여부 ··· 197
Ⅵ. 중소기업기본법상 중소기업의 범위 ································· 197
  1. 의의 ··· 197
  2. 영리목적으로 사업을 영위하는 중소기업의 범위 ········ 197
  3. 사회적기업·협동조합·협동조합연합회의 중소기업의 범위
   ·· 201
  4. 용어의 정의 ··· 202
  5. 중소기업 여부의 판단 및 적용기간 ······················· 205
  6. 중소기업 적용기간의 유예 ···································· 205
Ⅶ. 중견기업의 범위 ·· 206
  1. 할증평가 면제대상 중견기업 ································· 206
  2. 성장촉진 및 경쟁력 강화에 관한 특별법에 따른 중견기업의
   범위 ··· 206
Ⅷ. 각 세법상 중소·중견기업주식 할증평가 면제규정 적용방법
  ·· 208
  1. 상속세및증여세법상 중소·중견기업 최대주주 주식 할증평가
   면제 ··· 208
  2. 명의신탁재산 증여의제 규정 적용시 할증평가 적용방법 ···
   ·· 208
  3. 양도소득세 부당행위계산부인규정 적용시 ··············· 208
  4. 법인세법상 부당행위계산부인규정 적용시 ··············· 209
  5. 법인이 유증·사인증여 또는 증여받을 경우 ············· 209

CONTENTS

>>>> 제8절 · 평가심의위원회의 심의를 통한 비상장주식 평가방법 ···· 211
   Ⅰ. 개요 ·· 211
      1. 평가서 작성자 ·· 212
      2. 신청방법 ··· 213
      3. 비상장주식에 대한 요건심사와 보정요구 ·························· 213
      4. 평가심의위원회가 심의할 때 고려사항 ······························ 214
      5. 심의결과의 통지 및 납세자의 활용 ···································· 214
      6. 신용평가전문기관에 대한 평가 의뢰 ·································· 215
      7. 평가심의위원회의 설치·운영·심의절차 등은 국세청장이 고시
         ··· 215
   Ⅱ. 현금흐름할인법·배당할인법 등 의한 평가시 평가업무 ····· 216
      1. 현금흐름할인법·배당할인법 등 의한 평가시 ···················· 216
      2. 자산평가법에 의한 평가시 ··· 216
   Ⅲ. 유사상장법인 주가 비교평가방법에 의한 평가업무 ·········· 216
      1. 의의 ··· 216
      2. 적용대상 및 요건 ·· 217
      3. 유사상장법인 주가 비교평가방법의 적용절차 ················· 218
      4. 유사상장법인 주가 비교평가액의 산정 ····························· 219
      5. 「유사상장법인 비교요소일람표」 적용사례 ······················ 228
      6. 유사상장법인 비교요소 일람표의 이용 ····························· 231
   Ⅳ. 납세자의 평가심의위원회 신청기한 및 평가심의위원회의 결과
     통지기한 ·· 232
      1. 납세자의 평가심의위원회 신청기한 및 신청서류 ·········· 232
      2. 평가심의위원회의 결과통지 기한 ······································· 233

CONTENTS

〉〉〉 제9절 · 저당권 등이 설정된 재산의 평가특례 ·················· 235
    Ⅰ. 저당권 등이 설정된 재산의 평가특례 적용범위 ············ 235
    Ⅱ. 채권액의 의미 ·· 236
    Ⅲ. 질권이 설정된 재산의 평가 ······································ 237
       1. 의의 ·· 237
       2. 평가방법 ·· 237

〉〉〉 제10절 · 비상장주식 평가방법 종합사례 ·························· 239

〉〉〉 부록 · 비상장주식 평가보고서 샘플 ································ 255

제1절 재산평가의 의의 및 평가기준일

I. 비상장주식 평가의 의의

1. 비상장주식의 범위

자본시장과 금융투자업에 관한 법률에 따른 유가증권시장과 코스닥시장에 상장되지 아니한 주식 및 출자지분을 일반적으로 비상장주식이라 한다. 코넥스 시장에 상장된 주식도 상속세및증여세법에서는 비상장주식으로 취급하고 있다.

2. 비상장주식 평가 의의

비상장주식을 상속받거나 증여받은 경우에는 해당 비상장주식을 평가해야 한다. 이 경우 평가란 상속받거나 증여받은 재산의 경제적 가치를 적정하게 화폐액으로 환가하는 것을 말하는 것으로 그 평가액을 기초로 상속세 또는 증여세를 과세하게 되므로 재산평가는 세액의 산출에 있어 가장 중요한 일이다. 특히, 비상장주식의 평가가 상속·증여재산의 평가 중 가장 어려워한다.

비상장주식의 평가는 평가기준일 전후 6월(증여재산의 경우에는 평가기준일 전 6개월부터 평가기준일 후 3개월까지로 한다)이내에 불특정다수인간에 자유로이 거래된 매매가액 등 시가로 평가하는 것이 원칙이지만 이러한 시가를 산정하기 어려운 경우에는 과세행정의 획일성·신속성을 위하여 시가에 갈음할 수 있는 1주당 순손익가치와 1주당 순자산가치를 가중평균방법 등 보충적 평가방법에 의하여 평가하도록 하고 있다.

3. 다른 법령에 따른 비상장주식 평가방법

비상장주식을 상속세및증여세법에 따라 평가하는 목적은 상속세와 증여세를 과세하기 위한 목적도 있지만, 소득세법 및 법인세법상 특수관계인간의 비상장주식 거래에 대하여 부당행위계산 규정 등을 적용할 때 그 시가를 산정하기 위한 목적도 있다.

즉 비상장주식을 특수관계가 있는 개인과 개인간에 거래하는 경우에는 소득세법 제101조에 따른 부당행위계산 규정이 적용될 수 있다. 이 경우 시가는 소득세법 시행령 제167조 제5항에 의하여 상속세 및 증여세법 제60조부터 제66조까지와 같은 법 시행령 제49조, 제50조부터 제52조까지, 제52조의2, 제53조부터 제58조까지, 제58조의2부터 제58조의4까지, 제59조부터 제63조까지의 규정을 준용하여 평가한 가액에 따른다. 즉, 소득세법상 특수관계인간의 거래에 대하여 소득세법 제101조의 부당행위규정을 적용할 때 시가라는 것은 결과적으로 상속세및증여세법상 시가 및 보충적평가방법, 저당권등이 설정된 재산평가 특례규정까지 모두 준용하고 있다.

또한 거래당사자가 개인과 법인간에 또는 법인과 법인간의 거래에 해당되어서 법인세법에 따라 비상장주식의 시가를 평가해야 하는 경우가 있다. 이 경우에도 법인세법 시행령 제89조에 의하여 해당 거래와 유사한 상황에서 해당 법인이 특수관계인 외의 불특정다수인과 계속적으로 거래한 가격 또는 특수관계인이 아닌 제3자간에 일반적으로 거래된 가격이 있는 경우에는 그 가격에 따른다. 그 거래가액이 없는 경우에는 상속세 및 증여세법 제38조·제39조·제39조의2·제39조의3, 제61조부터 제66조까지의 규정을 준용하여 평가한 가액을 시가로 보아 적용한다. 즉 법인세법에 따라 비상장주식을 평가할 때에는 상속세 및 증여세법상 보충적인 평가방법만 준용하고 있다.

따라서 특수관계가 있는 개인과 개인간에 거래하는 경우에는 상속세및증여세법에 따른 시가 또는 보충적 평가방법에 의한 가액이 시가가 되며, 법인세법이 우선 적용되는 경우에는 법인세법상 시가가 없는 경우에 한하여 상속세및증여세법에 따라 평가한 보충적 평가액이 시가에 해당하게 된다.

제1절 재산평가의 의의 및 평가기준일

┃비상장주식을 거래하는 경우 체크해야 할 법령┃

① 관련법령 : 소득세법, 법인세법, 상속세 증여세법, 증권거래세법, 국제조세조약
② 비장주식 평가 관련 각 세법상 평가방법
- 소득세법: 시가 및 보충적 방법 모두 상속세및증여세법 준용
- 법인세법: 법인세법에 시가 규정, 다만, 보충적 평가방법만 상속세및증여세법 준용
- 상속세및증여세법: 상속세및증여세법에 별도 규정
- 증권거래세법 : 소득세법, 법인세법, 상속세및증여세법 준용
③ 특수관계인 해당여부
- 소득세법: 국세기본법 준용
- 법인세법: 법인세법에 별도 규정
- 상속세및증여세법: 상속세및증여세법에 별도 규정
- 증권거래세법 : 소득세법, 법인세법, 상증법 준용

Ⅱ 평가기준일

1. 상속재산의 평가기준일

상속재산의 평가는 상속개시일 현재의 시가에 의한다(상증법 §60 ①). 민법에서는 상속은 사망으로 인하여 개시 된다(민법 §997). 따라서 상속세를 부과하는 경우에는 상속세 납세의무의 성립시기인 사망일이 상속재산 평가기준일이 된다. 그러나 사망의 경우에는 자연적인 사망 이외에 실종선고에 의한 사망과 인정사망 등이 있으므로 각각의 경우 적용되는 세법상 평가기준일은 다음과 같다.

(1) 자연적 사망의 경우

자연적 사망의 경우에 상속개시일은 실제 사망한 사실이 발생한 시점이다. 보통은 사망신고서에 첨부된 의사의 사망진단서에 의하여 가족관계등록부에 기재된 사망일시 등을 기준으로 평가한다. 그러나 가족관계등록부에 기재된 사망일시는 추정적 효

력을 가지며 반증이 있으면 번복될 수 있다.

(2) 실종선고의 경우

자연인이 실종되면 법원은 이해관계인이나 검사의 청구에 의하여 실종선고를 하게 되며, 실종선고를 받은 자는 실종기간이 만료한 때에 사망한 것으로 본다(민법 §28). 그러나 민법 규정을 따를 경우 국세부과 제척기간이 경과한 후에 상속인이 실종선고를 청구하여 선고되는 경우 이미 상속세 부과제척기간이 도과되어 상속세 과세가 불가능한 사례가 발생할 수 있다. 이런 경우를 대비하여 상속세및증여세법에서는 민법의 규정과 달리 실종선고로 인하여 상속이 개시된 경우에는 실종선고일을 상속재산의 평가기준시점으로 한다(상증법 §1 ①).

(3) 인정사망의 경우

인정사망이라 함은 수재, 화재나 그 밖의 재난으로 인하여 사망의 확인은 없으나 고도의 사망확률이 있는 경우에는 이 사고를 조사한 관공서가 사망지의 시·읍·면장에게 사망보고(외국에서 사망이 있는 때에는 사망자의 본적지의 시·읍·면의 장에게 사망의 보고)를 하여 그 사망보고서에 의하여 사망으로 인정하는 것을 말한다. 이 경우에는 가족관계등록부에 기재된 사망의 연·월·일·시에 의한 사망시기가 상속개시일이 된다. 이러한 인정사망은 사망에 관한 기재에 대하여 추정력이 주어지는데, 반증이 없는 한 가족관계등록부상 기재의 사망일에 사망한 것으로 인정하여 이 시점을 평가기준일로 한다.

(4) 상속추정재산

피상속인이 피상속인의 재산을 처분하여 받거나 피상속인의 재산에서 인출한 금액이 상속개시일 전 1년 이내에 재산종류별로 계산하여 2억원 이상인 경우와 상속개시일 전 2년 이내에 재산종류별로 계산하여 5억원 이상인 경우, 부채의 경우에는 부담한 채무의 합계액이 상속개시일 전 1년 이내에 2억원 이상인 경우와 상속개시일 전 2년 이내에 5억원 이상인 경우로서 그 용도가 객관적으로 명백하지 아니한 경우에는 상속세과세가액에 산입한다.

이 때 피상속인이 처분한 재산가액은 실제 수입한 금액을 기준으로 하되, 그 금액이 확인되지 아니하는 경우에는 당해 재산의 처분당시를 기준으로 상속세및증여세법 제60조부터 제66조까지 규정에 의하여 평가한 가액을 그 가액으로 한다(상증통 15-11…1). 여기에서 처분당시라 하면 매매사실이 있는 경우에는 매매계약일, 감정평가서가 있는 경우에는 감정평가서를 작성한 날, 수용·경매·공매의 경우에는 보상가액 등이 결정된 날을 기준으로 판단한다(상증령 §49 ②).

2. 증여재산의 평가기준일

(1) 원칙

증여재산의 평가기준일은 아래의 취득일을 증여재산의 평가기준일로 적용한다(상증령 §23). 다만, 신탁이익의 증여 등 증여 예시규정과 증여추정·증여의제규정의 증여일 즉, 평가기준일에 대하여는 상속세및증여세법 제33조부터 제39조까지, 제39조의2, 제39조의3, 제40조, 제41조의2부터 제41조의5까지, 제42조, 제42조의2, 제42조의3, 제44조, 제45조 및 제45조의2부터 제45조의5에서 별도로 규정하고 있다(상증법 §32, 상증령 §24 ①).

(가) 주식 또는 출자지분

증여받는 재산이 주식 또는 출자지분(주식 등)인 경우에는 수증자가 배당금의 지급이나 주주권의 행사 등에 의하여 당해 주식 등을 인도받은 사실이 객관적으로 확인되는 날에 취득한 것으로 본다. 다만, 당해 주식 등을 인도받은 날이 불분명하거나 당해 주식 등을 인도받기 전에 상법 제337조 또는 동법 제557조의 규정에 의하여 취득자의 주소와 성명 등을 주주명부 또는 사원명부에 기재한 경우에는 그 명의개서일 또는 그 기재일로 한다(상증령 §23 ②).

법원은 "세법상 증여세 과세대상으로서의 주식 증여가 있었는지 여부는 주식 증여에 대한 의사의 합치와 주식을 취득하여 사실상 주주로서의 권리를 행사할 수 있는 지위를 취득하였는지에 의하여 판단하여야 한다"라고 판시(대법원 2012.1.26.선고 2011두14579)한 바 있으며, 또한 "주식을 인도받은 사실이 객관적으로 확인되는 날은 법인이 작성한 주식등변동상황명세서와 주식·출자지분 양도명세서 등에 양도일로 기재된 날로 보는 것이 타당하다"라고 판시(서울행법2020구합88176 , 2021. 11.16.)하고 있습니다. 조세심판원은 "명의개서가 되지 않은 비상장주식의 증여시기는 증여계약 당사자의 의사표시가 되어 있는 증여계약서상의 증여일자로 보아야 한다"라고 결정(조심 2017중1512, 2017.6.15.)바 있다.

(나) 권리의 이전이나 그 행사에 등기·등록을 요하는 재산

권리의 이전이나 그 행사에 등기·등록을 요하는 재산에 대하여는 등기·등록일이 증여재산의 취득시기이다(상증령 §23 ①). 여기서 등기·등록일이라 함은 소유권이전 등기·등록신청서 접수일을 말한다(상증통 31-23…5). 다만, 민법 제187조의 규정[1])에 의한 등기를 요하지 아니하는 부동산의 취득에 대하여는 실제로 부동산의 소유권을 취득한 날로 한다.

(다) 수증자 명의로 건물을 신축하거나 분양권을 취득한 경우

다음에 해당하는 경우에는 그 건물의 사용승인서 교부일이 증여재산 취득시기가 된다. 다만, 사용승인전에 사실상 사용하거나 임시사용승인을 얻은 경우에는 그 사실상의 사용일 또는 임시사용승인일로 하고, 건축허가를 받지 아니하거나 신고하지 아니하고 건축하는 건축물에 있어서는 그 사실상의 사용일로 한다.

① 건물을 신축하여 증여할 목적으로 수증자의 명의로 건축허가를 받거나 신고를 하여 당해 건물을 완성한 경우
② 건물을 증여할 목적으로 수증자의 명의로 당해 건물을 취득할 수 있는 권리(분양권)를 건설사업자로부터 취득하거나 분양권을 타인으로부터 전득한 경우

(라) 무기명채권

증여받은 재산이 무기명채권인 경우에는 당해 채권에 대한 이자지급사실 등에 의하여 취득사실이 객관적으로 확인되는 날에 취득한 것으로 본다. 다만, 그 취득일이 불분명한 경우에는 당해 채권에 대하여 취득자가 이자지급을 청구한 날 또는 당해 채권의 상환을 청구한 날로 한다(상증령 §23 ③).

---

1) 민법 제187조 【등기를 요하지 아니하는 부동산물권취득】
   상속, 공용징수, 판결, 경매 기타 법률의 규정에 의한 부동산에 관한 물권의 취득은 등기를 요하지 아니한다. 그러나 등기를 하지 아니하면 이를 처분하지 못한다.

(마) 기타재산

등기·등록을 요하는 재산 또는 수증자 명의로 건물을 신축하거나 분양권을 취득한 경우를 제외한 기타재산 즉, 동산의 경우에는 수증자에게 인도한 날 또는 수증자의 사실상 사용일이 증여시기가 된다.

(2) 동일인으로부터의 재차증여로 합산되는 증여재산가액

증여세의 과세는 합산을 배제하는 증여재산을 제외하고는 해당 증여일 전 10년 이내에 동일인으로부터 받은 증여재산가액의 합계액이 1천만원 이상인 경우에는 그 가액을 증여세과세가액에 가산한다(상증법 §47 ②). 이 때 재차증여재산을 합산과세할 때 증여재산의 가액은 각 증여일 현재의 재산가액에 의한다(상증통 47-0…2). 따라서 각각의 증여일을 평가기준일로 한다.

(3) 상속재산에 가산되는 증여재산가액

상속세 과세가액에 가산되는 증여재산가액은 증여일 현재의 시가에 의하여 평가한다(상증법 §60 ④). 즉 상속개시일 전 10년 이내에 피상속인이 상속인에게 증여한 재산가액과 상속개시일 전 5년 이내에 피상속인이 상속인이 아닌 자에게 증여한 재산가액은 증여일 현재를 기준으로 상속세및증여세법 제60조부터 제66조까지 규정에 의하여 평가하여 가산한다. 이 때 상속재산 가액에 가산하는 증여재산 가액은 당초 증여일이 평가기준시점이다.

┃ 상속 · 증여재산 평가기준일 ┃

구 분		평가기준일
상속재산평가	상속재산	상속개시일
	상속개시전 처분재산	재산 처분일(또는 인출일)
	사전증여재산	각 증여일
	부동산	소유권이전등기접수일

구 분		평가기준일
증여재산평가	건물을 신축하여 증여한 경우	사용승인서교부일(사실상 사용일 등)
	건물을 증여할 목적으로 분양권을 취득한 경우	사용승인서교부일(사실상 사용일 등)
	주식 등 동산	인도일(주식의 경우 인도일과 명의개서일중 빠른날)
	신탁이익의 증여	원본과 수익이 실제 지급되는 때 등
	보험금의 증여	보험사고(만기보험금 지급 포함)가 발생한 때
	저가·고가양도에 따른 이익의 증여	양도일 또는 양수일(예외, 계약일)
	채무면제 등에 따른 증여	채권자가 면제에 대한 의사표시를 한 날, 제3자와 채권자 간에 채무의 인수 또는 변제계약이 체결된 날
	부동산무상사용에 따른 이익의 증여	부동산의 무상사용을 개시한 날
	합병에 따른 이익의 증여	대차대조표 공시일 또는 합병의 증권신고서를 제출한 날 중 빠른 날(비상장법인은 대차대조표 공시일)
	증자에 따른 이익의 증여	주식대금납입일(또는 신주인수권증서 교부일)
	감자에 따른 이익의 증여	감자(減資)를 위한 주주총회결의일
	현물출자에 따른 이익의 증여	현물출자 납입일
	전환사채 등의 주식전환에 따른 이익의 증여	전환사채등 인수·취득한 날 또는 주식전환등을 한 날
	주식 등의 상장 등에 따른 이익의 증여	상장되기 전 주식을 증여받은 날, 상장일 또는 코스닥상장일부터 3개월이 되는 날(증여세 정산기준일)
	금전무상대부에 따른 이익의 증여	금전을 대부받은 날(1년 이내 수차례 대부받은 경우 증여이익이 1천만원 이상이 되는 날)
	합병에 따른 상장 등 이익의 증여	합병등기일로부터 3월이 되는 날(증여세 정산기준일)
	배우자 등에 대한 양도시 증여추정	배우자 등에게 양도한 때
	재산취득자금 증여추정	취득자금 소명대상 재산을 취득한 때
	명의신탁재산의 증여의제	등기·등록·명의개서일(또는 소유권 취득한 날)

구 분	평가기준일
특수관계법인과의 거래를 통한 이익의 증여 의제	수혜법인의 해당 사업연도 종료일
특수관계법인으로부터 제공받은 사업기회로 발생한 이익의 증여 의제	수혜법인의 사업기회제공일이 속하는 개시사업연도 종료일
특정법인과의 거래를 통한 이익의 증여의제	특정법인과의 거래 유형별로 판단
동일인으로부터 재차증여재산 합산시	각 증여일

Ⅲ. 기타 법령에 의한 평가기준일

1. 법인세법상 부당행위계산 규정 적용시 평가기준일

내국법인이 특수관계자인 법인으로부터 비상장주식을 취득하는 경우로서 법인세법 제52조의 규정에 따른 부당행위계산 부인대상인지 여부는 당해 비상장주식 매매계약일 현재의 같은 법 시행령 제89조에 따른 시가를 적용하여 판단하는 것임(법인-434, 2010.05.07).

2. 소득세법상 부당행위계산 규정 적용시 평가기준일

소득세법 집행기준 101-167-2【부당행위 판단 기준일】에서 "거주자와 특수관계 있는 자와의 거래가 부당한 행위에 해당하는지 여부는 거래 당시 즉 양도가액을 확정지을 수 있는 시점인 매매계약일을 기준으로 판단한다"라고 해석하고 있고, 국세청도 「소득세법 제101조에 따른 부당행위계산 적용 시 양도하는 법인의 주식의 시가는 상속세및증여세법 제63조 제1항 제1호 가목에 따른 평가방법으로 평가한 가액으로 하는 것이며, 이 때 평가기준일은 매매계약일이 된다」라고 해석(법령해석재산-0032, 2018.04.04.)하고 있다.

재산을 양수하거나 양도하는 경우로서 그 대가가 소득세법상 시가에 해당하여 소득세법 제101조 제1항(같은 법 제87조의27에 따라 준용되는 경우를 포함한다)이 적용되지 아니하는 경우에는 상속세및증여세법 제35조 제1항 및 제2항 규정 즉, 저가양수 또는 고가양도에 따른 증여세가 과세되지 아니한다. 2021.2.17.이후 양수·양도하는 분부터 적용한다.

Ⅳ 재산평가의 기본원칙

1. 재산평가의 원칙

상속세및증여세법에 따라 상속세나 증여세가 부과되는 재산의 가액은 상속개시일 또는 증여일(이하 "평가기준일"이라 한다) 현재의 시가(時價)에 따른다. 이 경우 다음의 경우에 대해서는 각각 다음 구분에 따른 금액을 시가로 본다(상증법 §60 ①).
① 자본시장과 금융투자업에 관한 법률에 따른 증권시장으로서 대통령령으로 정하는 증권시장에서 거래되는 주권상장법인의 주식등 중 대통령령으로 정하는 주식등(제63조 제2항에 해당하는 주식등은 제외한다)의 경우: 제63조 제1항 제1호 가목에 규정된 평가방법으로 평가한 가액
② 가상자산 이용자 보호 등에 관한 법률 제2조 제1호에 따른 가상자산의 경우: 제65조 제2항에 규정된 평가방법으로 평가한 가액

상기에서 시가는 불특정다수인 사이에 자유롭게 거래가 이루어지는 경우에 통상적으로 성립된다고 인정되는 가액으로 하고 상속세및증여세법 시행령 제49조에 따른 수용가격·공매가격 및 감정가격 등이 있는 경우에는 이를 시가에 포함한다(상증법 §60 ②). 이와 같이 평가하여도 시가를 산정하기 어려운 경우에는 당해 재산의 종류·규모·거래상황 등을 고려하여 상속세및증여세법 제61조부터 제65조까지 규정된 방법으로 평가한 가액을 시가로 본다(상증법 §60 ③).

2. 재산 평가할 때 계산단위

상속세및증여세법 제60조부터 제66조까지의 규정을 적용할 때 배율에 의한 부동산의 제곱미터당 가액, 상장주식의 1주당 최종시세가액의 평균액과 비상장주식의 1

주당가액, 1주당 순손익액 및 이의 가중평균액 등의 계산에 있어 원단위 미만의 금액은 이를 버린다(상증통 60-0…1).

3. 원물과 과실

천연과실의 가액은 원물의 가액에 포함해서 평가한다. 다만, 장래에 확정될 법정과실 등에 대하여 거래의 관행이 있거나 법령에 특별히 정한 경우에는 그 관행 및 법령에 정한 바에 따라 평가한다(평가준칙 §13).

4. 공유재산의 평가

(1) 공유재산의 지분 평가

공유재산은 지분별로 구획하지 아니하고 전체로서 평가한 재산가액에 그 공유자의 지분비율에 따라 안분한 가액에 따라 평가한다(평가준칙 §10 ①).

(2) 타인지분에 대한 감정가액이 있는 공유물의 평가

평가대상 재산이 공유물인 경우 그 재산의 타인지분에 감정가액이 있는 경우에는 그 감정가액을 재산의 시가로 볼 수 있다. 다만, 공유물이 현실적으로 각자가 별도로 관리·처분할 수 있고 이에 대한 계약 등에 따라 그 사실이 확인되거나 상호 명의신탁재산에 해당하여 사실상 이를 공유물로 볼 수 없는 경우에는 타인지분에 대한 감정가액을 평가대상 재산의 시가로 보지 아니한다(상증통 60-49…3).

(3) 공동저당권이 설정된 재산의 평가

평가기준일 현재 저당권이 설정된 재산은 상속세및증여세법 제60조에 따라 평가한 가액(시가 또는 보충적 평가방법에 의한 가액)과 해당 재산이 담보하는 채권액 중 큰 금액으로 평가한다. 다만, 공동저당권이 설정된 재산의 가액은 해당 재산이 담보하는 채권액을 공동저당된 재산의 평가기준일 현재의 가액으로 안분하여 계산한 가액을 채권액으로 하여 적용한다(상증령 §63 ① 2).

5. 연부 또는 월부로 취득하여 상환완료 전인 재산의 평가

　연부 또는 월부에 의하여 취득한 재산으로서 평가기준일 현재 상환이 완료되지 않은 재산에 대하여는 당해 재산의 가액에서 미상환금을 차감한 가액으로 평가한다(상증통 65-0…1).

6. 국외재산의 평가

　외국에 있는 상속 또는 증여재산도 원칙적으로 국내재산과 동일하게 ① 상속세및증여세법 제60조부터 제66조까지에 의하여 평가한다. 다만, 이 규정을 적용하는 것이 부적당한 경우에는 ② 당해 재산이 소재하는 국가에서 양도소득세·상속세 또는 증여세 등의 부과목적으로 평가한 가액을 평가액으로 한다. 그러나 그 평가액이 없는 경우에는 ③ 세무서장 등이 둘 이상의 국내 또는 외국의 감정기관(주식등에 대한 평가의 경우에는 자본시장과 금융투자업에 관한 법률 제335조의3에 따라 신용평가업인가를 받은 신용평가전문기관, 공인회계사법에 따른 회계법인 또는 세무사법에 따른 세무법인을 포함한다)에 의뢰하여 감정한 가액을 참작하여 평가한 가액에 의한다(상증령 §58의3). 즉, ①, ②, ③을 순차로 적용하여 평가한다.

　외국 증권거래소에 상장된 외국법인주식의 경우, 한국거래소에 상장된 주식의 평가방법을 준용하여 평가하여야 하는 것인 반면 상증법 제63조에 따라 평가하는 것이 부적당한 경우에 해당한다고 보기 어렵다(조심2022서6704, 2023.08.29.)

7. 국외재산의 원화환산

　상속세및증여세법 시행령 제49조부터 제63조까지의 규정에 의하여 재산을 평가함에 있어서 국외재산의 가액은 평가기준일 현재 외국환거래법에 의한 기준환율 또는 재정환율에 의하여 환산한 가액으로 이를 평가한다(상증칙 §15 ②).

　비상장외국법인의 주식을 평가할 때 순자산가액 및 순손익액의 계산은 국내법인과 같이 상속세및증여세법 제63조 및 같은법 시행령 제54조 내지 제56조에 의하여 평가한 후 평가기준일 현재의 외국환거래법에 의한 기준환율 또는 재정환율에 의하여 환산한 가액으로 한다(서면4팀-2557, 2007.08.31).

8. 외화자산 및 부채평가의 평가

외화자산 및 부채는 평가기준일 현재 외국환거래법에 따른 기준환율 또는 재정환율에 따라 환산한 가액으로 이를 평가한다(상증령 §58조의4).

여기서 기준환율이라 함은 외국환은행이 고객과 원화와 미달러화를 매매할 때 기준이 되는 환율을 말하며 시장평균율이라고도 한다. 금융결제원의 자금중개실을 경유하여 외국환은행간에 거래되는 원화의 대미 달러화 현물환율과 거래액을 가중평균하여 산출한다. 재정환율이라 함은 한 나라의 환율을 산정할 때 그 기준으로 삼는 특정국가의 환율인 기준환율을 이용하여 제3국의 환율을 간접적으로 계산한 환율을 재정환율이라고 한다.

9. 평가방법의 정함이 없는 재산의 평가

상속세및증여세법에서 따로 평가방법을 규정하지 아니한 재산의 평가에 대해서는 상속세및증여세법 제65조 제1항과 같은법 제60조부터 제64조까지 규정된 평가방법을 준용하여 평가한다(상증법 §65 ②).

10. 국세청장의 평가관련 세부사항 규정

국세청장은 상속·증여재산을 평가함에 있어서 평가의 공정성을 확보하기 위하여 재산별 평가기준·방법·절차 등에 관한 세부사항을 정할 수 있다(상증령 §49 ⑪).

비상장주식 평가흐름도

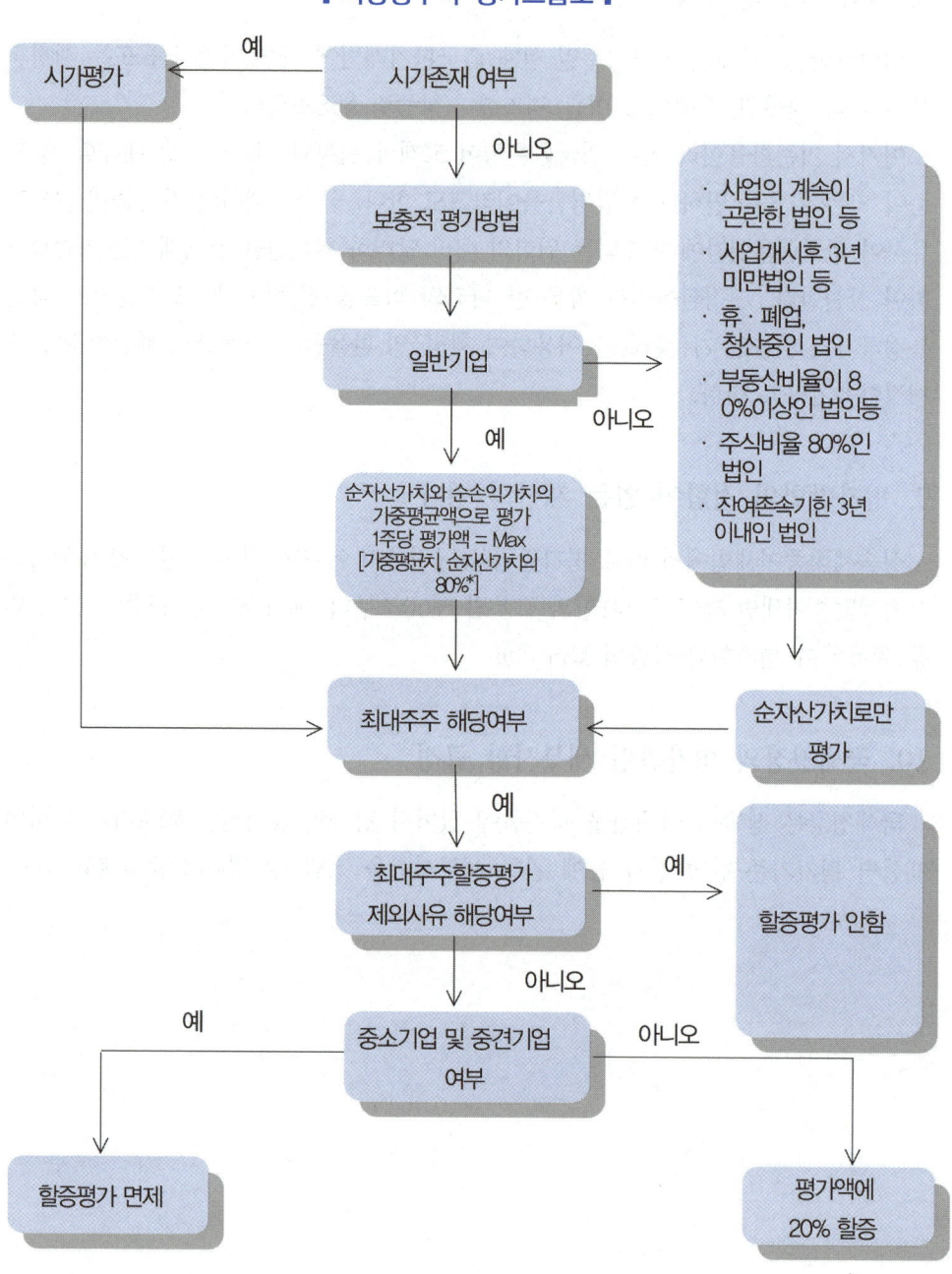

* 2017.4.1. ~ 2018.3.31.까지는 순자산가치의 70%임
 ** 2017.7.1. 이후 상속증여분부터 비상장주식을 보충적인 방법으로 평가하는 것이 불합리한 경우 평가심의위원회가 심의·제시하는 가액으로 평가할 수 있음
 *** 중소기업: 중소기업기본법에 따른 중소기업
 **** 중견기업 : 중견기업 성장촉진 및 경쟁력 강화에 관한 특별법 제2조에 따른 중견기업으로서 상속개시일 또는 증여일이 속하는 사업연도의 직전 3개 사업연도의 매출액의 평균금액이 5천억원 미만인 중견기업

제2절 시가평가

I. 비상장주식의 시가 평가원칙

비상장주식에 대한 평가도 원칙적으로 상속개시일 또는 증여일(이하 평가기준일이라 한다) 현재의 시가에 의하여 평가한다(상증법 §60 ①). 이때 시가는 불특정다수인 사이에 자유로이 거래가 이루어지는 경우에 통상 성립된다고 인정되는 가액으로 하고 상속세및증여세법 시행령 제49조에 따른 매매가액·공매가격·경매가격 등이 있는 경우에는 이를 시가에 포함한다(상증법 §60 ②). 다만 평가대상법인인 비상장주식 자체에 대한 주식평가액의 감정가액은 시가로 인정되지 아니한다(상증령 §49 ① 2). 시가를 산정하기 어려운 경우에는 자산 및 수익 등을 고려하여 보충적 평가방법으로 평가한 가액을 시가로 본다(상증법 §60 ③).

Ⅱ 구체적인 시가의 범위

1. 매매가액

(1) 시가로 인정되는 매매가액

해당 재산에 대하여 평가기준일 전후 6월(증여재산의 경우에는 평가기준일 전 6개월부터 평가기준일 후 3개월까지로 한다) 이내의 기간 중 매매사실이 있는 경우로서 그 거래가액은 시가로 적용한다. 다만, 다음의 어느 하나에 해당하는 경우에는 해당 거래가액은 이를 제외한다(상증령 §49 ① 1).

① 상속세및증여세법 시행령 제2조의2 제1항 각 호의 어느 하나에 해당하는 특수관계인과의 거래등으로 그 거래가액이 객관적으로 부당하다고 인정되는 경우. 대법원은 "평가기준일 전후 일정한 기간 내에 매매사실이 있더라도 그것이 민법상 친족과의 매매이면 부당하다고 인정되는 것이며, 그렇지 아니하다고 주장하는 자가 있는 경우 그가 입증하여야 한다"고 판시(대법2006두18461, 2007.12.13) 한 바 있다. 또한, "특수관계에 있는 자와의 거래라고 하더라도 제반 사정을 고려하여 객관적 교환가치가 반영된 정상적인 거래가격이라고 한다면 그 가액 역시 시가에 해당한다"라고 판시(대법2006두17055, 2007.1.11.판결)하고 있다.

② 거래된 비상장주식의 가액(액면가액의 합계액을 말한다)이 다음의 금액 중 적은 금액 미만인 경우(상속세및증여세법 시행령 제49조의2 제1항에 따른 평가심의위원회의 자문을 거쳐 그 거래가액이 거래의 관행상 정당한 사유가 있다고 인정되는 경우에는 제외한다). 2012년 2월 2일 이후 상속·증여분부터 적용한다.

　ⓐ 액면가액의 합계액으로 계산한 해당 법인의 발행주식총액 또는 출자총액의 100분의 1에 해당하는 금액

　ⓑ 3억원

(2) 납세자의 평가심의위원회에 비상장주식의 시가자문 신청 및 결과통지 방법

납세자가 평가기간 내에 거래된 비상장주식의 가액(액면가액의 합계액을 말한다)이 발행주식총액의 1%에 해당하는 금액과 3억원중 적은 금액 미만인 경우로서 그 매매가액을 시가로 인정받고자 평가심의위원회의 자문이 필요한 경우에는 해당 자문을 받고자 하는 매매 등 가액을 이를 입증할 자료와 함께 평가심의위원회에 상속세 신고기간 만료 4개월전(증여의 경우 신고기한 만료 70일전)까지 신청하여야 하며, 평가심의위원회는 해당 상속세 과세표준 신고기한 만료 1개월 전(증여의 경우에는 신고기한 만료 20일 전)까지 그 결과를 납세자에게 서면으로 통지하여야 한다(상증령 §49 ①, ⑩).

(3) 평가기간 이내의 매매가액 해당여부 판단기준

해당 재산에 대한 매매사실이 있는 경우에는 평가기준일 전후 6월(증여재산의 경우에는 평가기준일 전 6개월부터 평가기준일 후 3개월까지로 한다) 이내에 해당하는지 여부는 거래가액이 확정되는 매매계약일을 기준으로 적용한다.

(4) 중도에 매매계약이 해지된 거래가액이 시가 해당여부

국세청은 "중도에 매매계약이 해지된 경우의 당해 거래가액은 특별한 사정이 없는 한 시가에 해당하지 않는다"라고 해석(부동산-2321, 2018.02.20.;재산-949, 2009.05.15)하였으나,

대법원은 『상속세및증여세법 제60조 제1항, 제2항, 위 법 시행령 제49조 제1항 제1호에 의하면 상속세 또는 증여세가 부과되는 재산의 가액은 상속일 또는 증여일의 시가에 의하되 그 시가는 불특정다수인 사이에 자유로이 거래가 이루어지는 경우에 통상 성립 된다고 인정되는 가액이 되고, 이를 구체적으로 확정함에 있어 증여세 등 평가기준일 전후 3개월 이내의 기간 중 '당해 재산에 대한 매매사실이 있는 경우 그 거래가액'은 그 가액인정방법 중의 하나로 되는 것인바, 위 규정의 문언과 「상속세 및 증여세법」이 객관적인 거래가액을 그 시가로 정하도록 한 취지에 비추어 보면,

여기에서 '매매사실이 있는 경우 그 거래가액'이라 함은 실제 객관적인 매매사실과 함께 통상적이고 적정한 거래가액이 인정되는 사례를 말하는 것이므로, 이러한 매매사례가 있다면 그것이 사후에 해제되었다고 하더라도 위 규정상의 시가 판단기준으로 삼을 수 있는 것이다」라고 판시(대법2010두27936, 2012.7.12.)하고 있다.

조세심판원도 "매매금액이 계약체결 당시의 객관적 교환가치를 적정하게 반영한 것으로 불특정다수인 사이에 자유로이 거래가 이루어지는 경우에 통상 성립된다고 인정되는 가액인 시가로 볼 수 있고 매매잔금의 불이행과 관련하여 1차 매매계약이 해제되었다고 하여 달리 볼 것은 아니다"라고 결정(조심2010구2180, 2011.05.18.)한 바 있다.

(5) 어떤 비상장주식 거래가액이 시가에 해당하는지 판단기준

시가라 함은 정상적인 거래에 의하여 형성된 객관적 교환가격을 말하는 것으로서 증권거래소에 상장되지 아니한 비상장주식이라 하더라도 객관적인 교환가치가 적정하게 반영된 정상적인 거래의 실례가 있으면 그 거래가격을 시가로 보아 주식의 가액을 평가하여야 하는 것으로서 어떠한 거래가 그 거래대상의 객관적인 교환가치를 적정하게 반영하는 일반적이고 정상적인 거래인지 여부는 ① 거래당사자들이 각기 경제적 이익의 극대화를 추구하는 대등한 관계에 있는지, ② 거래당사자들이 거래 관련 사실에 관하여 합리적인 지식이 있으며 강요에 의하지 아니하고 자유로운 상태에서 거래를 하였는지 등 거래를 둘러싼 제반 사정을 종합적으로 검토하여 결정하여야 한다(대법원 2006두17055, 2007.1.11.; 조심2010부4003, 2011.05.23.).

2. 감정가액의 평균액

(1) 주식 및 출자지분에 대한 감정가액의 시가 적용배제

주식 및 출자지분에 대하여는 감정가액의 평균액이 있는 경우에도 그 감정가액의 평균액은 시가로 인정되지 아니한다(상증령 §49 ① 2).

(2) 평가대상 법인이 소유한 자산 평가시 감정평가의 시가 적용

(가) 원칙은 둘 이상 감정가액의 평균액 시가 인정

평가기준일 전후 6월(증여재산의 경우에는 3월) 이내의 기간 중에 해당 재산에 대하여 둘 이상의 공신력 있는 감정기관이 평가한 감정가액이 있는 경우에는 그 감정가액의 평균액을 시가로 적용한다(상증법 §60 ⑤, 상증령 §49 ① 2).

감정가액의 적용은 1999년 이전까지는 둘 이상의 감정기관이 상속세 및 증여세 납부 외의 목적으로 재산을 평가한 감정가액이 있는 경우에 적용하였으나 2000.1.1. 상속이 개시되거나 증여하는 분부터는 감정목적에 관계없이 둘 이상의 감정기관이 상속세 및 증여세 납부목적에 적합하고 평가기준일 현재 해당 재산의 원형대로 평가한 감정가액이 있는 경우 그 감정가액의 평균액을 시가로 인정하고 있다. 다만, 납세자가 신고한 감정가액을 시가로 보는 것이 객관적으로 부당하다고 인정되는 경우 세무서장이 재감정하는 절차를 두어 감정기관과 납세자가 통정하여 상속세를 회피하는 사례를 방지하도록 하고 있다.

(나) 기준시가 10억원 이하 부동산은 하나의 감정가액도 시가인정

2017.12.19. 세법개정시 소득세법 제99조 제1항에 따른 기준시가 10억원 이하의 부동산의 경우에는 하나 이상의 감정기관이 감정한 가액도 시가로 보도록 개정하였으며 동 개정규정은 2018.4.1. 이후 감정을 의뢰하는 경우부터 적용한다(법 부칙 §6조).

공유토지의 일부 지분을 증여하는 경우, 당해 토지 전체의 개별공시지가가 10억원 이하인 경우에 한해 하나의 감정기관 감정가액도 시가로 인정한다(법령해석재산-2719, 2020.02.04.).

(다) 평가기간 이내의 감정가액 해당여부 판단기준

시가로 인정되는 공신력 있는 감정기관이 평가한 감정가액이 평가기준일 전후 6월(증여재산의 경우에는 평가기준일전 6개월부터 평가기준일 후 3월까지) 이내에 해당하는지 여부는 가격산정기준일[2]과 감정가액평가서 작성일을 기준으로 적용한다(상증령 §49 ②).

---

[2] 2014.2.21. 이후 평가하는 분부터 소급감정 방지를 위해 시가로 보는 감정가액 요건을 가격산정기준일과 감정가액평가서작성일이 모두 평가기간 이내에 해당하여야 시가로 인정하도록 요건을 강화하였으며, 2014.2.21.이후 평가하는 분부터 적용한다.

(라) 평가기준일전에 감정평가서 등을 작성한 경우 자본적 지출액 가산

공신력 있는 감정기관이 평가한 감정가액의 평균액을 시가로 적용할 때에 가격산정기준일과 감정가액평가서 작성일이 평가기준일 전에 해당하는 경우로서 가격산정기준일과 감정가액평가서 작성일부터 평가기준일까지 해당 재산에 대한 자본적지출액이 확인되는 경우에는 그 자본적 지출액을 감정가액의 평균액에 더하여 평가할 수 있다. 이 개정 규정은 2014.2.21이후 평가하는 분부터 적용한다(상증령 §49 ⑤).

(마) 감정기관

공신력 있는 감정기관이라 함은 감정평가 및 감정평가사에 관한 법률 제2조 제4호의 감정평가법인등을 말한다. 즉, 동 법률 제21조에 따라 사무소를 개설한 감정평가사와 제29조에 따라 인가를 받은 감정평가법인을 말한다. 2014.3.14이후 재산가액을 평가하는 분부터 개인감정사가 평가한 가액도 시가로 적용된다(상증칙 § 15). 다만, 외국의 감정기관이 감정한 가액은 시가로 인정되는 감정가액에 해당되지 않는다(재산-60, 2009.08.28).

최근 법원은 "법원의 감정인에 의한 부동산에 대한 감정가액도 관련법령에 따라 객관적이고 합리적인 방법으로 평가한 가액으로서 구 상증세법 제60조 제1항, 제2항의 '시가'에 해당한다고 봄이 상당하다"라고 판시(서울행법2015구합50108, 2016.07.01)한 바 있다.

3. 경매가격 · 공매가액

(1) 시가로 인정되는 공매 · 경매가액

평가기준일 전후 6월(증여재산의 경우에는 평가기준일전 6개월부터 평가기준일 후 3월까지) 이내의 기간 중에 해당 재산에 수용·경매 또는 공매사실이 있는 경우에는 그 보상가액·경매가액 또는 공매가액을 시가로 본다(상증령 §49 ① 3호).

(2) 평가기간 이내의 경매가격 등 해당여부 판단기준

해당 재산에 수용·경매 또는 공매사실이 평가기준일 전후 6월(증여재산의 경우에는 평가기준일전 6개월부터 평가기준일 후 3월까지)이내에 해당하는지 여부는 보상

가액·경매가액 또는 공매가액이 결정된 날을 기준으로 적용한다. 이 경우 보상가액이 결정된 날이라 함은 수용보상계약체결일을 말하며(서면상속증여-262, 2015. 4.10), 경매가액이 결정된 날은 민사집행법 제128조 따라 매각허가를 결정하는 날을 의미한다(서면법령재산-757, 2015.6.12).

(3) 시가의 적용배제

경매 또는 공매사실이 있더라도 다음의 어느 하나에 해당하는 경우에는 그 경매가액 또는 공매가액은 이를 제외한다(상증령 §49 ① 3호 단서).
① 상속세및증여세법 제73조 및 제73조의2[3])에 따라 물납한 재산을 상속인[4] 또는 그의 특수관계인[5]이 경매 또는 공매로 취득한 경우
② 경매 또는 공매로 취득한 비상장주식의 가액(액면가액의 합계액)이 다음의 금액 중 적은 금액 미만인 경우
　㉠ 액면가액의 합계액으로 계산한 해당 법인의 발행주식총액 또는 출자총액의 100분의 1에 해당하는 금액
　㉡ 3억원
③ 경매 또는 공매절차 개시 후 관련법령이 정한 바에 따라 수의계약에 따라 취득하는 경우
④ 상속세및증여세법 시행령 제15조 제3항[6])에 따른 최대주주등의 상속인 또는 최대주주등의 특수관계인이 보유하고 있던 같은 령 제54조 제1항[7])에 따른 비상장주식등을 경매 또는 공매로 취득한 경우. 동 규정은 2020.2.11 이후 상속증여분부터 적용하는 것이며, 정상적인 거래에 의하여 형성된 교환가치로 보기 곤란하여 시가로 보는 경매·공매가액에서 제외한 것이다.

---

3) 2023.2.28..이후 상속증여분부터 적용한다.
4) 2016.1.1부터 증여세는 물납을 할 수 없으므로 증여자 및 수증자가 제외되었다.
5) 상속세및증여세법 시행령 제2조의2 제1항 각호의 어느하나의 관계에 있는 자를 말한다.
6) 가업상속공제 규정 적용시 최대주주를 말한다.
7) 시가가 없는 비상장주식을 보충적인 방법으로 평가하는 경우로서 1주당 순손익가치와 순자산가치를 가중평균한 가액과 1주당 순자산가치의 80%중 큰 금액으로 평가한 비상장주식을 말한다.

4. 면적·위치·용도 등이 동일하거나 유사한 다른 재산의 매매 등 사례가액

(1) 시가의 적용

평가기준일 전후 6개월(증여재산의 경우에는 평가기준일 전 6개월부터 평가기준일 후 3개월까지로 한다) 이내의 기간 중에 평가대상 재산과 면적·위치·용도·종목 및 기준시가가 동일하거나 유사한 다른 재산(동일하거나 유사한 다른 재산의 범위 등에 관하여는 기획재정부령으로 정한다)에 대한 매매사실이 있는 경우에는 그 거래가액, 둘 이상의 감정기관이 평가한 감정가액이 있는 경우에는 그 감정가액의 평균액, 수용·경매 또는 공매사실이 있는 경우에는 그 보상가액·경매가액 또는 공매가액 등을 각각 시가로 적용하도록 하고 있다. 다만, 상속세 또는 증여세 과세표준을 신고한 경우에는 평가기준일 전 6개월부터 평가기준일 후 6개월(증여의 경우 3개월)이내의 신고일까지의 가액을 시가로 본다(상증령 §49 ④).

이 규정은 2004.1.1 이후 상속이 개시되거나 또는 증여하는 분부터 적용한다. 또한 2011년부터는 해당 재산의 매매 등의 가액이 있는 경우에는 이를 우선 적용하도록 하고, 유사매매사례가액은 보충적으로만 사용하도록 하였다. 또한 납세자의 예측가능성을 제고하기 위하여 유사매매사례가액은 상속세 또는 증여세 과세표준을 신고한 경우에는 평가기준일 전 6개월(증여의 경우에는 3개월)부터 신고일까지의 가액이 있는 경우에 이를 시가로 볼 수 있도록 하였고, 2019.2.12 이후 증여분부터는 평가기준일 전 6개월부터 신고일까지의 가액이 있는 경우에는 이를 시가로 적용한다.

(2) 비상장주식에 제3자간 거래가액은 당해 매매가액에 해당함

비상장주식 증여세 신고후 시가평가 기간이내 제3자간의 거래가액이 있는 경우 그 거래가액은 상속세및증여세법 시행령 제49조 제1항 제1호의 시가로 인정되는 매매 거래가액에 해당한다(기준법무재산-0065, 2022.7.15.).

(3) 평가대상 법인이 보유한 자산 평가시 유사매매사례가액 적용

(가) 동일하거나 유사한 다른 재산의 범위

상속세및증여세법 시행령 제49조 제4항에서"기획재정부령으로 정하는 해당 재산과 면적·위치·용도·종목 및 기준시가가 동일하거나 유사한 다른 재산"이란 다음의 구분에 따른 재산을 말하며, 2017.3.10.이후 상속·증여하는 분부터 적용한다(상증칙 §15 ③).

① 부동산 가격공시에 관한 법률에 따른 공동주택가격(새로운 공동주택가격이 고시되기 전에는 직전의 공동주택가격을 말한다)이 있는 공동주택의 경우: 다음 각 목의 요건을 모두 충족하는 주택. 다만, 2019.3.20.이후 상속증여분부터 해당 주택이 둘 이상인 경우에는 평가대상 주택과 공동주택가격 차이가 가장 적은 주택을 말한다.

ⓐ 평가대상 주택과 동일한 공동주택단지(공동주택관리법에 따른 공동주택단지를 말한다) 내에 있을 것

ⓑ 평가대상 주택과 주거전용면적(주택법에 따른 주거전용면적을 말한다)의 차이가 평가대상 주택의 주거전용면적의 100분의 5 이내일 것

ⓒ 평가대상 주택과 공동주택가격의 차이가 평가대상 주택의 공동주택가격의 100분의 5 이내일 것

② ① 외의 재산의 경우: 평가대상 재산과 면적·위치·용도·종목 및 기준시가가 동일하거나 유사한 다른 재산

(나) 신고일 후의 유사매매사례가액 시가적용 배제

평가대상재산과 면적·위치·용도 및 종목이 동일하거나 유사한 다른 재산에 대한 유사매매사례가액 적용에 대한 납세자의 예측가능성을 증가시킬 목적으로 법정신고기한 이내에 상속세 또는 증여세를 신고한 경우에는 평가기준일 후 6개월(증여의 경우 3개월)이내의 신고일 후의 매매가액은 적용하지 않는다. 2011.1.1이후 상속·증여분부터 적용한다(상증령 §49 ④). 이때 법정신고기한내 여러번 신고한 경우 최종신고일을 말한다(서면-2021-법규재산-8421, 2022.09.07.)

> **〈사례〉**
> - A아파트의 증여등기 접수일 : 2025.7.1.   • 증여세 신고일 : 2025.7.2.
> - B 아파트(A아파트와 면적 등이 유사함)의 매매계약체결일 : 2025.7.31.
>   ☞ B 아파트의 유사매매사례가액은 A아파트의 시가로 적용할 수 없음

(다) 평가대상 재산에 시가 있는 경우 유사매매사례가액 적용 배제

평가대상재산에 대하여 매매가액 등 시가에 해당하는 가액이 있는 경우에는 상속세및증여세법 시행령 제49조 제4항에 따른 유사매매사례가액을 적용하지 않는다(상증령 §49 ②). 평가기간외의 기간(평가기준일전 2년 이내 또는 법정결정기한)중에 당해 재산에 대한 매매가액 등이 있는 경우에도 그 매매가액 등은 유사사례가액보다 우선 적용된다((기준-2020-법령해석재산-0170, 2021.08.18.).

5. 평가기간 외의 기간 중에 매매가액 등의 시가적용

(1) 의의

시가는 불특정다수인 사이에 자유롭게 거래가 이루어지는 경우에 통상적으로 성립된다고 인정되는 가액으로 평가하는 것을 원칙으로 하고 있다. 이 때 시가에는 평가기준일 전후 6월(증여재산의 경우에는 평가기준일전 6개월부터 평가기준일 후 3월까지) 이내, 즉 평가기간 이내에 매매·감정·수용·경매 또는 공매가 있는 경우에는 이를 시가에 포함하고 있다.

또한 평가기간에 해당하지 아니하는 기간으로서 평가기준일전 2년 이내의 기간 중에 매매 등이 있거나 평가기간이 경과한 후부터 제78조 제1항에 따른 기한(상속의 경우 상속세과세표준 신고기한부터 9개월까지, 증여의 경우 증여세과세표준 신고기한부터 6개월) 의 기간 중에 매매등 있는 경우에도 주식발행회사의 경영상태, 시간의 경과 및 주위환경의 변화 등을 감안하여 가격변동의 특별한 사정이 없다고 인정되는 때에는 국세청 평가심의위원회의 자문을 거쳐 당해 매매 등의 가액을 시가에 포함시킬 수 있다(상증령 §49 ①),

평가기준일전 2년 이내의 기간 중에 매매 등 가액은 2005.1.1. 이후 상속 또는

증여분부터 적용되며, 평가기간 경과후 법정결정기한까지의 기간중의 매매등 가액도 2019.2.12. 이후 상속증여분부터 시가로 적용할 있다. 2016.2.5. 이후 상속·증여분부터는 납세자도 국세청평가심의위원회에 자문을 신청할 수 있다(상증령 49의2 ⑦, ⑧).

(2) 평가기준일전 2년 이내의 기간 중에 매매·감정가액등 시가 적용

2005.1.1. 이후 상속 또는 증여분부터 평가기간에 해당하지 아니하는 기간으로서 평가기준일전 2년 이내의 기간 중에 매매·감정·수용·경매 또는 공매가 있는 경우로서 평가기준일과 다음의 어느 하나에 해당하는 날까지의 기간 중에 가격변동의 특별한 사정이 없다고 인정되는 때는 상속세및증여세법 시행령 제49조의2 제1항에 따른 평가심의위원회의 심의를 거쳐 이를 시가로 적용할 수 있다.

① 매매의 경우에는 매매계약일
② 감정가액이 있는 경우에는 가격산정기준일과 감정가액평가서 작성일
③ 수용·경매 또는 공매의 경우에는 보상가액, 경매가액 또는 공매가액이 결정된 날

(3) 법정결정기한 이내의 매매·감정가액 등 시가 적용

2019.2.12 상속·증여분부터는 평가기간이 경과한 후부터 상속세및증여세법 시행령 제78조 제1항에 따른 법정결정기한(상속세과세표준 신고기한부터 9개월, 증여세과세표준 신고기한부터 6개월)까지의 기간 중에 매매 등이 있는 경우로서 평가기준일과 다음의 어느 하나에 해당하는 날까지의 기간 중에 가격변동의 특별한 사정이 없다고 인정되는 때는 상속세및증여세법 시행령 제49조의2 제1항에 따른 평가심의위원회의 심의를 거쳐 이를 시가에 포함시킬 수 있다.

① 매매의 경우에는 매매계약일
② 감정가액이 있는 경우에는 가격산정기준일과 감정가액평가서 작성일
③ 수용·경매 또는 공매의 경우에는 보상가액, 경매가액 또는 공매가액이 결정된 날

(4) 평가심의위원회 심의를 거쳐야 함

평가기간 외의 기간 중의 매매가액 등을 시가에 포함시키기 위해서는 반드시 상속세및증여세법 시행령 제49조의2 제1항에 따른 평가심의위원회의 심의를 거쳐야 하며[8]. 평가심의위원회의 자문을 거치지 아니하고 시가로 본 것은 부당한 경우에 해당된다(조심 2020서1207, 2020.9.22. ;조심2011서1567, 2011.7.12.). 납세자 및 납세지관할세무서장·지방국세청장은 다음의 어느 하나의 사항을 입증하여야 하고, 평가심의위원회는 입증내용의 신빙성 및 객관적 교환가치 등을 감안하여 시가 인정여부에 대한 자문에 응하여야 한다[9].

① 재산의 형태 및 이용상태 등에 대한 동일성이 유지되고 있다는 점
② 부동산의 경우 주위환경의 변화가 없다는 점
③ 주식의 경우 주식발행회사의 재무상태, 경영상태 및 주요업종의 변동 등이 없다는 점
④ 기타 거래당시와 평가기준일 사이에 가격변동의 특별한 사정이 없다는 점
⑤ 소액의 비상장주식 거래의 경우 그 거래의 경위, 거래당사자와의 관계, 거래가액의 결정과정, 명의신탁주식 또는 명의신탁 주식의 환원 해당여부 등

(5) 납세자의 평가심의위원회에 자문신청 기한 및 결과통지 방법

(가) 평가기준일 이전 2년 이내의 기간중에 시가가 있는 경우

2016.2.5 이후 상속·증여분으로서 납세자가 평가기간외의 매매가액 등을 시가로 인정받고자 평가심의위원회의 자문이 필요한 경우에는 해당 자문을 받고자하는 매매 등 가액의 입증자와 함께 평가심의원회에 상속세 신고기간 만료 4개월 전(증여의 경우 신고기한 만료 70일전)까지 신청하여야 하며, 평가심의위원회는 해당 상속세 과세표준 신고기한 만료 1개월 전(증여의 경우에는 신고기한 만료 20일 전)까지 그 결과를 납세자에게 서면으로 통지하여야 한다(상증령 §49의2 ⑤, ⑥).

---

[8] 평가심의위원회 운영규정 §36)
[9] 평가심의위원회 운영규정 §38)

(나) 평가기준일 후 법정결정기한까지의 기간중에 시가가 있는 경우

평가기간이 경과한 후부터 상속세및증여세법 제78조 제1항에 따른 기한(상속의 경우 상속세과세표준 신고기한부터 9개월까지, 증여의 경우 증여세과세표준 신고기한부터 6개월)의 기간 중에 매매등 있는 경우에는 해당 매매등이 있는 날부터 6개월 이내에 매매등의 가액의 입증자료를 첨부하여 평가심의위원회에 신청해야 한다. 이 경우 평가심의위원회는 신청을 받은 날부터 3개월 이내에 그 결과를 납세자에게 서면으로 통지해야 한다. 동 규정은 2019.2.12.이후 상속·증여분부터 적용한다(상증령 §49조의2 ⑤, ⑥).

6. 시가에 해당하는 가액이 둘 이상인 경우 적용순서

상속세및증여세법에서는 상속재산 또는 증여재산을 평가함에 있어 불특정다수인간에 자유로이 거래된 거래가액, 둘 이상의 감정가액의 평균액, 보상가액·경매가액 또는 공매가액 등 시가로 보는 가액이 둘 이상인 경우에는 평가기준일을 전후하여 가장 가까운 날에 해당하는 가액에 의한다. 다만, 2019.2.12.이후 상속·증여분부터 시가 판단기준을 명확히 하기 위하여 가장 가까운 날에 해당하는 가액이 둘이상인 경우에는 그 평균액을 시가로 적용하도록 개정되었다(상증령 §49 ②). 이 경우 평가대상재산에 대하여 매매가액 등 시가에 해당하는 가액이 있는 경우에는 상속세및증여세법 시행령 제49조 제4항에 따른 매매사례가액을 적용하지 않는다(상증령 §49 ②).

〈평가심의위원회 운영규정 별지 제6호 서식〉(2017.07.01. 개정) [앞면]

재산의 매매 등 가액의 **시가인정 심의 신청서**	년

1. 납세자 인적사항

①성 명		②생년월일	
③주 소		(☎ :) (e-mail :)	

2. 심의신청 유형

④유 형		⑤세 목	

3. 평가대상 재산내역

⑥평가기준일	⑦재산종류	⑧소재지	⑨수량(면적)	⑩단가	⑪금액	⑫비고

4. 비교대상 재산내역

⑬가액결정일	⑭재산종류	⑮소재지	⑯수량(면적)	⑰단가	⑱금액	⑲비고

「상속세 및 증여세법 시행령」 제49조의2 제5항에 따라 재산의 매매 등 가액의 시가인정에 대한 심의 신청서를 제출합니다.

년   월   일

신고인   (서명 또는 인)
세무사   (서명 또는 인)
(관리번호 :   )

지방국세청장   귀하

※ 작성요령
 ④란은 매매, 감정, 수용, 경매, 공매 중 선택하여 기재합니다.
 ⑥~⑫란은 「상속세 및 증여세법」 제61조부터 제65조까지 규정된 방법으로 평가한 가액으로 기재합니다.

※ 구비서류 : 1. 평가기준일을 확인할 수 있는 서류.
　　　　　(예시) 상속(증여)세일 경우 상속개시(증여) 사실 증명서류("사망진단서 또는 "증여계약서" 등), 양도소득세일 경우 양도 사실 증명서류("매매계약서" 등)
　　　　2. 재산의 매매 등 가액의 시가인정 관련 검토서
　　　　3. 그 밖에 평가관련 사실 증명서류

〈평가심의위원회 운영규정 별지 제6호 서식 부표〉 (2016.08.16. 신설)

재산의 매매 등 가액의 시가인정 관련 검토서

1. 평가대상 재산

평가대상 유형	평가기준일	재산종류	소 재 지	수량(면적)	단 가	금 액

2. 비교대상 재산

평가대상 유형	가액결정일	재산종류	소 재 지	수량(면적)	단 가	금 액

3. 비교대상 재산의 가액 적정성 검토

검 토 항 목	여	부
① 가액결정일이 평가기준일전 2년 이내(평가기간 제외)의 기간 중에 해당되는지 여부		
② 유형이 "매매"인 경우 영 제49조 제1항 제1호의 특수관계자와의 거래 등 객관적으로 부당하다고 인정되는지 여부		
③ 유형이 "감정"인 경우 영 제49조 제1항 제2호의 부적합한 감정가액에 해당하는지 여부		
④ 유형이 "수용", "공매", "경매"인 경우 영 제49 제1항 제3호 각 목의 제외되는 가액에 해당하는지 여부		
⑤ 비교대상 물건이 당해 재산이 아닌 다른 재산인 경우 영 제49조 제4항에 따른 해당 재산의 매매 등의 가액이 있는지 여부		
⑥ 그밖에 매매 등의 가액이 부당하다고 인정될 수 있는 사유가 있는지 여부		

4. 비교대상 재산의 유사성 검토

	여	부
⑦ 재산의 형태 및 이용상태 등에 동일성이 유지되고 있는지 여부 (리모델링 또는 분할 등)		
⑧ 비교대상 재산이 "부동산"인 경우 주위환경의 변화가 없는지 여부		
⑨ 비교대상 재산이 "주식"인 경우 주식발행회사의 재무상태, 경영상태 및 주요업종의 변동 등이 없는지 여부		
⑩ 비교대상 재산이 평가대상 재산과 면적·위치·용도 및 종목이 동일하거나 유사한 다른 재산인지 여부		
⑪ 그밖에 평가대상 재산과 비교대상 재산의 유사성을 인정할 수 없는 사유가 있는지 여부		

5. 비교대상 물건의 가격 변동성 검토

	여	부
⑫ 거래당시와 평가기준일 사이에 가격변동의 특별한 사정이 없는지 여부		
⑬ 가격변동상황에 대한 충분한 입증자료가 있는지 여부		

※ 작성요령
1. 본 검토서에 의해 심의대상인지 반려대상인지를 판단하므로 사실내용에 따라 정확하게 작성하여야 하며, 지방청위원회의 통지가 있은 후에라도 사실과 다르게 작성한 사실이 확인되는 경우에는 그 결과통지는 효력이 없음에 유의하여야 합니다.
2. ①~⑬란은 각 항목에 해당하면 "여"란에 "○"를 표시하고, 부합되지 아니하는 경우에는 "부"란에 "○"을 표시합니다.

[예규 · 판례]

① 상속재산을 시가로 평가시 평가기간내에 당해 재산의 매매가액이 있는 경우로서 상속인의 특수관계인과 비특수관계인이 공동으로 매수한 경우, 해당 매매가액이 시가에 해당하는 지 여부는 해당 재산의 거래경위, 매매가격 결정과정, 면적, 위치, 리모델링 여부 및 공동매수인들의 지분 규모 등을 종합적으로 고려하여 사실판단할 사항임(사전-2024-법규재산-0628, 2024.12.02.)

② 비상장주식의 90% 이상을 거래하면서 회계법인이 평가한 가액대로 거래한 사례가액이 있고 동 거래가액에는 경영권 승계에 대한 별도평가액이 없는 이상 그 거래가액을 매매사례가액으로 보아 증여세를 과세한 것이 정당하다고 본 사례(조심2010중3275, 2011.06.22)

③ 비상장법인 주식의 매매수량이 소량일지라도 거래 경위 및 동기를 감안할 때 그 거래가격도 시가에 해당하는 불특정다수인간의 자유로이 거래된 교환가격에 해당하는 측면이 있다고 보아 그 가액을 시가로 판단한 사례(조심2010서3543, 2011. 07.27)

④ 비상장주식 증여세 신고후 시가평가기간이내 제3자간의 거래가액이 있는 경우 상증법 시행령 제49조 제1항 제1호의 시가로 인정되는 매매거래가액에 해당함(기준법무재산-0065, 2022.7.15.)

⑤ 법인의 증자시에 불입한 1주당 주금납입액은 시가로 인정하는 거래가액에 해당하지 아니함(재산-2290, 2008.08.18.,;조심2010광3949, 2011.05. 19.)

⑥ 사업권 및 경영권을 일체로 하여 양도한 주식거래의 가액은 주식만을 양도하는 경우의 객관적 교환가치를 반영하는 일반시가로 볼 수 없다는 사례(국심2006구3513, 2007.09.03 ; 서울고법2010누5242, 2010.07.22.; 서울고등법원2021누57942, 2022.04.19.)

⑦ 주식가치가 희석되기 이전에 이루어진 주식 매수 및 실권주 취득 가격을 불특정 다수인 사이의 일반적이고 정상적인 거래에 의하여 형성된 것으로서 객관적 교환가치가 반영된 일반적인 시가로 보기 어려움(서울행법2009구합34723, 2010. 05.28)

⑧ 주식의 양도인과 양수인이 회사와 특별한 이해관계를 갖고 있으며 그 거래가 1회에 그친 이상 주식매수가격을 시가로 인정하기는 어렵고, 주식 거래일 전후 3월 이내에 매매·감정·수용·경매 또는 공매가 이루어졌음을 인정할 만한 증거도 없으므로 시가를 산정하기 어려운 경우에 해당함(서울행법2010구합32952, 2011.02.25.)

⑨ 주식매매가액이 객관적으로 부당하다고 인정되는 경우에 해당하는지 여부는 증여일부터 매매계약일까지의 가격변동 요인과 거래 당사자 사이의 관계, 거래경위 및 가격결정 과정과 거래규모 등을 종합적으로 고려하여 사실판단할 사항임(재산-3043, 2008.09.30.)

⑩ 특수관계인들 사이의 1회적인 주식거래는 주식의 객관적인 교환가치를 적정하게 반영한 시가로 볼 수 없다는 사례(대법2005두11913, 2007.12.13)

⑪ 공매주식의 액면가액이 발행주식총액의 100분의 1에 금액 이상일 뿐만 아니라 수의계약에 의해 처분된 바도 없으므로 공매가액은 시가로 봄이 타당함(서울행법2008구합34115, 2009.05.06)

⑫ 회계법인에게 객관적인 회계자료를 제공하여 회사의 적정가치를 평가하였고 회사의 경영 및 재무현황을 반영하여 실질적인 가격협상을 통해 매수가격을 결정한 것으로 보여 주식의 객관적인 교환가치를 적정하게 반영하는 정상적인 거래로 인하여 형성된 가격이므로 이는 시가에 해당함(서울고법2012누487, 2012.08.23.)

⑬ 매매가액의 시가성을 배제할 만한 특별한 사정을 찾아볼 수 없으므로 물납 재산인 비상장주식의 공매가액을 동종의 소외회사 비상장주식에 대한 시가로 인정한 것은 정당함(대법2005두12022, 2007.09.21)

⑭ 甲과 乙이 부모로부터 비상장주식을 증여받은 후「상속세 및 증여세법 시행령」제49조 제1항에 따른 평가기간 이내의 기간 중에 다른 주주로부터 같은 주식을 공동으로 매수한 경우 해당 거래가 같은 항 제1호 나목에 해당하는지는 甲과 乙이 취득한 주식별로 각각 판정하는 것임(기준-2021-법령해석재산-0003, 2021.04.22.)

⑮ 주식의 가치는 자산가치 이외에 시장가치, 수익가치, 상대가치 등 다양한 요소를 고려해야 하고 특히 비특수관계자와의 거래는 엄밀한 객관적 정확성에 기하여 유일한 수치로 확정할 수 없음(대법2015두51774, 2016.01.14.)

⑯ 쟁점매매사례가액은 상속개시일 후 6개월 이내 특수관계 없는 자 간의 거래가액이고, 매매거래 주식수가 쟁점법인 총 발행주식의 1% 이상에 해당하는 점 등에 비추어 상속개시일 현재 쟁점주식의 1주당 평가액으로 쟁점매매사례가액이 아닌 상증법상 보충적 평가액인 쟁점보충적평가액이 타당하다는 청구주장은 받아들이기 어려운 것으로 판단됨(조심2018서0721, 2018.05.15.)

제3절 비상장주식의 보충적 평가방법

Ⅰ 비상장주식 평가 의의

　유가증권시장이나 코스닥시장에 상장되지 아니한 주식 및 출자지분을 비상장주식이라 한다. 비상장주식을 상속세및증여세법에 따라 평가하는 목적은 상속세와 증여세를 과세하기 위한 목적도 있지만, 소득세법상 및 법인세법상 특수관계인간의 거래에 대하여 부당행위계산 규정을 적용할 때 그 시가를 산정하기 위한 목적도 있다.

　이러한 비상장주식에 대한 평가는 원칙적으로 평가기준일 현재의 시가에 의하여 평가한다(상증법 §60 ①). 이때 적용되는 시가는 불특정다수인 사이에 자유로이 거래가 이루어지는 경우에 통상 성립된다고 인정되는 가액이다. 상속세및증여세법에서는 평가기준일 전·후 6월(증여재산의 경우 3월) 이내에 매매·감정·수용·경매(민사집행법에 따른 경매) 또는 공매 등이 있어서 그 가액이 확인되는 경우에도 이를 시가로 보도록 하고 있다. 다만 평가대상법인인 비상장주식 자체에 대한 주식평가액의 감정가액은 시가로 인정되지 아니한다(상증법 §60 ②).

　당해 평가대상 비상장법인의 주식에 대한 사례가액 등 시가를 산정하기 어려운 경우에는 당해 법인의 자산 및 수익 등을 감안하여 대통령령이 정하는 방법(보충적 평가방법)에 의하여 평가하도록 하고 있다(상증법 §63 ①).

비상장주식을 보충적인 방법으로 평가하는 방법은 3가지로서 ① 1주당 순손익가치와 순자산가치의 가중평균액과 1주당 순자산가치의 80%중 큰 금액으로 평가하는 방법, ② 1주당 순자산가치로만 평가하는 방법, ③ 국세청 평가심의위원회가 심의·제시하는 가액으로 평가하는 방법이다.

그리고 비상장법인이 우선주 등 이익배당에 관하여 내용이 다른 수종의 주식을 발행한 경우에는 주식의 종류별로 그 내용을 감안하여 적정한 가액으로 평가해야 한다(서면-2023-자본거래-3978, 2024.12.26.)

II 가중평균액과 순자산가치의 80%중 비교에 의한 평가방법

비상장법인의 주식에 대한 평가는 상속세및증여세법에서 정하는 시가의 개념에 따른 사례가액 등이 확인되지 아니한 경우에는 재산가액의 평가가 불확실하게 된다. 이런 경우에는 재산평가의 불확실성으로 납세자는 조세부담에 대한 예측가능성과 법적안정성에 있어서 문제가 발생된다. 반면에 과세관청에서도 시가 입증에 어려움이 발생할 수 있다. 이런 경우에 대한 보충적 평가방법으로 당해 법인의 자산 및 수익 등을 감안하여 평가하는 방법을 적용하고 있다(상증법 §63 ①). 즉 비상장주식에 대한 보충적 평가방법은 자산가치는 재무상태표를 기준으로 1주당 순자산가치를 적용하고, 수익가치는 손익계산서와 법인세 과세표준 및 세액조정계산서를 기준으로 1주당 순손익가치를 계산하여 적용한다.

비상장주식에 대한 보충적평가방법은 원칙적으로 1주당 순손익가치와 1주당 순자산가치를 각각 3과 2의 비율로 가중평균한 가액으로 평가하고, 예외적으로 부동산과다보유법인에 해당되는 경우에는 1주당 순손익가치와 순자산가치에 대하여 각각 2와 3의 비율로 가중평균한 가액으로 평가한다(상증령 §54 ①). 이와 같은 비상장주식에 대한 보충적 평가방법에서 순손익가치와 순자산가치를 함께 반영하려는 것은 과세관청의 자의성을 배제하고 객관성을 확보하려는 것이 입법자의 의도이다(대법

2013두2853, 2013.5.24). 그러나 종전 가중평균 방식은 순이익이 낮은 법인의 주식이 과소평가되는 점을 감안하여 하한선으로 1주당 순자산가치의 80% 이상은 평가되도록 개정하였다. 다만 이 개정 규정은 단계적으로 시행하기 위하여 2017.4.1부터 2018.3.31까지 상속이 개시되거나 증여받은 분까지는 순자산가치의 70%를 하한으로 하였다. 이와 같이 평가를 한 결과에 대해 최대주주 등의 주식에 해당하는 경우에는 할증평가를 해야 한다.

① 일반적인 법인 가중평균방법(원칙)

$$1주당\ 가중평균액 = \frac{1주당\ 순손익가치 \times 3 + 1주당\ 순자산가치 \times 2}{5}$$

② 부동산과다보유법인 가중평균방법

$$1주당\ 가중평균액 = \frac{1주당\ 순손익가치 \times 2 + 1주당\ 순자산가치 \times 3}{5}$$

③ 1주당 평가액 = Max[1주당 가중평균액, 1주당 순자산가치의 80%*]
  * 2017.4.1.~2018.3.31. : 70%

〈평가심의위원회 운영규정 별지 제4호 서식 부표3〉 (2024.3.20. 개정)

비상장주식 등 평가서

(단위 : 주, 원) (제1쪽)

1. 평가대상 비상장법인

법인명		사업자등록번호		대표자 성명	
①발행주식총수		1주당 액면가액		자본금	
평가기준일		②부동산과다보유법인 해당여부		[ ]	

2. 순자산가치로만 평가하는 경우 [∨] 표시 (상속세 및 증여세법 시행령 제54조 제4항 해당여부)

가. 신고기한 이내에 청산절차가 진행 중이거나, 사업자의 사망 등으로 사업의 계속이 곤란하다고 인정되는 경우 해산(합병)등기일 (. .)	[ ]
나. 사업 개시전의 법인, 사업개시 후 3년 미만의 법인, 휴업·폐업 중인 경우 사업개시일 (. .), 휴·폐업일 (. .)	[ ]
다. 평가기준일이 속하는 사업연도 전 3년 내의 사업연도부터 계속하여 「법인세법」상 각 사업연도에 속하거나 속하게 될 손금의 총액이 그 사업연도에 속하거나 속하게 될 익금의 총액을 초과하는 결손금이 있는 경우 (2018. 2. 13. 삭제)	[ ]
라. 법인의 자산총액 중 「소득세법」 제94조 제1항 제4호다목1) 및 2)의 합계액이 차지하는 비율이 100분의 80 이상인 경우	[ ]
마. 법인의 자산총액 중 주식등의 가액의 합계액이 차지하는 비율이 100분의 80 이상인 법인의 주식등	[ ]
바. 법인의 설립 시 정관에 존속기한이 확정된 법인으로서 평가기준일 현재 잔여 존속기한이 3년 이내인 법인의 주식등	[ ]

3. 1주당 가액의 평가

(단위 : 원)

③ 순자산가액		제2쪽 4. 순자산가액 "마"
④ 1주당 순자산가액 (③ ÷ ①)		
⑤ 최근 3년간 순손익액의 가중평균액에 의한 1주당가액 또는 2이상의 신용평가전문기관(회계법인포함)이 산출한 1주당 추정이익의 평균액		제6쪽 7. 순손익액 "차"

⑥ 1주당 평가액
   (㉮ 평가액과 ㉯의 평가액 중 많은 금액)
㉮ {(④×2)+(⑤×3)} ÷ 5
   * 부동산과다보유법인 {(④ × 3)+(⑤ × 2)} ÷ 5
㉯ 1주당 순자산가액(④)의 80%		

⑦ 최대주주등에 해당하는 경우 1주당 평가액 ㉮ 최대주주등의 주식등의 1주당 평가액 (⑥ × 할증율) ㉯ (⑥ + ㉮)		

작 성 방 법

※ 이 서식은 상속세 및 증여세법 제63조 제1항 제1호 나목에 따른 거래소에 상장되지 아니한 주식 및 출자지분의 평가관련 서식입니다.

1. 최대주주등의 주식등의 1주당 평가액(⑥ × 할증율) : 「상속세 및 증여세법」 제63조 제3항 및 같은 법 시행령 제53조 제4항에 따른 할증평가율을 적용하여 계산합니다. 이 경우 대통령령으로 정하는 중소기업, 대통령령으로 정하는 중견기업 및 평가기준일이 속하는 사업연도 전 3년 이내의 사업연도부터 계속하여 「법인세법」 제14조 제2항에 따른 결손금이 있는 법인의 주식등 대통령령으로 정하는 주식등은 제외합니다.
   - 할증율

지분율	2019.12.31.이전	2020.1.1.이후
50% 이하 보유	20%	20%
50% 초과 보유	30%	

2. 중소기업이란 「중소기업기본법」 제2조에 따른 중소기업을 말합니다.
3. 중견기업이란 「중견기업 성장촉진 및 경쟁력 강화에 관한 특별법」 제2조에 따른 중견기업으로서 평가기준일이 속하는 과세기간 또는 사업연도의 직전 3개 과세기간 또는 사업연도의 매출액의 평균이 5천억원 미만인 기업을 말합니다.

210mm×297mm[일반용지 70g/㎡(재활용품)]

1. 1주당 평가액("⑥"란)

비상장주식등의 1주당 평가액은 1주당 순손익가치와 1주당 순자산가치를 각각 3과 2의비율[부동산과다보유법인(소득세법 제94조 제1항 제4호 다목에 해당하는 법인을 말한다)의 경우에는 1주당 순손익가치와 순자산가치의 비율을 각각 2와 3으로 한다]로 가중평균한 가액으로 한다. 다만, 가중평균한 가액이 1주당 순자산가치에 100분의 80을 곱한 금액 보다 낮은 경우에는 1주당 순자산가치에 100분의 80을 곱한 금액으로 하되, 이 개정 규정을 단계적으로 시행하기 위하여 2017.4.1부터 2018.3.31까지의 기간 중에 상속이 개시되거나 증여받은 분까지는 그 하한을 1주당 순자산가치의 100분의 70로 하도록 하였다.

1주당 평가액 = Max(①, ②)
① 1주당 순손익가치와 1주당 순자산가치의 가중평균액
② 1주당 순자산가치의 80%*
   *2017.4.1 ~ 2018.3.31까지 70%임 *최대주주 주식에 해당하는 경우 할증평가해야 함

---

2. 1주당 순자산가치("④"란)

순자산가치는 해당 법인을 청산한다고 가정하였을 때 잔여재산 분배가액을 의미한다. 자산가치는 평가기준일 현재 해당 법인의 순자산가액을 평가기준일 현재의 발행주식총수로 나누어서 평가를 하게 되는데, 1주당 순자산가치는 다음과 같은 산식에 의하여 계산한다.

$$1주당\ 순자산가치 = \frac{당해\ 법인의\ 순자산가액}{발행주식총수}$$

* 순자산가액 = 자산총계 − 부채총계 + 영업권
* 순자산가치로만 1주당 가액을 산정할 때에는 영업권을 가산하지 않음. 다만, 법인전환한 3년 미만 법인 등 일정한 요건을 갖춘 법인은 영업권을 가산함.

3. 1주당 순손익가치("⑤"란)

(1) 1주당 최근 3년간의 순손익액의 가중평균액에 의한 순손익가치 평가

수익가치는 계속기업을 전제로 평가하는 것으로서, 기업의 자산을 미래의 수익창출에 계속 사용할 경우에 기대되는 현금흐름을 기초로 평가하는 것으로 예측 가능한 기간 동안의 미래수익을 추정하여 평가하게 된다. 이와 같이 미래의 수익력을 예상하여 평가하는 것이 합리적이나 평가의 객관화를 위하여 현행 상속세및증여세법에서는 과거 최근 3년간의 1주당 순손익액을 가중평균한 금액에 순손익가치환원율로 나누어 평가하고 있다.

$$1주당\ 순손익가치 = \frac{1주당\ 최근\ 3년간의\ 순손익액의\ 가중평균액}{순손익가치환원율(10\%)^*}$$

* 3년만기 회사채의 유통수익률을 감안하여 기획재정부령으로 정하는 이자율

이 때 1주당 순손익가치를 산정하기 위한 1주당 순손익액은 기업 전체의 수익력을 해당 법인의 발행주식총수로 나누어서 산출하게 된다. 또한 과거 1주당 최근 3년간의 순손익액의 가중평균액은 다음과 같이 산출한다.

$$1주당\ 최근\ 3년간\ 순손익액의\ 가중평균액 = \frac{A \times 3 + B \times 2 + C \times 1}{6}$$

A : 평가기준일 이전 1년이 되는 사업연도의 1주당 순손익액
B : 평가기준일 이전 2년이 되는 사업연도의 1주당 순손익액
C : 평가기준일 이전 3년이 되는 사업연도의 1주당 순손익액

1주당 최근 3년간 순손익액을 가중평균할 때 특정 사업연도의 1주당 순손익액이 부수인 경우 그 부수를 그대로 적용하여 가중평균한다. 다만, 가중평균한 결과 1주당 최근 3년간의 순손익액의 가중평균액이 음수인 경우에는 0원으로 평가한다(상증령 §56 ① 1호).

(2) 1주당 추정이익의 평균가액에 의한 순손익가치 평가

주식가치를 평가할 때 1주당 순손익가치는 최근 3년간 순손익액의 가중평균액을 적용하여 평가하는 것이 원칙이나, 해당 법인이 일시우발적 사건으로 해당법인의 최근 3년간 순손익액이 비정상적으로 증가하는 등 최근 3년간의 순손익액의 가중평균액으로 하는 것이 불합리한 경우에는 미래의 추정포괄손익계산서를 작성하여 1주당 추정이익의 평균가액에 의하여 순손익가치를 평가할 수 있다.

$$1주당\ 순손익가치 = \frac{1주당\ 추정이익의\ 평균가액}{순손익가치환원율(10\%)}$$

(가) 1주당 추정이익

1주당 추정이익은 자본시장과 금융투자업에 관한 법률 시행령 제176조의5 제2항에 따라 금융위원회가 정한 1주당 추정이익을 산출하기 위한 기준을 적용한다(상증령 §17의 3 ④). 이 경우에 추정이익은 금융감독원장이 정하는 방식에 따라 해당 법인의 주당추정이익을 자본환원율로 나누어 산출한다. 그동안 적용되었던 1주당 추정이익은 증권의 발행 및 공시 등에 관한 규정 시행세칙 제6조에 따라 해당 사업연도와 그 다음 사업연도의 추정이익을 기준으로 적용하였으나 2012.12.5 개정을 통하여 현금흐름할인모형 등 일반적으로 공정·타당성이 인정되는 모형을 적용할 수 있도록 하여 수익가치를 자율적으로 산정하도록 하였다.

1) 2012.12.6 이후 적용방법

2012.12.5 개정된 증권의 발행 및 공시 등에 관한 규정 시행세칙 제6조(수익가치)에서 증권의 발행 및 공시 등에 관한 규정 제5-13조에 따른 수익가치는 현금흐름할인모형, 배당할인모형 등 미래의 수익가치 산정에 관하여 일반적으로 공정하고 타당한 것으로 인정되는 모형을 적용하여 합리적으로 산정하도록 하고 있다. 따라서 일반적으로 공정·타당성이 인정되는 모형을 자율적으로 적용하여 수익가치를 산정할 수 있게 되었다.

2) 2012.12.5 이전 적용방법

2012.12.5 개정되기 이전의 1주당 추정이익은 "증권의 발행 및 공시 등에 관한 규정 시행세칙" 제6조에 따라 다음 산식에 의하여 산정한 제1차 사업연도(주요사항보고서를 제출하는 날이 속하는 사업연도를 말한다) 및 제2차 사업연도(주요사항보고서를 제출하는 날이 속하는 사업연도의 그 다음 사업연도를 말한다)의 주당추정이익을 각각 3과 2로 하여 가중산술평균한 가액으로 한다. 다만, 제2차 사업연도의 주당추정이익이 제1차 사업연도의 주당추정이익보다 적을 때에는 단순평균한 가액으로 한다.

$$주당추정이익 = \frac{평가기준연도의\ 추정이익 \times 3 + 평가기준연도의\ 다음연도\ 추정이익 \times 2}{5}$$

* If 제2차연도의 1주당추정이익<제1차연도의 1주당추정이익, Then 단순평균법 적용

(나) 연도별 주당추정이익

연도별 주당추정이익은 다음 산식에 의하여 산출한다.

$$연도별\ 주당추정이익 = \frac{(추정법인세비용차감전계속사업이익 - 우선주배당조정액 - 법인세등)}{사업연도말\ 현재의\ 발행주식수}$$

☞ 2010.12.5 이전은 유상증자추정이익을 가산한다.

4. 부동산과다보유법인이란("⑥의 ㉮"란)

(1) 부동산과다보유법인 주식 평가원칙

비상장법인의 주식을 평가하는 경우로서 가중평균할 때 그 법인이 부동산과다보유법인에 해당되는 경우에는 1주당 순손익가치와 순자산가치에 대하여 각각 2와 3의 비율로 가중평균한 가액으로 평가한다(상증령 §54 ①). 또한, 2021.10.21.이후부터는 비상장주식의 순자산가액을 계산할 때 평가대상 법인이 보유한 부동산에 대

하여 납세자가 기준시가로 평가하여 신고한 것에 대하여 국세청이 법정결정기한이내에 상속세 또는 증여세를 결정하는 과정에서 감정평가할 수 있다.

2015.2.3. 소득세법 시행령 개정시 부동산 과다보유법인이 부동산의 현물 출자 등을 통해 양도소득세가 저율 과세되는 사례를 방지하기 위해 과세 기준이 되는 부동산비율 계산시 관련된 다른 부동산과다보유법인의 주식 가액을 합산하도록 개정하였다.

(2) 부동산과다보유법인 및 장부가액의 의미

(가) 부동산과다보유법인의 범위

상기에서 부동산과다보유법인이라 함은 소득세법 제94조 제1항 제4호 다목 해당하는 법인을 말하는 것으로 당해 법인의 자산총액중 같은조 제1항 제1호(토지와 건물) 및 제2호(부동산에 관한 권리10))의 가액과 아래 산식과 같이 계산한 해당 법인이 직접 또는 간접으로 보유한 다른 법인의 주식가액에 그 다른 법인의 부동산등 보유비율을 곱하여 산출한 가액의 합계액이 차지하는 비율이 100분의 50 이상인 법인인 법인을 말한다(상증령 §54 ① 단서).

$$\text{다른 법인의 부동산등 보유비율} = \frac{A + B + C}{D}$$

A: 다른 법인이 보유하고 있는 법 제94조 제1항 제1호의 자산가액
B: 다른 법인이 보유하고 있는 법 제94조 제1항 제2호의 자산가액
C: 다른 법인이 보유하고 있는 「국세기본법 시행령」 제1조의2 제3항 제2호 및 같은 조 제4항에 따른 경영지배관계에 있는 법인이 발행한 주식가액에 그 경영지배관계에 있는 법인의 부동산등 보유비율을 곱하여 산출한 가액11)
D: 다른 법인의 자산총액

다만, 2020.02.10. 이전 "부동산과다보유법인"이라 함은 자산총액중 부동산과 부동산에 관한 권리의 가액과 해당 법인이 보유한 다른 법인의 주식가액에 그 다른 법

---

10) ① 부동산을 취득할 수 있는 권리(건물이 완성되는 때에 그 건물과 이에 딸린 토지를 취득할 수 있는 권리를 포함한다), ② 지상권, ③ 전세권과 등기된 부동산임차권
11) 2020.2.11. 이후부터 적용한다.

인의 부동산등 보유비율을 곱하여 산출한 가액의 합계액이 차지하는 비율이 100분의 50 이상인 법인인 법인을 말하며, 2015.02.03. 전 부동산과다보유법인이라 함은 소득세법 시행령 제158조 제1항 제1호 가목에 해당하는 법인을 말하는 것으로 해당 법인의 자산총액 중 토지, 건물, 부동산에 관한 권리의 합계액이 자산총액의 50% 이상인 법인을 말한다(상증령 §54 ① 단서).

(나) 자산총액의 50% 이상인지 여부 판단기준 가액

자산총액의 50% 이상 여부는 당해 법인의 장부가액을 기준으로 판단하며(소령 §158 ③), "당해 법인의 장부가액"이란 당해 법인이 법인세법 제112조[12])에 따라 기장한 장부가액에 대하여 각 사업연도의 소득에 대한 법인세 과세표준 계산 시 자산의 평가와 관련하여 익금 또는 손금에 산입한 금액을 가감한 세무계산상 장부가액을 말한다(법규재산-0469, 2022.3.17.;기획재정부 조세법령운용과-1086, 2022.9.30).

다만, 토지 및 건물(건물에 부속된 시설물과 구축물을 포함)의 경우 소득세법상 기준시가가 장부가액보다 큰 경우에는 소득세법상 기준시가로 한다[13]). 즉, 소득세법상 기준시가와 장부가액 중 큰 금액으로 평가하여 반영한다는 의미이며, 장부가액은 법인세법상 장부가액을 의미한다.

> 부동산과다보유법인 :
> 토지 + 건물 + 부동산에 관한 권리 + 타부동산과다보유법인 주식가액
> ≥ 자산총액의 50%

(다) 자산총액의 계산

분모에 해당하는 자산총액은 평가기준일 현재 가결산한 재무상태표상 자산총액을 기준으로 기본적으로 계산하되, 토지 및 건물의 경우 소득세법상 기준시가와 법인세

---

12) 법인세법 제112조 【장부의 비치·기장】
　　납세의무는는 법인은 장부를 비치하고 복식부기에 의하여 이를 기장하여야 하며, 장부와 관계있는 중요한 증빙서류를 비치·보존하여야 한다. 다만, 비영리내국법인은 제3조 제3항 제1호 및 제7호의 수익사업을 영위하는 경우에 한한다. (2009.12.31. 단서개정)
13) 2011.1.1. 이후 상속·증여분부터 적용하며, 2010년 이전은 토지의 경우에만 기준시가로 평가한다.

법상 장부가액 중 큰 금액으로 평가하여 반영하고, 토지·건물을 제외한 다른 재산에 대하여도 법인세법상 유보금액을 기재한 자본금과 적립금조정명세서을표상 자산과 관련한 유보금액을 자산총액에 가감하여 계산한다. 또한 퇴직급여충당금부채에서 차감하는 형식으로 기재된 퇴직연금운용자산은 자산총액에 포함시키며(기획재정부 재산세과-285, 2017.4. 18.), 자본조정에 있는 자기주식의 취득가액도 자산총액에 포함시킨다.

(라) 토지 및 건물가액 등과 타부동산과다보유법인주식가액 계산방법

분자에 해당하는 토지 및 건물(건물에 부속된 시설물과 구축물을 포함하되, 건설 중인 자산은 제외한다)의 가액은 소득세법상 기준시가와 법인세법상 장부가액 중 큰 금액으로 평가하여 반영한다. 다만 타부동산과다보유법인주식가액은 법인세법상 장부가액(사실상 취득가액이 된다)에 부동산등 보유비율을 곱하여 계산한 금액을 반영하며, 부동산에 관한 권리의 가액도 법인세법상 장부가액으로 반영한다.

(마) 건설중인 자산은 토지·건물·부동산에 관한 권리에 포함 안됨

당해 법인의 장부가액 중 "건설중인 자산"의 금액은 소득세법 제94조 제1호 및 제2호의 자산가액(토지, 건물, 부동산에 관한 권리)에 포함되지 아니한다. 다만, 건설 중인 자산"의 준공일(사용검사필증교부일), 임시사용승인일, 실제 사용개시일 중 가장 빠른 날이 평가기준일 현재 같은 법 제94조 제1항 제1호 및 제2호의 자산으로 포함되는 경우에는 그러하지 아니한다(부동산거래-330, 2011.4.19.).

(3) 자산총액의 50% 이상 여부 판정기준일

자산총액 중 토지·건물·부동산에 관한 권리, 해당 법인이 소유한 타부동산과다보유법인의 주식가액(부동산보유비율 상당액)의 합계액이 차지하는 비율이 50%이상인지 여부를 판단할 때 자산총액은 당해 주식의 평가기준일 현재의 당해 법인의 자산총액을 기준으로 판정하되(소칙 §76 ①), 평가기준일 현재의 자산총액을 알 수 없는 경우에는 평가기준일이 속하는 사업연도의 직전 사업연도 종료일 현재의 자산총액을 기준으로 한다(부동산거래-812, 2010.6.14.).

(4) 자산총액에서 제외되는 자산

부동산 등 비율 산정시 다음에 해당하는 것은 분모에 해당하는 자산총액에 포함하지 않는다.

① 법인세법 시행령 제24조 제1항 제2호 바목에 따른 개발비
② 법인세법 시행령 제24조 제1항 제2호 사목에 따른 사용수익기부자산가액
③ 평가기준일부터 소급하여 1년이 되는 날부터 평가기준일까지의 기간 중에 차입금 또는 증자 등에 의하여 증가한 현금·대여금 및 금융실명거래 및 비밀보장에 관한 법률 제2조 제2호에 따른 금융자산 및 상속세및증여세법 시행규칙 제8조 각 호의 금융재산.

상기에서 금융실명거래 및 비밀보장에 관한 법률 제2조 제2호에 따른 "금융자산"이란 금융회사등이 취급하는 예금·적금·부금(賦金)·계금(契金)·예탁금·출자금·신탁재산·주식·채권·수익증권·출자지분·어음·수표·채무증서 등 금전 및 유가증권과 그 밖에 이와 유사한 것으로서 신주인수권을 표시한 증서, 외국이나 외국법인이 발행한 증권 또는 증서를 말한다.

상속세 및 증여세법 시행규칙 제8조 각 호의 금융재산이란 다음에 해당하는 금융재산을 말하는 것으로 동 금융재산은 2025.3.21.로 개정 되었다.

① 자본시장과 금융투자업에 관한 법률 제8조의2 제2항에 따른 거래소에 상장되지 아니한 주식 및 출자지분으로서 금융회사등이 취급하지 아니하는 것
② 발행회사가 금융회사등을 통하지 아니하고 직접 모집하거나 매출하는 방법으로 발행한 회사채

제3절 비상장주식의 보충적 평가방법

사례 부동산등 보유비율 계산 사례

☐ 자산총액 (단위: 백만원)

구분		금액	비고
대차대조표상 자산총액		670,189,307,291	가결산 재무상태표
유보금액		(65,129,357,760)	자본금과 적립금조정 명세서 을표상 자산관련 유보금액
자기주식		12,337,295,062	자본조정에 있는 경우임
퇴직연금운영자산		40,544,697,716	퇴직급여충당금에서 차감 형식인 경우
세무상 자산총액	①	657,941,942,309	
토지 장부가액	②	(82,611,815,528)	토지/건물의 기준시가가 장부가액보다 큰 경우에는 소득세법상 기준시가를 기준으로 판단
토지 기준시가	③	392,656,325,737	
건물 장부가액	④	(41,614,345,754)	
건물 기준시가	⑤	66,946,809,392	
부동산과다보유법인 판정시자산총액	(A)	993,318,916,156	①-②+③-④+⑤

☐ 부동산으로 보는 자산 (소법 제94조 ①항 1호 및 2호, 동법령 158조 ①항 1호 가목)

구 분		금액	비고
토 지		392,656,325,737	기준시가와 장부가액중 큰 금액
건 물		66,946,809,392	기준시가와 장부가액중 큰 금액
전세권		1,153,710,000	임차보증금
기타 자산(주식)		13,532,078,861	**B법인 장부가액 × 부동산 보유비율
기타 자산(주식)		4,569,599,246	**C법인 장부가액 × 부동산 보유비율
합계	(B)	478,858,523,236	

부동산비율(B÷A)	48.21%	☞ 부동산과다보유법인 아님

부동산보유법인 관련 법령

부동산 과다보유법인 관련 법령

■ **부동산과다보유법인** : 부동산 보유비율 50%이상 법인 [소득세법 § 94조①항 4호]

$$\text{부동산 보유비율} = \frac{\text{②토지·건물} + \text{③부동산권리} + \text{④경영지배법인 부동산}}{\text{①자산총액}}$$

① 자산총액

  ▶ 자산총액 : 재무상태표 상 자산총액 ± 가감 항목

  ▶ 가감 항목

가감	항목	근거
+	법인세법 상 자산관련 유보금액	세법해석례 법규재산-0469, 2022.3.17. 세법해석례 조세법령운용과-1086, 2022.9.30. 세법해석례 상속증여세과-557
+	퇴직연금운용자산	세법해석례 기획재정부 재산세제과-285
+	자기주식 취득가액	세법해석례 서면-2015-상속증여-0254
+	토지·건물 (기준시가)	소득세시행령 § 99 (기준시가의산정)
-	토지·건물 (장부가액)	소득세시행령 § 158 ④항
-	1년이내 차입 또는 증자 등에 따라 증가한 현금·대여금·금융자산	소득세시행령 § 158 ④항 2호 금융실명거래 및 비밀보장에 관한 법률 § 2 2호
-	개발비, 사용수익기부자산가액	소득세시행령 § 158 ④항 1호 법인세시행령 § 24①2호 바목/사목

② 토지·건물 [소득세시행령 § 158 ④항;소득세법 § 99 (기준시가의산정)]

  ▶ 토지·건물 : 소득세법상 기준시가와 법인세법상 장부가액 중 큰 금액
  ▶ 건물에 부속된 시설물과 구축물 포함하되, 건설중인 자산은 제외
  ▶ 기준시가 : 토지(개별공시지가), 건물(국세청장이 산정·고시), 주택(개별·공동주택가격)

③ 부동산권리 [소득세법 § 94 ①항 2호]

  ▶ 부동산을 취득할 수 있는권리
  ▶ 지상권
  ▶ 전세권과 등기된 부동산 임차권

④ 경영지배법인 부동산 [소득세법 § 94 ①항 4호 다목 2:소득세시행령 §158 ⑦:국세기본시행령 §1의 2]

  ▶ (해당법인이 보유한) 경영지배법인의 주식가액 (장부가액) × 부동산 보유비율

제3절 비상장주식의 보충적 평가방법

5. 순손익가치 또는 순자산가치가 부수(-)인 경우 가중평균방법("⑥의㉮"란)

(1) 순손익가치가 부수(-)인 경우

비상장주식에 대한 보충적 평가방법에서 1주당 순손익가치는 최근 3년간의 순손익액을 가중평균한 금액에 대하여 순손익가치환원율로 환원하여 평가한다. 이 경우에 최근 3년간의 순손익액의 가중평균액은 평가기준일 이전 1년이 되는 사업연도의 1주당 순손익액, 평가기준일 이전 2년이 되는 사업연도의 1주당 순손익액, 평가기준일 이전 3년이 되는 사업연도의 1주당 순손익액에 대하여 각각 가중치를 3, 2, 1을 부여하여 평균하게 된다. 이 때 가중평균액이 0원 이하인 경우에는 0원으로 한다(상증령 §56 ①). 즉 1주당 순손익가치는 0원으로 산출된다.

(2) 순자산가치가 부수(-)인 경우

자산가치에 의한 평가는 당해 법인을 청산한다고 가정하였을 때 주주에게 잔여재산 분배가액을 나타내는 것으로서, 1주당 순자산가치는 당해 법인의 순자산가치를 발행주식총수로 나누어서 평가한다. 이 경우에 잔여재산 분배가액이 0원 이하로 나타나는 경우에는 주주에게 귀속되는 잔여재산이 없게 된다. 그러므로 순자산가치가 부수(-)인 경우에는 0원으로 평가한다.

상속세및증여세법 시행령 제55조 제1항이 2009.2.4 '순자산가액이 0원 이하인 경우에는 0원으로 한다' 라는 규정을 추가하는 것으로 개정되었으나, 위와 같은 규정은 평가기준일이 개정된 시행령 시행 후인 경우에만 적용된다(서울행정법원2013구합7117, 2014.1.10.).

(3) 1주당 평가액의 계산

비상장주식의 1주당 가액을 평가하는 경우로서 가중평균할 때, 원칙적으로 1주당 순손익가치와 1주당 순자산가치에 대하여 3과 2로 가중평균하고, 부동산과다보유법인은 각각 2와 3으로 가중 평균한다. 이 경우에 1주당 순손익가치나 1주당 순자산가치가 부수(-)가 발생되는 경우에 가중평균하면 상호간 상계된다는 문제를 제기할 수 있다. 그런데 1주당 순손익가치나 1주당 순자산가치가 0원 이하인 경우에는 각각 0

원으로 보도록 하도록 하고 있어서 서로 상계하는 문제는 발생되지 아니한다.

다만, 1주당 순손익가치가 영(0)으로 평가되는 경우에는 가중치 합계는 5로 하여 평가하고(서면4팀-1351, 2004.8.27), 순자산가치가 영(0)인 경우에도 같은 방식으로 가중치의 합계를 5로 하여 평가한다. 이 경우에 1주당 순손익가치와 순자산가치의 모두 부수인 경우 그 평가액은 영(0)원으로 평가된다(서면4팀-864, 2004.6.16.).

사례 1 순손익가치 또는 순자산가치가 부수인 경우 1주당 가액 계산방법

구분	순손익가치	순자산가치	1주당 가액
일반법인	100	200	[(100×3)+(200×2)]/5=140 200×80%=160 Max[140, 160]=160
	100	-30	[(100×3)+(0×2)]/5=60
	-20	200	[(0×3)+(200×2)]/5=80 200×80%=160 Max[80, 160]=160
	-20	-30	[(0×3)+(0×2)]/5=0
부동산과다보유법인	100	200	[(100×2)+(200×3)]/5=160 200×80%=160 Max[160, 160]=160

Ⅲ 순자산가치로만 1주당 가액을 평가하는 경우("2"란)

비상장주식의 평가는 1주당 순손익가치와 1주당 순자산가치를 3 : 2 또는 2 : 3으로 가중 평균하는 것과 순자산가치의 80%(2017.4.1~ 2018.3.31까지 70%)중 큰 금액으로 평가하는 것이 원칙이다. 그러나 다음과 같은 사유가 있는 경우에는 과거의 수익력을 기준으로 수익가치를 평가하는 것이 불합리하므로 순자산가치에 의하여 평가한다(상증령 §54 ④).

이는 선택규정이 아니라 의무규정이며, 순자산가치에 의하여 평가하는 경우에는

예외규정이 있는 경우를 제외하고는 원칙적으로 상속세및증여세법 시행령 제59조 제2항의 규정에 따른 영업권 평가액을 가산하지 아니한다(상증령 §55 ③ 단서).

평가심의위원회 운영규정 별지 제4호 서식 부표3(비상장주식 등 평가서)의 "2"란의 "가"부터 "바"까지 란의 해당되는 경우를 말한다.

1. 청산절차가 진행중인 법인의 주식 등("가"란)

상속세및증여세법 제67조 및 제68조에 따른 상속세 및 증여세 과세표준신고기한 이내에 평가대상법인의 청산절차가 진행 중이거나 사업자의 사망 등으로 인하여 사업의 계속이 곤란하다고 인정되는 법인의 주식 또는 출자지분은 순자산가치로만 평가한다.

순손익가치에 의한 평가는 계속기업을 전제하여 평가하는 것이므로 상속·증여세 신고기한내에 사업부진에 의한 청산이 진행중이거나 관계법령에 의하여 기술사 등 자격사만이 사업을 영위할 수 있는 경우로서 자격사인 피상속인이 사망함으로써 계속사업이 곤란하다고 인정되는 경우에는 청산가치인 순자산가치로만 평가하도록 하여 과대평가에 따른 불합리를 해소하고자 2003.12.30 개정되어 2004.1.1 이후 결정하는 분부터 적용된다.

2. 사업개시전의 법인, 사업개시 후 3년 미만의 법인과 휴업·폐업 중에 있는 법인의 주식 또는 출자지분("나"란)

(1) 원칙

사업개시전의 법인, 사업개시 후 3년 미만의 법인과 휴업·폐업 중에 있는 법인의 주식 또는 출자지분도 순자산가치로만 평가한다. 이는 정상적인 영업활동 전인 사업개시초기에는 결손이 발생하는 등으로 순손익가치가 통상"0"으로 산출되어 기업가치가 과소평가되는 법인이나, 휴·폐업 또는 청산으로 미래의 수익가치를 반영할 필요가 없는 법인에 대해서는 순자산가치로 평가하도록 2004.12.31. 법 개정시 개선한 것으로 2005.1.1이후 상속이 개시되거나 또는 증여하는 분부터 적용한다.

(2) 사업개시 후 3년 미만 법인이란

"사업개시후 3년 미만의 법인"은 당해 법인의 사업개시일부터 평가기준일까지 역에 의하여 계산한 기간이 3년 미만인 법인을 말하는 것이며, 사업개시일은 당해 법인이 처음으로 재화 또는 용역의 공급을 개시한 때를 말한다(재산-395, 2009.10.7.; 재산-201, 2011.4.2.).

예를 들면 A법인의 법인설립일자는 2015년이나 2019년 5월부터 본격적으로 사업을 시작하여 매출이 발생한 경우에는 그 매출이 발생한 시점부터 기산하여 평가기준일까지의 기간이 3년 미만인 법인을 말한다. 조세심판원도 「사업개시일은 설립등기일이나 사업자등록일 등을 기준으로 형식으로 판단할 것이 아니라 사업의 준비가 끝나고 본래의 사업목적을 수행하거나 수행할 수 있는 상태로 된 때를 기준으로 하여 실질적으로 판단하여야 할 것인 바(대법원 1995.12.8. 선고 94누15905 판결, 같은 뜻임), 건설업을 영위하는 청구법인의 수익이 발생한 시점을 사업개시일로 봄이 타당하다」라고 결정(조심 2019부3798, 2020.7.10. ; 조심 2019부3797, 2020.7.10.)한 바 있다.

(3) 장기간 휴면법인이 재개업한 경우 사업개시 후 3년 미만법인 판단

사업개시후 3년 미만 법인이라 함은 당해 법인이 사업개시일부터 평가기준일까지 역에 의하여 계산한 기간이 3년 미만인 법인을 말하며(서면4팀-687, 2004.5.18), 휴면법인이 새로운 주주에게 인수되어 사업을 재개한 경우 사업개시 후 3년 미만의 법인 해당여부는 사업재개 후 최초로 재화 또는 용역의 공급을 개시한 날을 기준으로 판단한다(서면4팀-879, 2007.3.14.).

(4) 법인이 분할한 경우 사업개시 후 3년 미만 법인 판단기준

법인이 인적분할한 경우 분할신설법인이 사업개시후 3년 미만에 해당하는지 여부는 분할전 법인을 기준으로 판단하고(재재산-715, 2005.7.8), 법인세법 제47조 제1항의 요건을 갖춘 물적분할에 의하여 신설된 분할신설법인의 사업영위기간도 분할전 동일사업부문의 사업개시일부터 기산한다(재재산-1065, 2009.6.15). 이와 같이 분할과 관련된 사업개시일의 판단을 해석에 의존하였으나 2017.2.7 이후 상속이 개시되거나 증여받은 분부터는 법인세법 제46조의3, 제46조의5, 제47조의 요건을 갖춘 적격분할 또는 적격물적분할로 신설된 법인의 사업기간은 분할 전 동일 사업부분의 사업개시일부터 기산하도록 명확히 하였다(상증령 §54 ④ 2 단서). 다만, 법인세법상 비적격 물적분할의 경우 분할신설법인의 사업개시일은 분할신설법인이 처음으로 재화 또는 용역의 공급을 개시한 날이다(자본거래-4920, 2020.12.10.).

예를 들면, 분할전 甲법인이 A사업부와 B사업부를 영위하는 경우로서 법인세법상 적격분할을 통하여 B사업부를 분할하여 乙법인을 설립한 경우로서 乙법인의 사업개시후 3년 미만 여부판단시 B사업부의 사업개시일을 기준으로 판단한다

┃인적·물적분할 후 분할법인 또는 분할신설법인 주식평가방법┃

구 분	구분	평가방법
사업개시후 3년 이상 또는 미만 법인 해당 여부 판단기준	분할법인	분할전 분할법인이 처음으로 재화·용역의 공급을 개시한 날부터 기산
	분할신설법인	분할 전 동일 사업부분의 사업개시일부터 기산
평가기준일 전 3개 사업연도가 계속하여 결손금이 있는 법인인지 여부 판단 기준	구분 기장 된 경우	구분기장된 사업부문별로 손금총액과 익금총액을 기준으로 판단
	구분 기장 안된 경우	분할전법인의 손금총액과 익금총액을 분할등기일 현재의 분할법인과 분할신설법인의 순자산가액 비율로 안분하여 편단
최근 3년간 순손익액 구분	구분 기장 된 경우	구분기장된 사업부문별로 순손익액 산정
	구분 기장 안된 경우	분할법인의 분할전 순손익액을 분할등기일 현재의 분할법인과 분할신설법인의 순자산가액 비율로 안분

(5) 법인이 합병한 경우 사업개시후 3년 미만 법인 판단기준

법인이 합병한 경우로서 합병후 1주당 가액을 평가할 때 사업개시후 3년 이상 또는 3년 미만 법인 해당여부는 합병법인을 기준으로 판단함(서면4팀-945, 2007.3.21)이 타당하다.

기획재정부도「사업개시 후 3년 미만인 내국법인이 합병법인이 되어 사업개시 후 3년 이상인 내국법인을 합병한 경우, 당해 합병법인은 상속세및증여세법 시행령 제54조 제4항 제2호의"사업개시 후 3년 미만의 법인"에 해당한다」라고 해석(기획재정부 재산세제과-364, 2018.4.25)하고 있어 합병법인을 기준으로 판단하고 있다.

❙ 합병후 합병법인의 주식평가방법 ❙

구 분	평가방법
평가기준일 전 3개 사업연도가 계속하여 결손금이 있는 법인인지 여부 판단 기준	합병법인과 피합병법인의 손금총액과 익금총액의 합계액을 기준으로 판단(서면4팀-1745. 2007.5.29)
사업개시후 3년 이상 또는 미만 법인 해당 여부 판단기준	합병법인을 기준으로 판단함 (서면4팀-945, 2007.3.21 ; 기획재정부 재산세제과-364, 2018.4.25)

(6) 법인이 업종을 변경한 경우 사업개시후 3년 미만 법인 판단기준

순자산가치로만 평가하는"사업개시 후 3년 미만의 법인"에 해당여부를 판단할 때 해당 법인이 업종을 변경한 경우에도 사업개시일은 업종변경 여부에 관계없이 당해 법인이 처음으로 재화 또는 용역의 공급을 개시한 때를 말한다(자본거래-4722, 2020.01.22; 재재산46014-126, 1996.3.13).

3. 최근 3년간 계속하여 결손인 법인(2005.1.1~2018.2.12 이전에 한함)

(1) 원칙

평가기준일이 속하는 사업연도 전 3년 내의 사업연도부터 계속하여 법인세법상 각 사업연도에 속하거나 속하게 될 손금의 총액이 그 사업연도에 속하거나 속하게 될 익금의 총액을 초과하는 결손금이 있는 법인의 주식 또는 출자지분은 순자산가치로만 평가한다. 동 규정은 2005.1.1 이후 상속이 개시되거나 증여하는 분부터 적용되며, 2018.2.13 동규정이 삭제되어 2018.2.13 이후 평가하는 분부터는 가중평균액과 순자산가치의 70% 또는 80% 중 큰 금액으로 평가해야 한다.

(2) 2개의 법인이 흡수합병한 경우 최근 3년간 결손법인 판단기준

2개의 법인이 흡수합병한 경우 합병법인이 순자산가치로만 주식을 평가할 수 있는 최근 3년간 계속하여 결손금이 있는 법인에 해당하는지 판단은 각 사업연도별로 합병법인과 피합병법인의 손금총액과 익금총액의 합계액을 기준으로 판단한다(서면4팀-1745, 2007.5.29.).

(3) 수정신고한 경우 최근 3년간 결손법인 판단기준

"평가기준일이 속하는 사업연도전 3년내의 사업연도부터 계속하여 법인세법상 결손금이 있는 법인에 해당하는지 여부"는 수정신고후의 각 사업연도소득을 기준으로 판단함이 타당한다(서면4팀-1924, 2007.6.19.).

4. 골프장등 영위 업종으로서 자산총액 중 부동산 등 비율이 80% 이상인 법인(2017.2.7~2018.2.12 상속·증여분에 한함)

2017.2.7~2018.2.12 상속·증여분은 체육시설의 설치·이용에 관한 법률에 따른 골프장업·스키장업 등 체육시설업, 관광진흥법에 따른 관광사업 중 휴양시설관련업 및 부동산업·부동산개발업으로서 골프장, 스키장, 휴양콘도미니엄, 전문휴양시설 사업을 하는 법인에 해당하는 사업으로서 자산총액 중 토지, 건물, 부동산에 관한 권리, 다음과 같이 계산한 당해 법인이 보유한 다른 부동산과다보유법인의 주식가액의 합계액이 차지하는 비율이 100분의 80 이상인 법인의 주식 등에 대해 순자산가치로 평가한다.

$$\text{해당 법인이 보유한 다른 법인의 주식가액} \times \frac{\text{다른 법인의 토지, 건물, 부동산에 관한 권리의 가액}}{\text{다른 법인의 자산총액}}$$

5. 자산총액 중 부동산 등 비율이 80% 이상인 법인("라"란)

평가대상법인의 자산총액 중 토지와 건물, 부동산에 관한 권리가액의 합계액이 차지하는 비율이 80% 이상인 법인의 주식 또는 출자지분을 평가할 때는 2012.2.2 상속·증여분부터는 순자산가치로 평가하였다(상증령 §54 ④ 4). 2017.2.7 상속세 및 증여세법 시행령 개정시 같은령 제64조 제4항 제4호의 규정을 종전의 "소득세법 시행령 제158조 제1항 제5호 가목에 해당하는 법인의 주식등"에서 "소득세법 제94조 제1항 제4호 라목에 해당하는 법인의 주식 등"로 개정함에 따라 2017.2.7부터는 "대통령령으로 정하는 일정한 사업을 영위하는 법인으로서 자산총액 중 부동산 등의 가액의 합계액이 차지하는 비율이 100분의 80 이상인 법인의 주식 등에 대해서만 순자산가치로 평가하게 되었다. 그러나 또 다시 2018.2.13 이후 평가하는 분부터 자산총액 중 토지, 건물, 부동산에 관한 권리, 해당 법인이 보유한 다른 법인의 주식가액에 그 다른 법인의 부동산등 보유비율을 곱하여 산출한 가액의 합계액이 100분의 80이상인 법인의 주식 등에 대해 순자산가치로만 평가해야 하는 것으로 개정되었다(상증령 §54 ④ 3).

2020.2.11 이후 상속증여분부터 자산총액 중 토지, 건물, 부동산에 관한 권리, 아래 산식과 같이 계산한 해당 법인이 직접 또는 간접으로 보유한 다른 법인의 주식가액에 그 다른 법인의 부동산등 보유비율을 곱하여 산출한 가액의 합계액이 차지하는 비율이 100분의 80 이상인 법인인 법인의 주식 등에 대하여 순자산가치로만 평가해야 한다.

$$\text{해당 법인이 보유한 다른 법인의 주식가액} = \frac{A + B + C}{D}$$

A: 다른 법인이 보유하고 있는 법 제94조 제1항 제1호의 자산가액
B: 다른 법인이 보유하고 있는 법 제94조 제1항 제2호의 자산가액
C: 다른 법인이 보유하고 있는 「국세기본법 시행령」 제1조의2 제3항 제2호 및 같은 조 제4항에 따른 경영지배관계에 있는 법인이 발행한 주식가액에 그 경영지배관계에 있는 법인의 부동산등 보유비율을 곱하여 산출한 가액
D: 다른 법인의 자산총액

구체적인 부동산등 보유비율 계산방법은 제3절 보충적평가방법〉Ⅱ. 가중평균액과 순자산가치의 80%중 비교에 의한 평가방법〉4.부동산과다보유법인이란〉부동산과다보유법인의 범위를 참조하기 바란다.

사례 2 　부동산 등 비율이 80% 이상인 법인의 주식 평가방법

□ 사실관계
- 갑법인은 부동산임대법인으로 현재 부동산비율이 총자산가액중 85%임
- 1주당 순자산가치는 @100,000원이나 1주당 순손익가치는 @30,000원임

□ 시기별로 주식평가방법은 ?

□ 환산주식수
　시기별 1주당 평가액
- 2012.2.2~2017.2.6 : @100,000(1주당 순자산가치로만 평가)
- 2017.2.7~2017.3.31: @72,000(가중평균, 1주당 순자산가치 비중 60%)
- 2017.4.1~2018.2.12 : @72,000[max(가중평균, 1주당 순자산가치의 70%)]
- 2018.2.13~ 　　　　 : @100,000,000(1주당 순자산가치로만 평가)

6. 자산총액 중 주식 등 가액 비율이 80% 이상인 법인("마"란)

　해당 법인의 자산총액 중 주식 등의 가액의 합계액이 차지하는 비율이 80% 이상인 법인의 주식 등에 대해서도 순자산가치로 평가한다(상증령 §54 ④ 4). 여기서 법인의 '자산총액' 및 '주식등의 가액'은 상속세및증여세법 제60조 내지 제66조에 따라 평가한 가액으로 한다(기획재정부 재산세제과-943, 2020.10.27.). 이 규정은 2017.2.7. 상속·증여분부터 적용한다.

7. 법인설립시부터 확정된 존속기한 중 잔여존속기한이 3년 이내인 법인의 주식("바"란)

　법인의 설립시 정관에 존속기한이 확정된 법인으로서 평가기준일 현재 잔여 존속기한이 3년 이내인 법인의 주식에 대해서는 순자산가치로 평가한다(상증령 §54 ④ 5). 이 개정 규정은 2017.2.7 상속·증여분부터 적용한다.

8. 순자산가치로만 1주당 가액을 평가하는 경우 영업권 가산 여부

(1) 주식비율이 80%이상 또는 잔여존속기한이 3년 이내인 법인은 영업권 가산함

상속세및증여세법 시행령 제54조 제4항 중 제5호(자산총액 중 주식가액의 합계액이 80% 이상인 법인의 주식)·제6호(법인설립시부터 확정된 존속기한 중 잔여존속기한이 3년 이내인 법인의 주식)에 해당하는 사유로 순자산가치로만 1주당 가액을 평가하는 경우에는 영업권 평가액을 가산해야 한다.

(2) 개인사업자가 무형자산을 현물출자 또는 양도하여 법인전환한 경우로서 통산기간이 3년 이상인 경우에는 영업권 가산함

개인사업자가 법인으로 전환한 후 평가기준일 현재 사업개시후 3년 미만의 법인, 사업개시전 법인 등 상속세및증여세법 시행령 제54조 제4항 제2호에 해당하는 경우의 주식 또는 출자지분에 해당하여 순자산가치로만 1주당 가액을 평가하는 경우에도 다음 요건을 모두 충족하는 경우에는 상속세및증여세법 시행령 제59조 제2항에 따른 영업권평가액을 가산한다. 무형자산을 사용하는 법인전환 개인기업의 영업권 형성을 감안하여 2015.2.3 이후 순자산가액을 평가하는 분부터 영업권을 가산하도록 하였다.

① 개인사업자가 상속세및증여세법 시행령 제59조에 따른 무체재산권을 현물출자하거나 조세특례제한법 시행령 제29조 제2항에 따른 사업 양도·양수의 방법에 따라 법인으로 전환하는 경우로서 그 법인이 해당 사업용 무형자산을 소유하면서 사업용으로 계속 사용하는 경우
② ①에 따른 개인사업자와 법인의 사업 영위기간의 합계가 3년 이상인 경우

(3) 부동산등 비율 80%이상, 청산절차 진행중인 법인은 영업권 가산하지 않음

평가대상 법인이 상속세및증여세법 시행령 제54조 제4항 중 제1호(청산절차가 진행중인 법인의 주식 등) 또는 제3호(부동산 등 비율이 80%이상인 법인)에 해당하는 사유로 순자산가치로만 1주당 가액을 평가하는 경우에는 상속세및증여세법 시행령

제59조 제2항에 따른 영업권 평가액을 가산하지 아니한다(상증령 §55 ③ 단서).

┃ 순자산가액 계산시 영업권 가산여부 ┃

구 분	영업권 가산여부	적용시기
청산절차가 진행중인 법인의 주식 등	가산하지 않음	2004.1.1 이후 결정·경정분
사업개시전의 법인, 사업개시후 3년 미만의 법인과 휴업·폐업중에 있는 법인의 주식 등	가산하지 않음. 다만, 개인사업자가 무형자산을 현물출자 또는 양도하여 법인전환한 경우로서 개인·법인 통산기간이 3년 이상인 경우 영업권 가산	2004.1.1 이후 결정·경정분, 단서규정은 2015.2.3상속·증여분
최근 3년간 계속하여 결손인 법인의 주식 등(2018.2.13.삭제)	가산하지 않음	2004.1.1 이후 결정·경정분
골프장 등의 업종을 영위하고 부동산등 비율이 80%이상인 법인의 주식 등	가산하지 않음	2017.2.7~2018.2.12상속·증여분
부동산 등 비율이 80% 이상인 법인	가산하지 않음	2017.2.13 이후 평가분부터
자산총액중 주식가액의 합계액이 80% 이상인 법인의 주식 등	가산함	2017.2.7상속·증여분
법인설립시부터 확정된 존속기한 중 잔여존속기한이 3년 이내인 법인의 주식	가산함	2017.2.7상속·증여분

[예규 · 판례]

① 소득세법 제94조 제1항 제4호다목에서 규정하는 부동산등 보유비율을 적용할 때 "다른 법인"은 해당 법인이 그 발행 주식을 직접 보유한 같은법 시행령 제158조 제5항에 해당하는 법인이며, 법인의 부동산등 보유비율 계산식의 분자에는 위 다른 법인이 보유하고 있는 「소득세법」 제94조 제1항 제1호 및 제2호의 자산가액 합계액을 적용하는 것임(법령해석재산-5375, 2018.3.22)

② 순자산가치로만 평가하는 비상장법인의 주식등에 해당하는지 여부 판단 시 법인의 '자산총액' 및 '주식등의 가액'은 법인의 장부가액에 따르고, 법인의'장부가액'이란 해당 법인이 법인세법 제112조에 따라 기장한 장부가액에 자산의 평가와 관련하여 익금 또는 손금을 가감한 세무계산상 장부가액을 의미함(서면-2017-법령해석재산-3343, 2019.6.25)

③ 순자산가치로 평가하는 비상장주식등에 해당하는지 여부를 판단할 때 법인의 자산총액은 상증법 제60조부터 제66조까지의 규정에 따라 평가하는 것으로, 평가대상 법인이 소유한 신축분양 중인 건물과 부수토지의 분양가액이 시가에 해당하는 경우에는 건물에 대한 분양가액 중 평가기준일까지의 작업진행률에 따라 계산한 금액을 그 건물가액으로, 부수토지에 대한 분양가액을 토지가액으로 하여 산출하는 것임(기획재정부 조세정책과-1153, 2023.05.17.)

④ 순자산가치로만 평가하는"사업개시후 3년 미만의 법인"은 당해 법인의 사업개시일부터 평가기준일까지 역에 의하여 계산한 기간이 3년 미만인 법인을 말하는 것임(재산-395, 2009.10.7)

⑤ 휴업중인 법인이 그룹 내의 회사들과 포괄적 주식 교환을 통하여 지주회사로 전환하여 영업을 재개한 경우"사업개시 후 3년 미만의 법인"에 해당하는지 여부는 지주회사로 전환된 날을 기준으로 판단함(재산-3953, 2008.11.25.)

⑥ 평가대상 법인이 부동산 임대사업부문만을 인적분할하여 설립된 경우로서 평가기준일 현재 임대사업에 사용하던 건물의 전부를 멸실하고 새로운 건물을 신축 중에 있는 경우에는 순자산가치로만 평가함(재산-3055, 2008.9.30)

⑦ 2개의 법인이 흡수합병한 경우 합병법인이 순자산가치로만 주식을 평가할 수 있는 최근 3년간 계속하여 결손금이 있는 법인에 해당하는지 여부는 각 사업연도별로 합병법인과 피합병법인의 손금총액과 익금총액의 합계액을 기준으로 판단하는 것임(서면4팀-1745, 2007.5.29.)

⑧ 상속세 및 증여세법 시행령(2018.2.13. 대통령령 제28638호로 개정되기 전의 것) 제54조에 따라 비상장주식을 평가함에 있어 비상장법인의 부동산등 비율이 80% 이상이더라도 골프장, 스키장, 휴양콘도미니엄, 전문휴양시설의 경영·분양·임대 사업에 해당하지 않는 경우에는 순자산 가치로만 평가 불가함(기획재정부 재산세제과-362, 2018.4.25.)

⑨ 사업개시후 3년 미만의 법인 판정시 개인사업자가 법인으로 전환한 경우 법인전환후 처음으로 재화 또는 용역의 공급을 개시한 때부터 기산함(재산-873, 2009.11.27.)

⑩ 상속세 및 증여세법 기본통칙 63-0…3(배당의 내용을 달리하는 주식을 발행한 법인의 주식평가)은 비상장법인의 주식을 포함한 유가증권 평가 전체에 적용됨(재재산-23, 2017.1.11.)

⑪ 수정신고한 경우 평가기준일이 속하는 사업연도 전 3년 내의 사업연도부터 계속하여 법인세법상 결손금이 있는 법인에 해당여부는 수정신고후의 각 사업연도소득을 기준으로 판단함이 타당함(서면4팀-1924, 2007.6.19)

⑫ 평가 기준일전 3년이 되는 날이 속하는 사업연도 개시일부터 평가기준일까지의 기간중 합병·분할·증자 또는 감자를 하였거나 주요업종이 바뀐 경우 등에 해당하므로 주식을 순자산가액으로 평가함이 타당함(대법원2016두50198, 2016.12.15)

⑬ 1주당 추정이익의 평균가액으로 1주당 순손익가치를 평가할 수 있는 사유가 있다면 1주당 최근 3년간의 순손익액의 가중평균액'을 기초로 1주당 순손익가치를 산정할 수 없고 순자산가치로만 평가하는 방법을 준용할 수 있음(대법2011두9140, 2012.5.24.)

Ⅳ 평가심의위원회가 심의·제시하는 평가가액으로 평가

1. 평가방법

비상장주식등을 평가할 때 보충적 평가방법에 따른 주식평가액이 불합리하다고 보아 납세자가 다음의 어느 하나에 해당하는 방법으로 평가한 평가가액을 첨부하여 상속세및증여세법 시행령 제49조의2 제1항에 따른 평가심의위원회에 비상장주식등의 평가가액 및 평가방법에 대한 심의를 신청하는 경우에는 같은 령 제54조 제1항·제4항, 제55조 및 제56조에도 불구하고 평가심의위원회가 심의하여 제시하는 평가가액에 의하거나 그 위원회가 제시하는 평가방법 등을 고려하여 계산한 평가가액에 의할 수 있다. 다만, 납세자가 평가한 가액이 보충적 평가방법에 따른 주식평가액의 100분의 70에서 100분의 130의 범위안의 가액인 경우로 한정한다(상증령 §54

⑥). 그 동안 중소기업을 대상으로 납세자가 비상장주식에 대한 보충적 평가방법을 적용하는 것이 불합리하다고 판단하여 유사상장법인 주가 비교평가방법을 적용하려고 하였다. 그러나 이와 같은 방법이 적용되는 사례가 거의 없어서 다양한 평가방법과 함께 중소기업으로 한정하지 않고 일반법인도 적용할 수 있도록 개정하였으며, 2017.7.1 상속이 개시되거나 증여받은 분부터 적용한다.

① 해당 법인의 자산·매출액 규모 및 사업의 영위기간 등을 감안하여 같은 업종을 영위하고 있는 다른 법인(유가증권시장과 코스닥시장에 상장된 법인)의 주식가액을 이용하여 평가하는 방법.
② 향후 기업에 유입될 것으로 예상되는 현금흐름에 일정한 할인율을 적용하여 평가하는 방법
③ 향후 주주가 받을 것으로 예상되는 배당수익에 일정한 할인율을 적용하여 평가하는 방법
④ 그 밖에 ①부터 ③까지의 규정에 준하는 방법으로서 일반적으로 공정하고 타당한 것으로 인정되는 방법

2. 신청방법

납세자는 평가심의위원회에 심의가 필요한 경우에는 상속세 과세표준 신고기한 만료 4개월 전(증여의 경우에는 증여세 과세표준 신고기한 만료 70일 전)까지 다음에 따른 자료를 첨부하여 평가심의위원회에 신청하여야 한다((상증령 §54 ⑤).

① 상속세 및 증여세법 시행령 제54조 제1항·제4항, 제55조 및 제56조에 따라 평가한 가액(보충적 평가방법에 따른 주식평가액) 및 그 평가 부속서류
② 보충적 평가방법에 따른 주식평가액이 불합리하다고 인정되는 근거
③ 상속세 및 증여세법 시행령 제54조 제6항 각 호의 평가방법(현금흐름할인방법, 배당흐름할인방법, 기타 이에 준하는 방법으로서 일반적으로 공정 타당한 것으로 인정되는 방법)에 따라 평가한 비상장주식등의 평가액 및 그 평가 부속서류 구체적인 평가방법은 제8절을 참조하기 바란다.

〈평가심의위원회 운영규정 별지 제3호 서식〉 (2017.07.01. 개정) [앞면]

비상장 기업의 주식평가 신청서

년

1. 납세자 인적사항

성 명		생 년 월 일	
주 소		(☎ :) (e-mail :)	
평 가 기 준 일			

2. 평가대상법인

법 인 명		사 업 자 등 록 번 호	
사업장 소재지			

3. 평가대상법인의 평가액

평가방법	① 1주당평가가액	② 보충적평가가액	①의 가액이 ② 보충적 평가액의 70%에서 130% 범위내인지 여부

「상속세 및 증여세법 시행령」 제49조의2 제5항에 따라 비상장 기업주식 평가 신청서를 제출합니다.

년   월   일

신고인   (서명 또는 인)
평가서 작성 법인   (인)
              (사업자등록번호   )
       업무수행자   (서명 또는 인)
       (관리번호 :   )

지방국세청장 귀하

※ 구비서류
1. 상속개시(증여) 사실 증명서류("사망진단서 또는 "증여계약서" 등)
2. 비상장주식등 평가서 및 관련 부속서류
3. 보충적 평가방법에 따른 주식평가액이 불합리하다고 인정할 수 있는 근거자료
4. 평가방법에 따라 평가한 비상장주식등의 평가액 및 그 평가부속서류
   * 유사상장 비교평가방법시 제출서류
5. 평가대상 또는 반려대상여부 검토서
6. 유사상장법인 주가 비교평가액 계산서
7. 유사상장법인 종가명세서
8. 유사상장법인 선정기준 검토서

〈평가심의위원회 운영규정 별지 제3호 서식 부표〉 (2017.07.01. 개정)

	비상장 기업의 주식평가 관련 검토서	년

1. 평가대상 비상장 기업

① 법 인 명 (사업자등록번호)		② 대 표 자	
③ 소 재 지		④ 사 업 개 시 일	
⑤ 1주당액면가액		⑥ 발 행 주 식 총 수	
⑦ 자 본 금		⑧ 휴 · 폐 업 일	

2. 평가신청의 기준 검토(유사상장법인 비교평가방법 적용시)

평가신청의 요건(규정 제18조 제1항 제1호부터 제6호)	여	부
⑨ 규정 제11조에 따른 비상장 기업에 해당할 것		
⑩ 사업개시 후 3년 이상 경과할 것		
⑪ 1주당 경상이익, 1주당 순자산가액이 양수일 것		
⑫ 유사상장법인이 2개 이상 있을 것		
⑬ 부동산등의 평가액이 자산의 80% 이상인 법인이 아닐 것		

3. 반려의 기준 검토(현금흐름할인법, 배당할인법, 순자산평가법, 유사상장법인 비교평가방법 적용시)

평가신청 반려의 기준(규정 제14조 제2항 제1호부터 제4호)	여	부
⑭ 평가신청서 및 평가관련서류 기한내 제출 여부		
⑮ 납세자가 평가한 가액이 보충적 평가방법에 따른 주식평가액의 70%에서 130%의 범위 안의 가액인지		
⑯ 상속세 또는 증여세 납부의무가 있는지 여부		
⑰ 상속·증여세를 부당하게 감소시킬 목적의 평가신청이 아닌 경우		

※ 작성요령

1. 본 검토서에 의해 평가대상인지 반려대상인지를 판단하므로 사실내용에 따라 정확하게 작성하여야 하며 평가가액 등에 대한 국세청평가심의위원회의 통지가 있은 후에라도 사실과 다르게 작성한 사실이 확인되는 경우에는 그 결과통지는 효력이 없음에 유의하여야 합니다.

2. ⑨~⑰란은 각 항목에 해당하면 "여"란에 "○"을 표시하고, 부합되지 아니하는 경우에는 "부"란에 "○"을 표시합니다.

제4절 1주당 순손익가치의 계산

I 의의

　순손익가치란 평가대상법인을 해체하거나 청산하지 아니하고 이를 기초로 하여 기업 활동을 계속할 경우의 그 법인의 가치를 말한다. 계속기업의 가치평가는 자본시장과 금융투자업에 관한 법률에서는 기업의 미래수익흐름을 현재가치로 환원하여 평가하고 있다.

　그런데 상속세및증여세법에서는 법적안정성과 예측가능성을 높이기 위해서 당해 법인의 과거의 수익흐름을 기준으로 평가하고 있다. 즉 과거의 수익흐름 가운데 최근 3년간 순손익액의 가중평균액에 의하여 순손익가치를 원칙적으로 계산하도록 하고 있다. 그러나 해당 법인이 일시우발적 사건으로 해당 법인의 최근 3년간 순손익액이 비정상적으로 증가하는 등 최근 3년간의 순손익액의 가중평균액으로 하는 것이 불합리한 경우에는 미래의 수익흐름인 1주당 추정이익의 평균가액에 의하여 순손익가치를 계산할 수 있도록 하고 있다.

Ⅱ 순손익가치 계산방식

1. 1주당 최근 3년간 순손익액의 가중평균액에 의한 순손익가치 계산

(1) 1주당 순손익가치의 계산

본래 비상장주식의 순손익가치는 그 주식이 갖는 미래의 기대수익을 추정한 다음 그 현재가치를 평가하는 방법으로 산정하는 것이 바람직하지만, 미래의 기대수익을 정확히 예측하는 것은 매우 어려우므로 상속세및증여세법에서는 원칙적으로 과거의 실적인 '1주당 최근 3년간의 순손익액의 가중평균액'을 3년 만기 회사채의 유통수익율을 반영한 이자율에 의하여 할인하는 방법으로 1주당 순손익가치를 산정하도록 규정하고 있다.

이처럼 과거의 실적으로 미래의 기대수익을 대신하는 것은 그 과거의 실적이 미래에도 계속되리라는 것을 전제로 하는 것이다(대법2011두9140, 2012.05.24.).

$$1주당\ 순손익가치 = \frac{1주당\ 최근\ 3년간의\ 순손익액의\ 가중평균액}{순손익가치환원율(10\%)}$$

(2) 1주당 최근 3년간 순손익액의 가중평균액 계산

순손익가치를 계산함에 있어서 1주당 최근 3년간의 순손익액의 가중평균액은 원칙적으로 아래 계산식과 같이 평가기준일 이전 1년이 되는 사업연도의 1주당 순손익액에 3, 평가기준일 이전 2년이 되는 사업연도의 1주당 순손익액에 2, 평가기준일 이전 3년이 되는 사업연도의 1주당 순손익액에 1을 곱하여 계산한 금액의 합계액을 6으로 나누어 계산한 금액으로 한다.

$$1주당 \; 최근 \; 3년간 \; 순손익액의 \; 가중평균액 = \frac{A \times 3 + B \times 2 + C \times 1}{6}$$

A : 평가기준일 이전 1년이 되는 사업연도의 1주당 순손익액
B : 평가기준일 이전 2년이 되는 사업연도의 1주당 순손익액
C : 평가기준일 이전 3년이 되는 사업연도의 1주당 순손익액

가중평균할 때 특정 사업연도의 1주당 순손익액이 부수인 경우 그 부수를 그대로 적용하여 가중평균한다. 다만, 가중평균한 결과 1주당 최근 3년간의 순손익액의 가중평균액이 음수인 경우에는 0원으로 평가한다(상증령 §56 ① 1호).

또한 평가기준일이 사업연도말인 경우에는 당해 연도를 포함하여 최근 3년간의 순손익액을 가중평균 하며, 3년간의 사업연도 중 1년 미만인 사업연도의 1주당 순손익액은 연으로 환산한 가액에 의한다(서면4팀-152, 2005.01.20).

2. 1주당 추정이익의 평균가액에 의한 순손익가치 계산

(1) 의의

1주당 순손익가치는 원칙적으로 1주당 최근 3년간의 순손익액의 가중평균액을 적용하였고, 예외적으로 1999.12.31까지는 1주당 추정이익의 평균가액에 의하여 산정할 수 있도록 하였다. 이에 대하여 납세자 중에는 1주당 추정이익의 평균가액으로 순손익가치를 적용하여 비상장주식을 적정가액보다 낮게 평가받아서 악용하는 문제점이 있어 2000.12.29 개정시에는 1주당 추정이익의 평균가액을 산정할 수 있는 대상을 한정하였다.

이에 1주당 추정이익의 평균가액으로 순손익가치를 산정할 수 있는 대상을 시행규칙에 열거하고, 이 규정에 열거된 경우를 제외하고는 추정이익의 평균가액으로 순손익가치를 산정할 수 없도록 하였다. 이 개정규정은 2001.1.1이후 최초로 상속개시되거나 증여하는 분부터 적용된다.

(2) 1주당 순손익가치의 계산

주식가치를 평가할 때 1주당 순손익가치는 최근 3년간 순손익액의 가중평균액을 적용하여 평가하는 것이 원칙이다 그러나 업종이 변경되었거나 일시적·우발적 사건의 발생 등으로 인하여 기업회계상 특별손익이 많이 계상된 때에는 과거의 수익력으로 평가하는 것이 곤란하다. 이런 경우에는 과거의 수익력으로 평가하지 않고 미래의 추정포괄손익계산서를 작성하여 1주당 추정이익의 평균가액에 의한 순손익가치를 평가할 수 있다. 즉, "1주당 최근 3년간의 순손익액의 가중평균액"과 "1주당 추정이익의 평균가액"중 유리한 방법을 선택하여 1주당 손손익가치를 평가할 수 있다. 1주당 추정이익은 자본시장과 금융투자업에 관한 법률 시행령 제176조의5 제2항에 따라 금융위원회가 정한 수익가치에 상속세및증여세법 시행령 제54조 제1항 따른 순손익가치환원율을 곱한 금액으로 계산한다(상증칙 §17의3 ④).

$$1주당\ 순손익가치 = \frac{1주당\ 추정이익의\ 평균가액}{순손익가치환원율(10\%)}$$

(3) 1주당 추정이익을 산정할 수 있는 기관

1주당 추정이익에 의한 순손익가치의 계산은 누구든지 할 수 있는 것은 아니다. 상속세및증여세법 시행규칙 제17조의3 제1항 각호에서 열거한 사유가 있는 경우에 자본시장과 금융투자업에 관한 법률 제335조의3에 따라 신용평가업인가를 받은 자[14]나 공인회계사법에 따른 회계법인 또는 세무사법에 따른 세무법인[15] 중 둘 이상의 신용평가전문기관, 회계법인 또는 세무법인이 자본시장과 금융투자업에 관한 법률 시행령 제176조의5 제2항에 따라 금융위원회가 정한 1주당 추정이익을 산출하기 위한 기준에 따라 산출한 1주당 추정이익의 평균가액에 의할 수 있다(상증령 §56 ②, 상증칙 §17의3 ①).

---

14) ① 한국신용평가주식회사, ② NICE평가정보주식회사, ③ 한국기업평가주식회사, ④ 서울신용평가정보주식회사

15) 세무사법에 따른 세무법인이 산출한 1주당 추정이익의 평균가액은 2011년 1월 1일부터 적용할 수 있다.

(4) 추정이익에 의한 순손익가치의 계산을 위한 필수요건

1주당 추정이익의 평균가액에 의하여 순손익가치를 계산하기 위해서는 상속세및 증여세법에서 정하는 일정한 요건을 모두 갖추어야 한다. 즉, 1주당 추정이익의 평균가액에 의하여 순손익가치를 계산하기 위해서는 다음의 4가지 요건을 모두 충족하여야만 적용받을 수 있다(상증령 §56 ②). 이 규정은 2014.2.21부터 평가하는 분부터 적용한다.

① 해당 법인이 일시우발적 사건으로 최근 3년간 순손익액이 증가하는 등 상속세및증여세법 시행규칙 제17조의3 제1항 각호의 어느 하나의 사유에 해당할 것
② 상속세및증여세법 제67조 및 제68조에 따른 상속세 과세표준신고 및 증여세 과세표준신고기한까지 1주당 추정이익의 평균가액으로 신고할 것
③ 1주당 추정이익의 산정기준일과 평가서 작성일이 해당 과세표준신고기한 이내일 것. 즉, 추정이익의 산정기준일과 평가서 작성일은 평가기준일 전·후 6월(증여재산의 경우에는 3월)이내 이어야 한다(서면4팀-1723, 2005.09.23).
④ 1주당 추정이익의 산정기준일과 상속개시일 또는 증여일이 같은 연도에 속할 것

(5) 추정이익으로 순손익가치를 평가할 수 있는 대상 법인

비상장주식을 평가할 때 다음에 해당하는 사유가 있는 경우에는 "1주당 최근 3년간의 순손익액의 가중평균액"과 "1주당 추정이익의 평균가액"중 유리한 방법을 선택하여 1주당 손손익가치를 평가할 수 있다(상증칙 §17의3).

① 기업회계기준의 자산수증이익, 채무면제이익, 보험차익 및 재해손실(자산수증이익등)의 합계액에 대한 최근 3년간 가중평균액이 법인세 차감전 손익에서 자산수증이익등을 뺀 금액에 대한 최근 3년간 가중평균액의 50퍼센트를 초과하는 경우. 이 경우에 자산수증이익의 최근 3년간 가중평균액이 법인세 차감전 손익에서 자산수증이익등을 뺀 금액에 대한 최근 3년간 가중평균액의 50% 초과하는 지는 절대값을 기준으로 판단한다. 또한 외화환산손익은 기업회계기준에서의 특별손익에 해당한다고 보기 어렵다(대법원2014두3723, 2014.06.12)
② 평가기준일전 3년이 되는 날이 속하는 사업연도 개시일부터 평가기준일까지의

기간 중 합병 또는 분할을 하였거나 주요업종이 바뀐 경우. 여기서 "주요업종"이라 함은 매출액이 가장 큰 업종을 기준으로 한다(서면4팀-1639, 2007.05.16). 2015.3.6 전 상속·증여분은 증자 또는 감자한 사실이 있는 경우에도 추정이익으로 순손익가치를 평가할 수 있다.

③ 상속세및증여세법 제38조(합병에 따른 이익의 증여)의 규정에 의한 증여받은 이익을 산정하기 위하여 합병당사법인의 주식가액을 산정하는 경우

④ 최근 3개 사업연도 중 1년 이상 휴업한 사실이 있는 경우

⑤ 기업회계기준상 유가증권·유형자산의 처분손익과 자산수증이익, 채무면제이익, 보험차익 및 재해손실의 합계액에 대한 최근 3년간 가중평균액이 법인세 차감전 손익에 대한 최근 3년간 가중평균액의 50퍼센트를 초과하는 경우. 이 경우 "기업회계기준상 유가증권의 처분손익"은 해당 유가증권의 처분당시 양도가액에서 취득가액을 차감하여 계산하며(재산-341, 2009.9.29.), 유가증권의 취득가액을 초과하여 교부받은 잔여재산 분배금을 배당수익 계정과목으로 회계처리하였더라도 이는 기업회계기준상 유가증권 처분이익에 해당보아 동 규정 적용할 수 있다(서면-2023-법규재산-1216, 2024.02.21.)

⑥ 주요 업종(당해 법인이 영위하는 사업 중 직접 사용하는 유형고정자산의 가액이 가장 큰 업종을 말한다)에 있어서 정상적인 매출발생기간이 3년 미만인 경우

⑦ ①부터 ⑥까지와 유사한 경우로서 기획재정부장관이 정하여 고시하는 사유에 해당하는 경우

(6) 추정이익 적용요건이 미비한 경우의 순자산가치 적용

(가) 대법원은 순자산가치로 평가해야 한다

대법원에서는 『일시우발적 사건에 의하여 최근 3년간 순손익액이 비정상적으로 증가하는 등의 사유로 순손익가치를 최근 3년간 순손익액의 가중평균액으로 평가하는 것이 불합리하다고 인정되는 이상 추정이익 평균가액 산정의 요건을 갖추지 못하였다 하더라도 최근 3년간 순손익액의 가중평균액으로 평가하는 것은 위법하다』라고 판단한 바 있다.

『비상장주식의 1주당 가액을 상증세법 시행령 제56조 제1항 제1호의 가액 또는

제2호의 가액을 기초로 한 순손익가치와 순자산가치를 가중평균한 금액으로 평가할 수 없는 경우에는, 상증세법 제65조 제2항이 상증세법에서 따로 평가방법을 규정하지 아니한 재산의 평가는 같은 조 제1항 및 제60조 내지 제64조에 규정된 평가방법을 준용 하도록 규정하고 있는 점, 상증세법이 규정한 보충적 평가방법에 의하더라도 그 가액을 평가할 수 없는 경우에는 객관적이고 합리적인 방법으로 평가한 가액에 의할 수밖에 없는 점 등에 비추어 볼 때, 순자산가치만에 의하여 평가하도록 한 상증세법 시행령 제54조 제4항의 방법 등 상증세법이 마련한 보충적 평가방법 중에서 객관적이고 합리적인 방법을 준용하여 평가할 수 있을 것이다』라고 판시(대법 2011두23306, 2012.6.14.;대법원2023두32839, 2023.05.18.)한 바 있다.

(나) 기획재정부와 조세심판원은 순자산가치로 평가할 수 없다

그러나 기획재정부는 "1주당 순손익액 계산시 추정이익 적용요건을 갖추지 못한 경우에는 상증령 §56 ①에 따라 평가하는 것"라고 해석(기획재정부 재산세제과-138, 2021.02.08.)하고 있으며, 조세심판원은 2014.2.21. 상속세및증여세법 시행령 제56조 제2항을 개정하여 4가지 요건을 모두 갖춘 경우에 한하여 1주당 최근 순손익액을 추정이익으로 계산할 수 있는 것으로 규정하였고, 비상장주식을 순자산가치로만 평가할 수 있는 경우를 상증법 시행령 제54조 제4항에서 규정하고 있으나 쟁점법인은 이에 해당하지 아니한다고 보이는 점 등에 비추어 청구주장을 받아들이기 어렵다고 결정(조심 2018중0085, 2018.6.4.)한 바 있음을 유의해야 한다.

(7) 추정이익의 산정방법

(가) 1주당 추정이익

1주당 추정이익은 자본시장과 금융투자업에 관한 법률 시행령 제176조의5 제2항에 따라 금융위원회가 정한 1주당 추정이익을 산출하기 위한 기준을 적용한다(상증령 §17의 3 ④). 이 경우에 추정이익은 금융감독원장이 정하는 방식에 따라 해당 법인의 주당추정이익을 자본환원율로 나누어 산출한다. 그동안 적용되었던 1주당 추정이익은 증권의 발행 및 공시 등에 관한 규정 시행세칙 제6조에 따라 해당 사업연도와 그 다음 사업연도의 추정이익을 기준으로 적용하였으나 2012.12.5 개정을 통하여 현금흐름할인모형 등 일반적으로 공정·타당성이 인정되는 모형을 적용할 수 있

도록 하여 수익가치를 자율적으로 산정하도록 하였다.

1) 2012.12.6 이후 적용방법

2012.12.5 개정된 증권의 발행 및 공시 등에 관한 규정 시행세칙 제6조(수익가치)에서 증권의 발행 및 공시 등에 관한 규정 제5-13조에 따른 수익가치는 현금흐름할인모형, 배당할인모형 등 미래의 수익가치 산정에 관하여 일반적으로 공정하고 타당한 것으로 인정되는 모형을 적용하여 합리적으로 산정하도록 하고 있다. 따라서 일반적으로 공정·타당성이 인정되는 모형을 자율적으로 적용하여 수익가치를 산정할 수 있게 되었다.

2) 2012.12.5 이전 적용방법

2012.12.5 개정되기 이전의 1주당 추정이익은 "증권의 발행 및 공시 등에 관한 규정 시행세칙" 제6조에 따라 다음 산식에 의하여 산정한 제1차 사업연도(평가기준일이 속하는 사업연도를 말한다) 및 제2차 사업연도(평가기준일이 속하는 사업연도의 그 다음 사업연도를 말한다)의 주당추정이익을 각각 3과 2로 하여 가중산술평균한 가액으로 한다. 다만, 제2차 사업연도의 주당추정이익이 제1차 사업연도의 주당추정이익보다 적을 때에는 단순평균한 가액으로 한다.

$$주당추정이익 = \frac{평가기준연도의\ 추정이익 \times 3 + 평가기준연도의\ 다음연도\ 추정이익 \times 2}{5}$$

* If 제2차연도의 1주당추정이익 < 제1차연도의 1주당추정이익, Then 단순평균법 적용

(나) 연도별 주당추정이익

연도별 주당추정이익은 다음 산식에 의하여 산출한다.

$$연도별\ 주당추정이익 = \frac{(추정법인세비용차감전계속사업이익 - 우선주배당조정액 - 법인세등)}{사업연도말\ 현재의\ 발행주식수}$$

연도별 주당추정이익을 산정할 때 고려할 사항은 다음과 같다.
① 우선주배당조정액은 평가대상회사가 배당에 관하여 우선적 내용이 있는 주식을 발행한 경우 보통주배당을 초과하는 우선배당예정액으로 한다.
② 법인세등은 법인세등 산정시 한시적인 법인세등의 감면사항은 고려하지 아니한다.
③ 2010.12.5이전의 경우 유상증자추정이익을 가산한다. 유상증자추정이익은 제1차사업연도 개시일 이후부터 평가기준일까지 해당 회사가 유상증자를 실시한 경우에 가산할 수 있으며 다음 산식에 의하여 산정한다.

> 유상증자추정이익 = 유상증자금액 × 시중은행의 1년만기정기예금 최고이율
> × (사업연도개시일부터 주금납입일까지 경과일수 / 365)

(8) 추정이익에 의한 순손익가치 산정의 유의사항

① 상속세및증여세법 시행규칙 제17조의3 제1항에서 규정한 바와 같이 1주당 최근 3년간의 순손익액의 가중평균액으로 평가하는 것이 불합리한 경우에 적용되므로 열거된 사유 이외에는 적용되지 아니한다.
② 추정손익의 산정은 증권의 발행 및 공시 등에 관한 규정 시행세칙 제6조에 따라 평가하여야 한다.
③ 추정이익 평가에 반영된 것 이외에 부외 자산 및 부외부채의 존재가능성이 없음을 확인하기 위한 절차와 세무상 위험을 포함한 우발채무를 확인하는 절차에 대한 검토가 수행되지 아니하였음을 보고서에 명시한다.
④ 보고서에는 용역을 수행하기 위하여 회사로부터 제공받은 과거자료와 미래의 경영전망 및 재무정보를 확인하기 위하여 최선을 다하였으며, 사용된 정보는 회사의 경영진이 제공한 정보에 의존하였음을 보고서에 명시한다.
⑤ 회사 경영진이 제공한 것에 의존하여 평가하였으므로 향후 회사의 추정손익 등이 향후에 실현된다는 것을 어떠한 형태로 든지 보증하거나 확신하는 것이 아님을 보고서에 명시한다.
⑥ 보고서는 상속 및 증여재산 평가를 위하여 적성된 것이므로 상속세 및 증여세를

계산하기 위한 평가기관 이외에는 배포되어서는 아니 되며, 제3자에게 공개되는 자료에 평가기관의 승낙없이 인용되어서는 아니 된다는 것을 보고서에 명시한다.

[예규 · 판례]

① 2이상의 업종을 영위하는 법인이 최근 3년 이내에 매출액을 기준으로 한 주요업종이 변경된 경우 추정이익으로 순손익가치를 산정할 수 있음(서면4팀-1639. 2007.05.16)

② 손손익가치 산정시 추정이익의 적용사유가 발생하였더라도 납세자가 추정이익을 선택하지 않고 원칙적인 순손익가치인 최근 3년간 순손익액의 가중평균액으로 신고한 경우 납세자의 신고가액으로 평가함(법규-1165, 2013.10.24)

③ 투자회사가 피투자회사의 해산에 따라 교부받은 잔여재산 분배금이 피투자회사 주식의 취득가액을 초과하여 이를 배당수익으로 인식한 경우 해당 배당수익은 상속세 및 증여세법 시행규칙 제17조의3 제1항 제6호에서 규정하는 기업회계기준상 유가증권의 처분손익에 해당하는 것임(법규재산2023-1216, 2024.02.21).

④ 파생금융상품 거래 손실은 순손익가치를 추정이익으로 산정할 수 있는 사유에 해당하지 아니하는 것임(재산-638, 2010.08.25)

⑤ 회계법인 등의 추정손익에 의한 비상장주식 평가액을 시가로 하기 위해서는 증여세 신고기한 내에 신고한 경우에 한하여 인정되는 바, 신고한 사실이 없으므로 1주당 가액을 순손익가치에 의하여 평가하는 것이 타당하다고 본 사례(조심2010광997, 2010.12.09.)

⑥ 평가기준일로부터 최근 3년 이내에 합병이 있는 경우 등 상증세법 시행규칙 제17조의3 제1항 각 호의 사유가 있다면, 특별한 사정이 없는 한 구 상증세법 시행령 제56조 제1항의 가액인 '1주당 최근 3년간의 순손익액의 가중평균액'을 기초로 1주당 순손익가치를 산정할 수 없다고 봄이 타당함(대법원2023두32839, 2023.05.18.)

⑦ 기업회계기준에 따라 중단된 사업과 관련된 유형자산처분손익을 중단사업손익으로 분류한 경우에도 해당 중단사업손익은 상속세및증여세법 시행규칙 제17조의3 제1항 제6호에서 규정하는 기업회계기준상 유형자산의 처분손익에 해당함(서면-2021-자본거래-5221, 2021.12.15.)

⑧ 추정매출액 산정 자체도 과장되 보이고 위와 같은 추정액을 뒷받침할 만한 객관적인 자료가 없는 점 등으로 회계법인의 추정손익에 따른 1주당 평가액이 그 합리성과 객관성을 갖추었다고 보기는 어렵다는 사례(서울행법2009구합53731, 2010.06.24)

⑨ 유가증권·유형자산의 처분손익과 특별손익의 합계액의 가중평균액이 순손익액의 가중평균액의 50%를 초과하는 경우 추정손익으로 평가할 수 있음(조심2009서1805, 2009.06.23)

⑩ 유가증권의 취득가액을 초과하여 교부받은 잔여재산 분배금을 배당수익 계정과목으로 회계처리하였더라도 이는 기업회계기준상 유가증권 처분이익에 해당보아 추정이익의 평균가액을 사용할 수 있는 것임(서면-2023-법규재산-1216, 2024.02.21.)

⑪ 평가기준일이 2014.2.21. 이후 인 경우로서 1주당 추정이익의 평균가액으로 산정할 수 있는 요건을 갖추지도 못하였고, 상증법 시행령 제54조 제4항에 따른 순자산가치로만 평가할 수 있는 법인에도 해당되지 아니하므로 쟁점주식을 상증법상 보충적 평가방법에 따라 평가시 순손익액의 가중평균액을 추정이익의 평균가액으로 하거나 순자산가치로만 평가하여야 한다는 청구주장은 받아들이기 어려움(조심 2018서0090, 2018.6.4.).

⑫ 이 사건 회사의 최근 3년간의 순손익액의 가중평균액은 미래수익을 적절하게 반영하고 있지 않아 이를 그대로 적용하는 것이 불합리하다고 인정되고, 주요업종이 변경된 것으로 상속세및증여세법 시행령 제54조 제4항을 준용하여 순자산가치만에 의하여 이 사건 신주의 가액을 평가하여야 함(대법 2021두36868, 2021.7.29.).

3. 평가대상 사업연도 중에 합병이 있는 경우

"1주당 최근 3년간의 순손익액의 가중평균액"을 계산할 때 최근 3년간의 기간에 속하는 사업연도 또는 과세기간중 합병이 있는 경우 합병 전 각 사업연도 또는 과세기간의 1주당 순손익액은 합병법인과 피합병법인의 순손익액의 합계액을 합병 후 발행주식총수로 나누어 계산한 가액에 의한다. 이 경우 1년 미만인 사업연도의 순손익액은 연으로 환산한 가액에 의하는 것이나, 합병일이 속하는 피합병법인의 사업연도가 1년 미만으로서 합병후부터 피합병법인과 합병법인의 순손익액이 합산되어 계산되는 경우에는 연으로 환산하지 아니한다(상증통 63-56…12).

구분 연도별	합병법인			피합병법인			합 계		
	주식수	순손익	1주당 순손익	주식수	손익액	1주당 순손익	주식수	순손익	1주당 순손익
2001	2,000	2,000,000	1,000	1,000	100,000	100	3,000	2,100,000	700
2002	2,000	3,000,000	1,500	1,000	△600,000	△600	3,000	2,400,000	800
2003	3,000	2,700,000	900		합병		3,000	2,700,000	900

4. 법인세경정이 있는 경우의 1주당 순손익액의 계산

순손익액을 계산할 때 평가대상 법인에 대한 법인세경정으로 주식평가액에 변동이 생긴 경우에는 상속세및증여세법 제76조 제4항에 따라서 상속(증여)세과세표준과 세액을 경정하여야 한다(상증통 63-56…10). 즉 평가대상법인에 대하여 법인세경정이 있는 경우로서 각 사업연도 소득에 변동이 있는 경우에는 "1주당 손손익액"의 계산은 그 변동된 각 사업연도 소득을 기준으로 계산하여야 한다.

5. 액면가액이 변동(분할 또는 병합)된 경우

비상장주식의 1주당 최근 3년간 순손익액의 가중평균액을 계산함에 있어서 최근 3년간에 당해 법인의 1주당 액면가액을 변경함으로써 총발행주식수가 달라진 경우에는 최종사업연도의 총발행주식수를 기준으로 하여 1주당 순손익액을 계산한다(재산 01254-717, 1988.3.10.).

제5절 순손익액의 계산

I 의의

　비상장주식을 1주당 순손익가치와 1주당 순자산가치를 가중평균할 때 1주당 순손익가치는 법인이 정상적인 영업활동에서 발생한 영업손익을 주식가치에 반영하고자 하는 것이 입법취지이며, 상속세및증여세법 시행령 제56조 제4항에 따라 계산한다.
　동 규정에 따른 1주당 순손익가치 산정의 기초가 되는 순손익액은 '법인세법 제14조에 의한 각 사업연도 소득에 상속세및증여세법 시행령 제56조 제4항 제1호에 의한 금액을 가산한 금액에서 그 제2호에 의한 금액을 차감한 금액'에 의하도록 규정하고 있다.
　각 사업연도 소득에 가산하는 항목은 당해 법인의 순자산을 증가시키는 수익의 성질을 가졌지만 조세정책상의 이유 등으로 각 사업연도 소득금액 계산 시 익금불산입된 금액과 한도초과 기부금 이월손금 산입액과 같은 이중 손금을 방지할 목적으로 가산하는 항목과 외환환산이익 처럼 다른 법인과의 형평성 문제 때문에 가산하는 항목이 있다.
　그와 반대로 차감하는 항목으로는 당해 법인의 순자산을 감소시키는 손비의 성질을 가졌지만 역시 조세정책상의 이유 등으로 각 사업연도 소득금액 계산 시 손금에 손금 불산입된 금액과 감가상각비 시인부족액 및 외환환산손실 항목과 같은 다른 법인과의 형평성 문제 때문에 차감하는 것도 있다.

　상기와 같이 가감하여 '순손익액'을 산정하는 것은 평가기준일 현재의 주식가치를 보다 정확히 파악하기 위한 것이다(대법 2011두22280, 2013.11.14.).

　법인세법상 각사업연도에 가감하는 항목에 대하여는 국세청이나 기획재정부는 주로 열거주의로 해석하고 있으나 법원은 예시규정으로 판단하고 있다.

제5절 순손익액의 계산

Ⅱ   순손익액의 계산구조

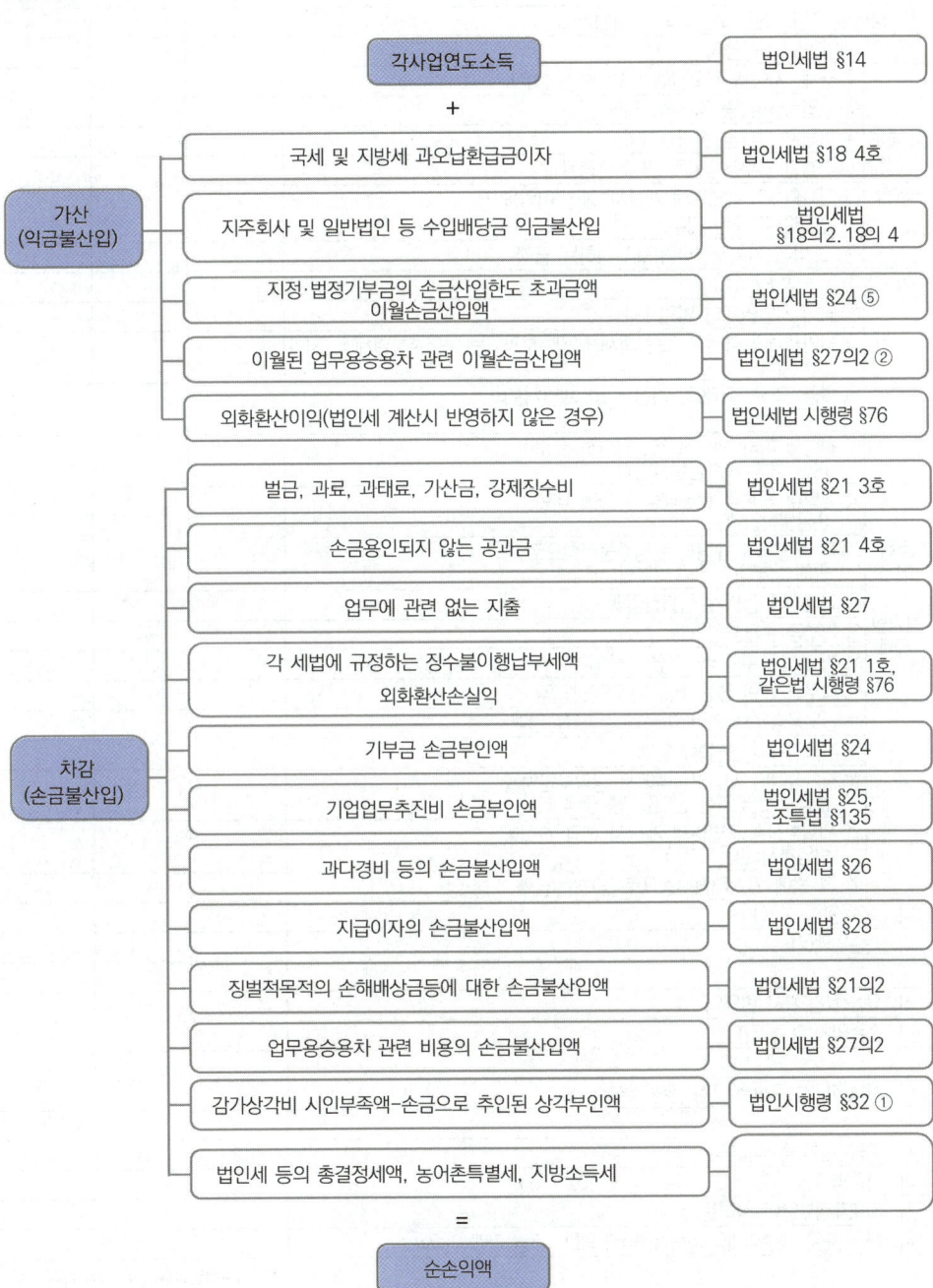

(단위 : 원)　　　　　　　　　　　　　　　　　　　　　　　　　　　　(제6쪽)

7. 순손익액

평가기준일 1년, 2년, 3년이 되는 사업연도				
① 각 사업연도 소득금액				
소득에 가산할 금액	② 국세, 지방세 과오납에 대한 환급금이자			
	③ 수입배당금 중 익금불산입액			
	④ 이월된 기부금 손금산입액			
	⑤ 이월된 업무용승용차 관련 손금산입액			
	⑥ 외화환산이익(법인세 계산시 해당 이익을 반영하지 않은 경우)			
	⑦ 그 밖에 기획재정부령으로 정하는 금액			
가. 소계(① + ② + … ⑦)				
소득에서 차감할 금액	⑧ 당해 사업연도의 법인세액			
	⑨ 법인세액의 감면액 또는 과세표준에 부과되는 농어촌특별세액, 지방소득세액			
	⑩ 벌금, 과료, 과태료, 가산금 및 체납처분비 손금불산입액			
	⑪ 법령에 따라 의무적으로 납부하는 것이 아닌 공과금 손금불산입액			
	⑫ 징벌적 목적의 손해배상금 등에 대한 손금불산입액			
	⑬ 각 세법에서 규정하는 징수불이행으로 인해 납부하였거나 납부할 세액			
	⑭ 과다경비 등의 손금불산입액			
	⑮ 기부금 손금불산입액			
	⑯ 기업업무추진비 손금불산입액			
	⑰ 업무와 관련 없는 비용 손금불산입액			
	⑱ 업무용승용차 관련 비용의 손금불산입액			
	⑲ 지급이자의 손금불산입액			
	⑳ 감가상각비 시인부족액에서 상각부인액을 손금으로 추인한 금액을 뺀 금액			
	㉑ 외화환산손실(법인세 계산시 해당 손실을 반영하지 않은 경우)			
	㉒ 그 밖에 기획재정부령으로 정하는 금액			
나. 소계(⑧ + … ㉒)				
다. 순손익액(가 - 나)				
라. 유상증(감)자시 반영액				
마. 순손익액(다 ± 라)				
바. 사업연도말 주식수 또는 환산주식수				
사. 주당순손익액 (마÷바)		㉓	㉔	㉕
아. 가중평균액 {(㉓ × 3 + ㉔ × 2 + ㉕) / 6}				
자. 기획재정부령이 정하는 율				
차. 최근 3년간 순손익액의 가중평균액에 의한 1주당 가액(아÷자)				

210mm×297mm[일반용지 70g/㎡(재활용품)]

제5절 순손익액의 계산

(제8쪽)

작 성 방 법

1. 각 사업연도 소득(①) : 법인세법 제14조에 따른 각 사업연도 소득금액 [법인세 과세표준 및 세액조정계산서(별지 제3호 서식) ⑩]의 금액을 말합니다.

2. 국세, 지방세 과오납에 대한 환급금이자(②) : 법인세법 제18조 제4호에 따른 국세·지방세의 과오납금에 대한 환급금 이자로서 각 사업연도 소득금액계산상 익금에 산입하지 아니한 금액을 말합니다.

3. 기관투자자, 지주회사 등의 수입배당금 중 익금불산입액(③) : 법인세법 제18조의2와 제18조의3에 따른 수입배당금 중 익금불산입액을 말합니다.

4. 이월된 기부금 손금산입액(④) : 법인세법 제24조 제5항에 따라 해당 사업연도의 손금에 산입한 금액으로서 손금에 산입하지 아니한 지정·법정기부금의 손금산입한도액 초과금액을 해당 사업연도의 다음 사업연도 개시일부터 10년 이내에 끝나는 각 사업연도에 이월하여 손금에 산입하는 그 초과금액(별지 제3호 서식 ⑯기부금 한도초과이월액 손금산입란의 금액)을 말합니다.

5. 이월된 업무용승용차 관련 손금산입액(⑤) : 법인세법 제27조의2 제3항 및 제4항에 따른 이월된 업무용승용차 관련 손금산입액을 말합니다.

6. 외화환산이익(법인세 계산시 해당 이익을 반영하지 않은 경우)(⑥) : 각 사업연도소득을 계산할 때 「법인세법 시행령」 제76조에 따른 화폐성외화자산·부채 또는 통화선도 등에 대하여 해당 사업연도 종료일 현재의 같은 조 제1항에 따른 매매기준율 등으로 평가하지 않은 경우 해당 화폐성외화자산 등에 대하여 해당 사업연도 종료일 현재의 매매기준율 등으로 평가하여 발생한 이익을 말합니다.

7. 그 밖에 기획재정부령으로 정하는 금액(⑦) : 2. ~ 6. 외 기획재정부령으로 정하는 금액을 말합니다.

8. 당해 사업연도의 법인세액(⑧) : 평가대상 각 사업연도의 소득에 대하여 납부하였거나 납부하여야 할 법인세 총결정세액을 말합니다.

9. 법인세액의 감면액 또는 과세표준에 부과되는 농어촌특별세액, 지방소득세액(⑨) : 법인세액의 감면액 또는 과세표준에 부과되는 농어촌특별세 및 지방소득세의 총결정세액을 말합니다.

10. 벌금, 과료, 과태료, 가산금 및 체납처분비 손금불산입액(⑩) : 법인세법 제21조 제3호에 따른 벌금·과료·과태료·가산금 및 체납처분비로 각 사업연도 소득금액 계산시 손금에 산입하지 아니한 금액을 말합니다.

11. 법령에 따라 의무적으로 납부하는 것이 아닌 공과금 손금불산입액(⑪) : 법인세법 제21조 제4호에 규정된 법령에 따라 의무적으로 납부하는 것이 아닌 공과금으로서 각 사업연도 소득금액 계산시 손금에 산입하지 아니한 금액을 말합니다.

12. 징벌적 목적의 손해배상금 등에 대한 손금불산입액(⑫) : 법인세법 제21조의2에 따른 징벌적 목적의 손해배상금 등에 대한 손금불산입액을 말합니다.

13. 각 세법에서 규정하는 징수불이행으로 인해 납부하였거나 납부할 세액(⑬) : 법인세법 제21조 제1호 및 동법 시행령 제21조에 따라 각 세법에 규정하는 의무 불이행으로 인하여 납부하였거나 납부하여야 할 세액(가산세 포함)으로 각 사업연도 소득금액 계산상 손금에 산입하지 아니한 금액을 말합니다.

14. 과다경비 등의 손금불산입액(⑭) : 법인세법 제26조에 따라 각 사업연도 소득금액 계산시 손금에 산입하지 아니한 금액을 말합니다.

15. 기부금 손금불산입액(⑮) : 법인세 제24조에 따른 기부금 한도초과액(별지 제3호 서식 ⑯란의 금액) 및 비지정기부금(별지 제15호 서식 소득금액조정 합계표에 계상되어 비지정기부금으로 손금불산입된 금액)을 말합니다.

16. 기업업무추진비 손금불산입액(⑯) : 법인세법 제25조에 따른 기업업무추진비 한도초과액을 말합니다.

17. 업무와 관련 없는 비용 손금불산입액(⑰) : 법인세법 제27조에 따라 법인이 각 사업연도에 지출한 비용 중 법인의 업무와 직접 관련이 없다고 정부가 인정하는 금액으로 각 사업연도 소득금액 계산시 손금으로 산입하지 아니한 금액을 말합니다.

93

18. 업무용승용차 관련 비용의 손금불산입액(⑱) : 법인세법 제27조의2에 따른 업무용승용차 관련 손금불산입액을 말합니다.
19. 지급이자의 손금불산입액(⑲) : 법인세법 제28조에 따른 지급이자 손금불산입액을 말합니다.
20. 감가상각비 시인부족액에서 상각부인액을 손금으로 추인한 금액을 뺀 금액(⑳) : 법인세법 시행령 제32조 제1항에 따른 시인부족액에서 같은 조에 따른 상각부인액을 손금으로 추인한 금액을 뺀 금액을 말합니다.
21. 외화환산손실(법인세 계산시 해당 손실을 반영하지 않은 경우)(㉑) : 각 사업연도소득을 계산할 때 화폐성외화자산등에 대하여 해당 사업연도 종료일 현재의 매매기준율등으로 평가하지 않은 경우 해당 화폐성외화자산등에 대해 해당 사업연도 종료일 현재의 매매기준율 등으로 평가하여 발생한 손실을 말합니다.
22. 그 밖에 기획재정부령으로 정하는 금액(㉒) : 8. ~ 21. 외 기획재정부령으로 정하는 금액을 말합니다.
23. 순 손익액(가-나)(다) : 평가대상 기준이되는 사업연도별로 (가)합계에서 (나)공제할 금액 합계를 차감하여 기재합니다.
24. 유상 증(감)자시 반영액(라) : 평가기준일이 속하는 사업연도 전 3년 이내에 해당 법인의 자본을 증가시키기 위하여 유상증자를 하거나 해당 법인의 자본을 감소시키기 위하여 유상감자를 한 사실이 있는 경우에는 유상증자 또는 유상감자를 한 사업연도와 그 이전 사업연도의 순손익액은 (나)의 금액에 제1호에 따른 금액을 더하고 제2호에 따른 금액을 뺀 금액으로 합니다. 이 경우 유상증자 또는 유상감자를 한 사업연도의 순손익액은 사업연도 개시일부터 유상증자 또는 유상감자를 한 날까지의 기간에 대하여 월할로 계산하며, 1개월 미만은 1개월로 하여 계산합니다.

1. 유상증자한 주식등 1주당 납입금액 × 유상증자에 의하여 증가한 주식등 수 × 기획재정부령으로 정하는 율

2. 유상감자시 지급한 1주당 금액 × 유상감자에 의하여 감소된 주식등 수 × 기획재정부령으로 정하는 율

25. 사업연도말 주식수 또는 환산주식수(바) : 평가대상 각 사업연도 종료일 현재의 발행주식총수를 말합니다. 다만, 평가기준일전 3년 이내에 증자나 감자를 한 사실이 있는 경우 증자 또는 감자 전의 각 사업연도 종료일 현재의 발행주식총수는 다음 산식에 의하여 환산한 주식수로 합니다.

$$\text{증자·감자전 각사업연도말 주식 수} \pm \left(\frac{\text{증자·감자 직전 사업연도말 주식 수}}{\text{증자·감자 직전 사업연도말 주식 수}} \times \text{증자·감자 주식 수} \right) = \text{환산주식수}$$

26. 주당 순손익액(사) : 해당 사업연도별로 각각 순손익액(마)을 사업연도말 주식수 또는 환산주식수(바)로 나누어 계산합니다.
27. 가중 평균액(아) :

- 평가기준일전 1년이 되는 사업연도의 주당순손익액을 해당사업연도란 ㉓에, 2년이 되는 사업연도분은 ㉔에, 3년이 되는 사업연도 분을 ㉕에 기재하여 가중평균액을 계산합니다.

- 「상속세 및 증여세법 시행규칙」 제17조의3 제1항 각 호의 사유가 있는 경우에는 「자본시장과 금융투자업에 관한 법률」 제335조의3에 따라 신용평가업인가를 받은 신용평가 전문기관, 회계법인 또는 세무법인 중 둘 이상의 신용평가기관이 「자본시장과 금융투자업에 관한 법률 시행령」 제176조의5 제2항에 따라 금융위원회가 정한 1주당 추정이익을 산출하기 위한 기준에 따라 산출한 1주당 추정이익(상속세 과세표준신고 및 증여세 과세표준신고의 기한까지 신고한 경우로서 1주당 추정이익의 산정기준일과 평가서 작성일이 해당 과세표준신고의 기한 이내에 속하고, 산정기준일과 상속개시일 또는 증여일이 같은 연도에 속하는 경우로 한정된다)의 평균가액에 의할 수 있습니다.

28. 기획재정부장관이 고시하는 이자율(자) : 순손익가치환원율
29. 최근 3년간 순손익액의 가중평균액에 의한 1주당 가액(차) : (아)가중평균액을 (자)란의 이자율로 나눈 금액을 기재합니다. 이 경우 계산된 1주당 가중평균액이 "0"이하인 경우에는 "0"으로 기재합니다.

Ⅲ   순손익액 계산서 서식을 중심으로 구체적 계산과정

1. 개요

상속세및증여세법에서 법인의 순손익액을 계산하는 과정에 익금불산입 항목의 가산이나 손금불산입 항목의 차감에 대하여 명확하게 구분하는 기준에 대한 설명은 없다. 다만, 순손익액의 계산은 상속세및증여세법 시행령 제56조 제4항에서 법인세법 제14조에 의한 각사업연도소득에 제1호의 규정에 의한 익금불산입액은 가산하고, 제2호의 규정에 의한 손금불산입액은 차감한다고 규정되어 있다. 즉, 법인세법상의 각사업연도소득을 계산하는 과정에서 발생한 익금불산입항목과 손금불산입항목을 가감하는 것으로 열거하고 있을 뿐이다.

이와 같이 각사업연도소득에 가산하거나 차감하는 항목을 상속세및증여세법 시행령 제56조 제4항에서 열거하고 있지만 이는 예시적인 규정이다. 그래서 실무적으로는 각사업연도소득에 가산하거나 차감하도록 열거된 항목이 있는지 여부를 확인하여 평가하게 되는데, 각사업연도소득에 가감사항으로 열거되지 아니하거나 구분이 명백하지 아니한 부분이 있는 경우에는 혼돈이 발생된다. 이에 대한 구분을 명확히 하기 위하여 각사업연도소득에 가산하거나 차감할 항목에 대한 구분기준은 다음과 같다.

2. 가감항목의 대상 및 구분기준

(1) 각 사업연도 소득에 가산할 금액

법인세법 제14조에 의한 각 사업연도 소득에 가산하는 항목은 기업회계에서는 법인의 수익에 해당되나 법인세법 목적상 익금에서 제외되는 익금불산입한 항목이 이에 해당된다. 이것은 기업회계상의 당기순이익과 법인세법상의 과세소득간의 인식의 차이에 따라 발생하는 것이 이에 해당된다. 이외 기부금 이월손금 산입액 및 비영업용 승용차 관련 비용의 이월손금 산입액의 가산은 이중손금을 방지할 목적으로 각사업연도소득에 가산하며, 외화환산이익은 법인간 형평성 문제로 인하여 각사업연도소득에 가산한다.

(2) 각 사업연도 소득에서 공제할 금액

법인세법 제14조에 의한 각 사업연도 소득에 차감하는 항목들은 기업회계에서는 손금에 해당되나 법인세법 목적상 손금불산입한 것으로서 거의 대부분이 법인세 과세소득에 영구적 차이가 발생하는 것들이 이에 해당된다. 즉, 기업회계상의 당기순이익과 법인세법상의 과세소득과의 차이가 발생한 연도에만 영향을 미치고 추후에 손금으로 추인되지 아니하는 항목들이 대부분이다. 이러한 항목들은 법인의 수익획득 과정에서는 비용으로 발생되었던 것이지만 세무조정과정에서 손금불산입 되었던 것이다. 이러한 손금불산입된 금액은 당기순이익에 가산되어 각사업연도 소득을 구성하고 있기 때문에 해당 법인의 각사업연도의 순손익액을 계산하기 위해서 다시 이를 차감하는 것이다.

그러나 각 사업연도 소득에 차감하는 항목 중에서는 법인세법 제28조에 따른 지급이자의 손금불산입중 건설자금에 충당한 차입금의 이자와 같이 기업회계와 세무회계상의 인식의 차이에서 발생한 것으로 일시적인 차이에 해당하는 것도 포함되어 있다. 이런 것은 세무조정상 손금불산입하고 소득처분은 유보처분하는 것으로서 각 사업연도 소득에 차감하도록 상속세및증여세법 시행령 제56조 제4항에서 규정하고 있지만 차감하는 항목에서 제외하는 것이 타당하다는 것이 필자의 견해이다.

2014.2.21시행령 개정시 법인세법 시행령 제32조 제1항에 따른 시인부족액에서 같은 조에 따른 상각부인액을 손금으로 추인한 금액을 뺀 금액을 각 사업연도소득에서 차감하도록 세법이 개정되었으며, 2014.2.21 이후 평가하는 분부터 적용한다.

(3) 익금산입 또는 손금산입의 차감 여부

세무조정과정에서 기업회계에서는 수익에 해당되지 아니하지만 세무회계에서 익금으로 계상하는 익금산입이나 기업회계에서 비용은 아니지만 세무회계에서 손금으로 계상하는 손금산입은 순손익액의 계산에 별도로 가감할 필요가 없게 된다. 이것은 기업회계상의 당기순이익과 법인세법상의 과세소득간에 인식의 차이에 따라 발생하는 것이며, 소득의 처분에 있어서도 사외유출로 처분될 사항이 없고, 모두 유보나 잉여금(기타)로 처분되기 때문이다.

3. 각 사업연도 소득금액("①" 란)

(1) 원칙

"각 사업연도 소득금액"이란 법인세법 제14조에 따른 각사업연도 소득을 말하는 것으로 익금의 총액에서 손금의 총액을 공제한 금액을 말한다. 여기에서 익금은 자본 또는 출자의 납입 및 법인세법에서 규정하는 것을 제외하고 그 법인의 순자산을 증가시키는 거래로 인하여 발생하는 수익의 금액을 말한다. 또한 손금은 자본 또는 출자의 환급, 잉여금의 처분 및 법인세법에서 규정하는 것을 제외하고 그 법인의 순자산을 감소시키는 거래로 인하여 발생하는 손비의 금액을 의미한다.

실무적으로 법인세법상의 각 사업연도 소득은 결산서상 당기순손익을 기준으로 세무조정을 통하여 산출을 하게 되며, 별지 제3호 서식인「법인세 과세표준 및 세액조정계산서」상의 ⑩ 란의 금액이 된다.

(2) 준비금 또는 충당금의 일시 환입시 각 사업연도소득 계산

각 사업연도 소득 계산시 손금에 산입된 충당금이나 준비금이 세법의 규정에 따라 일시 환입되는 경우에는 해당 금액이 환입될 연도를 기준으로 안분한 금액을 환입될 각사업연도소득에 가산한다(상증령 §56 ④). 이 규정의 취지는 설정된 준비금이 사용중지 등의 사유로 일시에 환입되어 익금에 한꺼번에 산입될 경우 발생할 수도 있는 주식가치의 왜곡을 방지하기 위해 일시 환입되는 경우라도 원래 환입될 해당연도에 안분하여 환입되도록 규정을 보다 구체화·합리화한 것이다(서울행법2010구합15605, 2010.12.10).

예를 들어 조세특례제한법 제9조에 따라 연구·인력개발준비금 3억원을 2004년도에 손금산입한 경우에는 손금에 산입한 과세연도가 끝나는 날 이후 3년이 되는 날이 속하는 과세연도가 끝나는 날까지 연구·인력개발에 사용하여야 하며, 해당 용도대로 사용한 준비금은 그 3년이 되는 날이 속하는 과세연도부터 3년간 분할하여 익금산입 하게 된다. 즉, 2007년 1억원, 2008년 1억원, 2009년 1억원씩 각각 익금산입하게 된다. 그러나 준비금을 손금에 산입한 후 해당 용도대로 미사용한 경우에는 그 미사용 금액은 3년이 되는 날이 속하는 과세연도인 2007년도에 전액 익금산입 하게 된다. 이렇게 미사용으로 일시 환입되더라도 3년 동안(2007년, 2008년, 2009년) 분할 익금하여 각사업연도 소득에 가산하는 것이다. 즉 2007년도에는 각사업연도소득에서 2억원을 차감하고 2008년도와 2009년도에는 각각 1억원을 각사업연도 소득에 가산하는 것이다.

대법원은 "중소기업투자준비금이나 연구 및 인력개발준비금의 환입액은 세무조정에 의해 일정기간 경과 후 익금에 산입하는 것으로 기업회계상 당기순이익에 포함되는 수익에 속하지 아니하므로 비상장주식의 시가에 대한 보충적 평가방법에 의한 순손익액 산정시 각 사업연도 소득금액에서 공제되어야 한다"라고 판시(대법2011두22280, 2013.11.14)한 바 있다.

4. 각 사업연도 소득에 가산할 금액

(1) 국세 및 지방세의 과오납금의 환급금이자("②"란)

국세 및 지방세의 과오납금의 환급금이자는 납세의무자의 착오납부 또는 국가의 착오 부과 등으로 인하여 납세의무자가 실제 부담해야할 세금보다 많이 납부한 경우에는 국가가 이를 환급하여야 한다. 환급할 때 이 과오납에 따른 보상성격으로 과오납한 기간동안의 이자상당액 즉, 환급가산금을 함께 지급한다. 이러한 보상성격을 갖는 환급금이자를 다시 익금에 산입하여 법인세를 과세하는 경우에는 보상의 효과가 감소되는 바 이를 방지하기 위하여 법인세법 제18조 제4호에서는 익금불산입하고 있다. 따라서 이러한 국세 및 지방세의 과오납금의 환급금이자로서 당해 법인의 각 사업연도의 소득금액 계산에 있어서 익금불산입된 금액은 가산한다(상증령 §56 ④ 1호).

실무적으로 가산할 구체적인 숫자는 별지 제15호서식인 소득금액조정합계표의 "손금산입 및 익금불산입"란에서 확인할수 있다.

(2) 수입배당금중 익금불산입한 금액("③"란)

법인세법 제18조의2·제18조의4의 규정에 의한 수입배당금액 중 익금불산입액은 각 사업연도 소득에 가산한다(상증령 §56 ③ 1호). 실무적으로 가산할 구체적인 숫자는 별지 제15호서식인 소득금액조정합계표의 "손금산입 및 익금불산입"란에서 확인할 수 있다.

(가) 내국법인 수입배당금액의 익금불산입액

법인세법 제18조의2 규정에 의한 수입배당금액 중 익금불산입액은 각 사업연도 소득에 가산한다(상증령 §56 ③ 1호 가목).내국법인이 출자한 다른 내국법인으로부터 받는 수입배당금에 대한 법인세 과세는 이중과세의 문제가 발생된다. 이에 내국법인이 받는 수입배당금중 일정률에 상당하는 금액에 대하여 익금불산입하도록 하여 이중과세를 방지하고 있다.

이때 불산입액은 내국법인(고유목적사업준비금을 손금에 산입하는 비영리내국법인은 제외한다)이 해당 법인이 출자한 다른 내국법인(피출자법인)으로부터 받은 이익의 배당금 또는 잉여금의 분배금과 법인세법 제16조에 따라 배당금 또는 분배금으로 보는 수입배당금액 중 다음과 같이 출자비율을 적용하여 익금불산입 대상금액을 산출하고 내국법인의 차입금 관련 익금불산입 배제액과 배당금지급법인의 계열회사 출자로 인한 익금불산입액 배제액을 공제하여 계산한다.

지분율	50%이상	20%이상 50%미만	20% 미만
익금불산입율	100%	80%	30%

* ( )는 비상장법인임.

(나) 외국자회사 수입배당금액의 익금불산입

법인세법 제18조의4의 규정에 의하여 내국법인(법인세법 제57조의2 제1항에 따른 간접투자회사등은 제외)이 해당 법인이 출자한 외국자회사[내국법인이 의결권 있는 발행주식총수 또는 출자총액의 100분의 10(조세특례제한법 제22조에 따른 해외자원개발사업을 하는 외국법인의 경우에는 100분의 5) 이상을 출자하고 있는 외국법인으로서 대통령령으로 정하는 요건을 갖춘 법인을 말한다]로부터 받은 이익의 배당금 또는 잉여금의 분배금과 제16조에 따라 배당금 또는 분배금으로 보는 금액의 100분의 95에 해당하는 금액은 각 사업연도의 소득금액을 계산할 때 익금에 산입하지 아니한다. 또한 내국법인이 해당 법인이 출자한 외국법인(외국자회사는 제외한다)

으로부터 자본준비금을 감액하여 받는 배당으로서 익금에 산입되지 아니하는 배당에 준하는 성격의 수입배당금액을 받는 경우 그 금액의 100분의 95에 해당하는 금액은 각 사업연도의 소득금액을 계산할 때 익금에 산입하지 아니한다.

이와 같이 법인세법 제18조의4의 규정에 의하여 익금불산입된 수입배당금은 각 사업연도 소득에 가산한다.

  (다) 지주회사가 자회사로부터 받은 수입배당금의 익금불산입액(2023.12.31. 이전)

법인세법 제18조의4의 규정에 의한 수입배당금액 중 익금불산입액은 각 사업연도 소득에 가산한다(상증령 §56 ③ 1호 나목).

법인세법은 지주회사의 수입배당금액에 대하여 이중과세를 방지하기 위하여 일정한 방법으로 익금불산입하는 제도를 두고 있다. 지주회사가 일정한 요건을 갖춘 자회사로부터 받은 수입배당금액에 대해서는 다음과 같이 지주회사의 자회사에 대한 출자비율에 따른 일정률에 상당하는 금액에 대하여 익금불산입하고 있다. 이 때 익금불산입액은 자회사로부터 받은 배당금액에 자회사에 대한 출자비율에 따른 익금불산입비율을 적용하여 익금불산입 대상금액을 산출하고, 이에 지주회사의 지급이자 중 익금불산입 배제액과 자회사의 계열회사 출자액 중 익금불산입 배제액을 차감하여 계산한다(법법 §18조의2).

	지분율	100%	40(80)% 초과	20(40)~40(80)%
익금 불산입율	2007년	100%	90%	70%
	2008년	100%	90%	80%
	2009년 ~ 2018년	100%	100%	80%

* ( )는 비상장법인임.

지주회사의 수입배당금에 대한 익금불산입 규정은 지주회사의 자회사에 대한 지분율 확대를 유도하기 위하여 2019년 이후에 지급받는 수입배당금 분부터는 다음과 같이 차등하는 개정을 하였다.

자회사 지분율		40%(80%) 이상	30(50)~40(80%)	30(50%) 미만
익금 불산입율	2019년 이후	100%	90%	80%

* ( )는 비상장법인임.

(3) 지정·법정·특례기부금의 손금산입한도 초과금액 이월손금 산입액 ("④"란)

법인세법 제24조 제5항에 따라 손금에 산입하지 아니한 지정·법정기부금의 손금산입한도액 초과금액은 당해 사업연도의 다음 사업연도 개시일부터 10년 이내에 끝나는 각 사업연도로 이월하여 그 이월된 사업연도의 소득금액을 계산할 때 법정기부금 및 지정기부금이 각각의 손금산입한도액에 미달하는 금액의 범위에서 손금에 산입한다. 또한 조세특례제한법(법률 제10406호로 개정되기 전의 것을 말한다) 제73조(기부금의 과세특례) 제4항에 따라 해당 사업연도의 손금을 산입하지 아니한 금액을 당해 과세연도의 다음 과세연도의 개시일부터 법인은 1년 이내에 종료하는 과세연도에 이월하여 이를 손금에 산입한다.

상기와 같이 이월하여 손금산입된 지정·법정·특례기부금한도초과액은 순손익액을 계산할 때 그 손금산입된 각 사업연도소득금액에 가산한다. 즉, 지정·법정·특례기부금의 손금산입한도 초과로 손금불산입된 사업연도의 각사업연도의 소득에서는 차감하고, 이월하여 손금산입 되는 사업연도에는 각사업연도 소득에 다시 가산하는 것이다.

실무적으로 구체적으로 각사업연도 소득에 가산하는 "기부금의 손금산입 한도 초과금액 이월손금 산입액"은 별지 제3호 서식인「법인세 과세표준 및 세액조정계산서」상의 ⑩란의 금액이 된다.

(4) 업무용 승용차 관련비용의 손금산입한도 초과금액 이월손금 산입액("⑤"란)

법인세법 제27조의2 제3항 및 제4항에 따라 업무용 승용차 관련비용중 손금불산입되었다가 이월하여 손금에 산입한 금액은 각사업연도 소득에 가산한다(상증령 §56 ④). 2020.2.11 이후 상속증여분부터 적용한다.

실무적으로 가산할 구체적인 숫자는 별지 제15호서식인 소득금액조정합계표의 "손금산입 및 익금불산입"란에서 확인할 수 있다.

(5) 외화환산이익(법인세 계산시 해당 이익을 반영하지 않은 경우)("⑥"란)

각 사업연도소득을 계산할 때 법인세법 시행령 제76조에 따른 화폐성외화자산·부채 또는 통화선도등(화폐성외화자산등)에 대하여 해당 사업연도 종료일 현재의 같은 조 제1항에 따른 매매기준율등으로 평가하지 않은 경우 해당 화폐성외화자산등에 대하여 해당 사업연도 종료일 현재의 매매기준율등으로 평가하여 발생한 이익은 각사업연도 소득에 가산한다(상증령 §56 ④). 화폐성외화자산등에 대하여 평가하여 발생한 이익은 해당 사업연도 종료일에 법인세법 시행령 제76조 제1항에 따른 매매기준율등으로 평가한 금액과 직전 사업연도 종료일에 같은 방식에 따라 평가한 금액 간의 차액으로 한다(상증칙 63-56…14)

현재 법인세 계산시 화폐성 외화자산·부채의 평가손익 반영여부를 해당 법인이 선택하도록 허용하고 있고, 해당 법인의 선택에 따라 비상장주식 평가시 순손익액에 차이가 발생하는 불합리를 해소하고자 2019.2.12 이후 상속이 개시되거나 증여받는 분부터 법인세 계산시 해당 이익을 반영하지 않은 경우 각사업연도 소득에 가산한다.

(6) 그 밖에 기획재정부령으로 정하는 금액("⑦"란)

현재 상속세및증여세법 시행규칙에 규정된 내용이 없다.

5. 각 사업연도 소득에서 공제할 금액

(1) 당해 사업연도의 법인세액 및 농어촌특별세, 지방소득세("⑧~⑨"란)

(가) 원칙

상속세및증여세법 시행령 제56조 제4항 제2호 가목에 의하여 각 사업연도 소득에서 차감하는 법인세액은 법인세법등에 따라 납부하였거나 납부하여야 할 법인세액을 말한다. 이 경우 법인세액에는 토지등 양도소득에 대한 법인세, 미환류소득에 대한 법인세, 법인세 부가세액(지방소득세), 법인세 감면세액에 대한 농어촌특별세를 포함하며, 법인세법 제57조에 따른 외국법인세액으로서 손금에 산입되지 아니하는 세액 및 같은 법 제18조의4에 따른 익금불산입의 적용대상이 되는 수입배당금액에 대하여 외국에 납부한 세액을 포함한다(상증통 63-56…9).

실무적으로 각사업연도 소득에서 차감할 구체적인 법인세 등은 별지 제3호 서식인「법인세 과세표준 및 세액조정계산서」상의 ⑫과 ⑭, ⑯란을 고려하여 계산하여야 한다. 이외 외국납부세액공제액 및 농어촌특별세 계산서 및 지방소득세 신고서등을 고려하여 계산하여야 한다.

(나) 이월결손금이 있는 경우 법인세 등 계산방법

이월결손금이 있는 법인에 대한 법인세 총결정세액은 이월결손금을 공제하기 전의 각 사업연도 소득을 기준으로 계산한 법인세를 말하는 것이며, 그에 따라 감면되는 법인세액이 있는 경우에는 그 금액을 차감한 후의 법인세액에 의한다(기획재정부 재산세제과-1179, 2022.09.20.;서면4팀-2028, 2007.7.2). 순손익가치는 각사업연도소득과 그에 의한 법인세액에 의해 계산됨이 합리적이다. 만일 과거 거액의 이월결손금에 의해 법인세액이 계산되지 아니하여 각사업연도소득에서 차감하지 아니하게 되면 당기 이전의 이월결손금에 의하여 순손익가치가 과대계상되는 결과가 발생된다. 따라서 이월결손금을 공제하기 전의 각사업연도소득을 기준으로 계산한 법인세총결정세액을 차감하는 것이다.

대법원도 순손익액을 산정할 때 각 사업연도 소득에서 차감해야 할 대상으로 구 상증세법 시행령 제56조 제4항 제2호 가목에서 정하고 있는 '당해 사업연도의 법인세액'은 '이월결손금을 공제하기 전 소득에 세율을 적용한 법인세액'으로 해석하는 것이 타당하다라고 판시(대법원2019두56838, 2023.06.29.)한 바 있다.

다만, 이월결손금을 공제하기 전의 각 사업연도 소득을 기준으로 법인세 등을 계산할때에 감면세액을 차감하여야 하는지 여부에 대하여 쟁점이 있다. 법인세법상 이월결손금 공제로 인하여 감면신청할 세액이 없음에도 비상장주식을 평가할때에는 감면세액 상당액을 차감하여야 하는지 여부이다. 이에 대한 새로운 해석이 필요하다.

(다) 과년도 법인세가 해당연도에 추징된 경우 법인세 등

최근 3년간의 순손익액의 가중평균액을 계산할 때 비록 청구법인이 04사업연도분 법인세 15백만원을 07.2.28. 납부하였다 하더라도 07사업연도 각사업연도 소득에서는 공제할 수 없다(조심 2011부3739, 2011.12.8.).

(라) 이월된 세액공제액이 있는 경우 법인세 총결정세액

조세특례제한법 제144조에 따라 이월된 임시투자세액이 있는 경우에는 그 세액을 공제한 후의 법인세 총결정세액을 적용한다(재산-212, 2011.4.28.).

> 법인세총결정세액 = 산출세액 − 공제감면세액 + 외국납부세액 + 농어촌특별세
> + 토지 등 양도소득에 대한 법인세 + 지방소득세

(2) 벌금, 과료, 과태료, 가산금 및 강제징수비 손금불산입액("⑩"란)

법인세법 제21조 제3호에 의한 벌금·과료(통고처분에 의한 벌금 또는 과료에 상당하는 금액을 포함한다)·과태료(과료와 과태금을 포함한다)·가산금 및 강제징수비로서 각사업연도소득계산상 손금에 산입하지 아니한 금액은 각 사업연도 소득에서 차감한다.

실무적으로 차감할 구체적인 숫자는 별지 제15호서식인 소득금액조정합계표의 "익금산입 및 손금불산입"란에서 확인할 수 있다.

(3) 법령에 의하여 의무적으로 납부하는 것이 아닌 공과금 손금불산입액("⑪"란)

법인세법 제21조 제4호에 의하여 법령에 의하여 의무적으로 납부한 것이 아닌 공과금으로서 각사업연도소득계산상 손금에 산입하지 아니한 금액은 각 사업연도 소득에서 차감한다. 여기에서 공과금이란 국세징수법에서 규정하는 강제징수의 예에 따라 징수할 수 있는 채권 중 국세, 관세, 임시수입부가세, 지방세와 이와 관계되는 강제징수비를 제외한 것을 말한다(국기법 §2 8호). 실무적으로 차감할 구체적인 숫자는 별지 제15호서식인 소득금액조정합계표의 "익금산입 및 손금불산입"란에서 확인할 수 있다.

(4) 징벌적 목적의 손해배상금 등에 대한 손금불산입액("⑫"란)

법인세법 제21조의2(징벌적 목적의 손해배상금 등에 대한 손금불산입)에 의하여 내국법인이 지급한 손해배상금 중 실제 발생한 손해를 초과하여 지급하는 금액으로서 다음의 어느 하나에 해당하는 금액(손금불산입 대상 손해배상금)은 내국법인의 각 사업연도의 소득금액을 계산할 때 손금에 산입하지 아니한다. 이 손금에 산입하지 아니한 금액은 각 사업연도 소득금액에서 차감한다(상증령 §56 ④ 2 나). 동 규정은 2020.2.11. 이후 상속·증여분부터 적용한다.

① 법인세법 시행령 별표 1 각 호의 어느 하나에 해당하는 법률의 규정에 따라 지급한 손해배상액 중 실제 발생한 손해액을 초과하는 금액
② 외국의 법령에 따라 지급한 손해배상액 중 실제 발생한 손해액을 초과하여 손해배상금을 지급하는 경우 실제 발생한 손해액을 초과하는 금액

상기 규정 적용할 때 실제 발생한 손해액이 분명하지 않은 경우에는 다음 계산식에 따라 계산한 금액을 손금불산입 대상 손해배상금으로 한다.

손금불산입 대상 손해배상금= $A \times (B-1)/B$

A: 법인세법 시행령 제23조 제1항 제1호의 법률 또는 같은 항 제2호의 외국 법령에 따라 지급한 손해배상액
B: 법인세법 시행령 제23조 제1항 제1호의 법률 또는 같은 항 제2호의 외국 법령에서 정한 손해배상액의 상한이 되는 배수

실무적으로 차감할 구체적인 숫자는 별지 제15호서식인 소득금액조정합계표의 "익금산입 및 손금불산입"란에서 확인할 수 있다.

(5) 각 세법에서 규정하는 징수불이행으로 납부하였거나 납부할 세액("⑬"란)

법인세법 제21조 제1호 및 같은법 시행령 제21조의 규정에 의하여 각 세법에 규정된 의무불이행으로 인하여 납부하거나 납부할 세액(가산세를 포함한다)으로서 각 사업연도 소득금액 계산시에 손금에 산입하지 아니한 금액은 각 사업연도 소득에서

차감한다. 의무불이행에는 간접국세의 징수불이행·납부불이행과 기타의 의무불이행의 경우를 포함한다(서면4팀-684, 2007.2.22.).

실무적으로 차감할 구체적인 숫자는 별지 제15호서식인 소득금액조정합계표의 "익금산입 및 손금불산입"란에서 확인할 수 있다.

(6) 과다경비 등의 손금불산입액("⑭"란)

법인세법 제26조에 의한 인건비, 복리후생비, 여비 및 교육·훈련비·법인이 당해 법인 외의 자와 동일한 조직 또는 사업 등을 공동으로 운영하거나 영위함에 따라 발생되거나 지출된 손비, 기타 법인의 업무와 직접 관련이 적다고 인정되는 경비로서 대통령령이 정하는 것 등 과다하거나 부당하다고 인정되는 금액으로서 각 사업연도의 소득금액계산에 있어서 이를 손금에 산입하지 아니한 금액은 각 사업연도 소득에서 차감한다.

실무적으로 차감할 구체적인 숫자는 별지 제15호서식인 소득금액조정합계표의 "익금산입 및 손금불산입"란에서 확인할 수 있다.

(7) 기부금 손금부인액("⑮"란)

법인세법 제24조 및 (구)조세특례제한법 제73조에 의하여 법인이 지출하는 기부금은 일정범위 내에서 손금에 산입하는 기부금(지정기부금, 법정기부금, 특례기부금)과 손금에 산입하지 않는 기타의 기부금으로 구분되며, 손금산입 범위액을 초과하는 기부금과 기타의 기부금은 손금에 산입되지 않는다. 이러한 손금불산입된 기부금은 각 사업연도의 소득에서 차감한다.

실무적으로 구체적으로 각사업연도 소득에서 차감하는 "기부금의 손금산입 한도 초과금액 이월손금 산입액"은 별지 제3호 서식인「법인세 과세표준 및 세액조정계산서」상의 ⑩란의 금액이 된다.

(8) 기업업무추진비(구 접대비) 손금부인액("⑯"란)

법인세법 제25조에 의하여 내국법인이 접대, 교제, 사례 또는 그 밖에 어떠한 명목이든 상관없이 이와 유사한 목적으로 지출한 비용으로서 내국법인이 직접 또는 간접적으로 업무와 관련이 있는 자와 업무를 원활하게 진행하기 위하여 지출한 금액으로 다음과 같이 사업연도의 소득금액계산에 있어서 이를 손금에 산입하지 아니한 금액을 말한다. 또한 조세특례제한법 제136조에 의한 손금불산입 특례대상 기업업무추진비도 차감한다. 기업업무추진비는 종전의 "접대비"로서 2023년도부터 명칭이 변경된 것이다.

① 기업업무추진비 한도초과액
　　법인이 지출한 기업업무추진비('②'에 해당하는 금액은 제외)로서 다음의 금액을 합한 금액을 초과하는 금액
　　ⓐ 1천200만원(중소기업의 경우에는 3천600만원)에 당해 사업연도의 월수를 곱하고 이를 12로 나누어 산출한 금액
　　ⓑ 당해 사업연도의 수입금액에 대하여 적용률을 곱하여 산출한 금액
② 내국법인이 1회의 접대에 지출한 기업업무추진비 중 일정금액(경조금: 20만원, 이외 3만원)을 초과하는 접대비로서 신용카드, 직불카드, 기명식선불카드 직불전자지급수단, 기명식선불전자지급수단, 기명식전자화폐, 현금영수증, 세금계산서, 매입자발행계산서, 매입자발행세금계산서, 원천징수영수증을 교부받지 않고 지출하는 기업업무추진비
③ 문화비로 지출한 기업업무추진비로서 손금불산입액
내국인이 2025년 12월 31일 이전에 대통령령으로 정하는 문화비로 지출한 기업업무추진비에 대해서는 내국인의 기업업무추진비 한도액에도 불구하고 해당 과세연도의 소득금액을 계산할 때 내국인의 기업업무추진비 한도액의 100분의 20에 상당하는 금액의 범위에서만 손금에 산입한다. 조세특례제한법 제136조에 따라 손금불산입 특례대상 기업업무추진비는 각사업연도소득에서 차감한다.
④ 전통시장 기업업무추진비로서 손금불산입액
내국인이 2025년 12월 31일 이전에 조세특례제한법 제136조 제6항에 따라 전통시장에서 지출한 기업업무추진비로서 내국인의 기업업무추진비 한도액의 10%에 상

당하는 금액을 초과하는 금액은 각사업연도소득에서 차감하며, 2024.1.1. 이후부터 적용된다.

실무적으로 차감할 구체적인 숫자는 별지 제15호서식인 소득금액조정합계표의 "익금산입 및 손금불산입"란에서 확인할 수 있으며, 2022년 이전 사업연도는 "접대비"로 표시가 되어 있다.

(9) 업무에 관련 없는 지출용("⑰"란)

법인세법 제27조에 의하여 내국법인이 각 사업연도에 지출한 비용 중 다음과 같이 당해 법인의 업무와 직접 관련이 없다고 인정되는 자산을 취득·관리함으로써 생기는 비용과 그 법인의 업무와 직접 관련이 없다고 인정되는 지출금액은 당해 사업연도의 소득금액계산에 있어서 이를 손금에 산입하지 아니한다. 이러한 손금불산입된 금액은 각 사업연도 소득에서 차감한다(상증령 §56 ④ 2호 나목).

① 업무와 관련이 없는 부동산 및 동산을 취득·관리함으로 발생하는 비용, 유지비, 수선비 및 이와 관련된 비용
② 해당 법인이 직접 사용하지 아니하고 다른 사람(주주 등이 아닌 임원과 소액주주인 임원 및 사용인을 제외)이 주로 사용하고 있는 장소·건축물·물건 등의 유지비·관리비·사용료와 이와 관련되는 지출금.
③ 당해 법인의 주주 등(소액주주를 제외) 또는 출연자인 임원 또는 그 친족이 사용하고 있는 사택의 유지비·관리비·사용료와 이와 관련되는 지출금
④ 업무와 관련이 없는 자산을 취득하기 위하여 지출한 자금의 차입과 관련되는 비용

실무적으로 차감할 구체적인 숫자는 별지 제15호서식인 소득금액조정합계표의 "익금산입 및 손금불산입"란에서 확인할 수 있다.

(10) 업무용승용차 관련비용의 손금불산입액("⑱"란)

다음과 같이 법인세법 제27조의2에 따른 업무용 승용차(운수업, 자동차판매업 등에서 사업에 직접 사용하는 승용자동차로서 대통령령으로 정하는 것과 연구개발을 목적으로 사용하는 승용자동차로서 대통령령으로 정하는 것은 제외) 관련비용의 손

금불산입 등 특례에 내국법인이 업무용승용차를 취득하거나 임차함에 따라 해당 사업연도에 발생하는 감가상각비, 임차료, 유류비 등 업무용승용차 관련비용 중 법인세법시행령 제50조의2에서 정하는 업무용 사용금액에 해당하지 아니하는 금액으로 해당 사업연도의 소득금액을 계산할 때 손금에 산입하지 아니한 금액을 각사업연도소득에서 차감한다(상증령 §56 ④ 2 다). 동 규정은 2020.2.11. 이후 상속·증여분부터 적용하며, 실무적으로 차감할 구체적인 숫자는 별지 제15호서식인 소득금액조정합계표의 "익금산입 및 손금불산입"란에서 확인할 수 있다.

(가) 업무사용금액이 아닌 승용차 관련 비용 손금불산입액

법인세법 제27조의 제2항에 의하면 내국법인이 업무용승용차를 취득하거나 임차함에 따라 해당 사업연도에 발생하는 감가상각비, 임차료, 유류비 등 "업무용승용차 관련비용" 중 "업무사용금액"에 해당하지 아니하는 금액은 해당 사업연도의 소득금액을 계산할 때 손금에 산입하지 아니하고 귀속자에 따라 배당, 상여 등 소득처분한다. 여기서 "업무용승용차 관련비용"이란 업무용승용차에 대한 감가상각비, 임차료, 유류비, 보험료, 수선비, 자동차세, 통행료 및 금융리스부채에 대한 이자비용 등 업무용승용차의 취득·유지를 위하여 지출한 비용을 말한다.

또한 상기에서 "업무사용금액"이란 다음의 구분에 따른 금액을 말한다. 다만, 해당 업무용승용차에 기획재정부령으로 정하는 자동차등록번호판을 부착하지 않은 경우에는 영(0)원으로 한다

① 업무전용자동차보험에 가입한 경우: 업무용승용차 관련비용에 업무사용비율을 곱한 금액
② 업무전용자동차보험에 가입하지 아니한 경우: 영(0)원

(나) 업무사용금액중 감가상각비 한도 초과액 손금불산입액

업무사용금액 중 다음의 구분에 해당하는 비용이 해당 사업연도에 각각 800만원(부동산임대업을 주업으로 하는 법인 등은 400만원)을 초과하는 경우 그 초과하는 감가상각비 한도초과액은 해당 사업연도의 손금에 산입하지 아니하고 이월하여 손금에 산입한다.

① 업무용승용차별 감가상각비

② 업무용승용차별 임차료 중 대통령령으로 정하는 감가상각비 상당액

(다) 업무용승용차 처분손실 손금불산입액

업무용승용차를 처분하여 발생하는 손실로서 업무용승용차별로 800만원(부동산임대업을 주업으로 하는 법인 등은 400만원)을 초과하는 금액은 손금불산입 기타사외유출로 처분한 후 다음과 같이 이월하여 손금산입 한다.

① 해당 사업연도의 다음 사업연도부터 800만원(400만원)을 균등하게 손금에 산입
② 남은 금액이 800만원 미만인 사업연도 또는 해당 업무용승용차를 처분한 날부터 10년이 경과한 날이 속하는 사업연도에는 남은 금액을 모두 손금에 산입한다.

(11) 지급이자의 손금불산입액("⑲"란)

법인세법 제28조에 의한 지급이자 손금불산입규정에 의하여 각 사업연도의 소득금액계산에 있어서 이를 손금에 산입하지 아니한 금액을 말한다.

① 채권자가 불분명한 사채의 이자
② 채권·증권의 이자·할인액 또는 차익 중 그 지급받은 자가 불분명한 채권 또는 증권의 이자·할인액 또는 차익을 당해 채권 또는 증권의 발행법인이 직접 지급하는 경우 그 지급사실이 객관적으로 인정되지 아니하는 이자·할인액 또는 차익
③ 대통령령이 정하는 건설자금에 충당한 차입금의 이자16)
④ 다음에 해당하는 자산을 취득하거나 보유하고 있는 내국법인이 각 사업연도에 지급한 차입금의 이자 중 대통령령이 정하는 바에 따라 계산한 금액(차입금 중 당해 자산가액에 상당하는 금액의 이자를 한도)
  ⓐ 당해 법인의 업무와 직접 관련이 없다고 인정되는 자산
  ⓑ 특수관계인에게 당해 법인의 업무와 관련 없이 지급한 가지급금 등으로서

---

16) 「법인세법」 제28조 제1항 제3호 "대통령령이 정하는 건설자금에 충당한 차입금의 이자"는 기업회계상 비용과 「법인세법」상의 손금의 인식기준 차이에 의하여 세무조정과정에서 손금불산입하게 된다. 소득처분에 있어서도 기업회계와 세무회계의 일시적 차이에 해당되어 유보로 처분된다. 그러므로 건설자금에 충당한 차입금 이자는 상속세및증여세법의 규정에 의하여 순손익액계산시 각사업연도소득에서 차감되는 항목에 열거되어 있으나 이는 제외되어야 할 것이다.

대통령령이 정하는 것

순손익액을 계산함에 있어 국제조세 조정에 관한 법률 제14조의 규정에 의하여 배당으로 간주된 이자의 손금불산입 금액도 각 사업연도 소득금액에서 차감한다(상증칙 63-56…9).

한편, 평가대상 법인이 특수관계인에게 무상 또는 적정이자율보다 낮은 이자율로 대여한 경우로서 법인세법상 부당행위계산 규정이 적용되어 계산된 인정이자는 차감하는 항목에 해당되지 않는다.

실무적으로 차감할 구체적인 숫자는 별지 제15호서식인 소득금액조정합계표의 "익금산입 및 손금불산입"란에서 확인할 수 있다.

(12) 감가상각비 시인부족액에서 손금으로 추인된 상각부인액을 뺀 금액 차감 ("⑳"란)

법인세법 시행령 제32조 제1항에 따른 시인부족액에서 같은 조에 따른 상각부인액을 손금으로 추인한 금액을 뺀 금액을 각 사업연도소득에서 차감하도록 세법이 개정되었으며, 2014.2.21 이후 평가하는 분부터 적용한다(상증령 56 ④ 2호 라목). 감가상각시인부족액 발생 여부는 감가상각자산 대장등을 통하여 일일이 계산해야 한다.

(13) 외화환산손실액 차감(법인세 계산시 해당 손실을 반영하지 않은 경우) ("㉑"란)

각 사업연도소득을 계산할 때 화폐성외화자산등에 대하여 해당 사업연도 종료일 현재의 매매기준율등으로 평가하지 않은 경우 해당 화폐성외화자산등에 대해 해당 사업연도 종료일 현재의 매매기준율등으로 평가하여 발생한 손실액은 차감한다. 2019.2.12. 이후 상속이 개시되거나 증여받는 분을 평가하는 경우부터 적용한다(상증령 56 ④ 2호 마목). 화폐성외화자산등에 대하여 평가하여 발생한 손실은 해당 사업연도 종료일에 법인세법 시행령 제76조 제1항에 따른 매매기준율등으로 평가한 금액과 직전 사업연도 종료일에 같은 방식에 따라 평가한 금액 간의 차액으로 한다(상증칙 63-56…14).

현재 법인세 계산시 화폐성 외화자산·부채의 평가손익 반영여부를 해당 법인이 선택하도록 허용하고 있고, 해당 법인의 선택에 따라 비상장주식 평가시 순손익액에 차이가 발생하는 불합리를 해소하고자 2019.2.12. 이후 상속이 개시되거나 증여받는 분부터 법인세 계산시 해당 손실액을 반영하지 않은 경우 각사업연도 소득에서 차감한다.

(14) 기타 기획재정부령이 정하는 금액("㉒"란)

현재 상속세및증여세법 시행규칙에 규정된 내용이 없다.

6. 유상증자 또는 유상감자시 반영액("라"란)

상속세및증여세법 시행령 제56조 제4항에 따라 순손익액을 계산할 때 평가기준일이 속하는 사업연도 이전17) 3년 이내에 해당 법인의 자본(출자액을 포함한다)을 증가시키기 위하여 새로운 주식 또는 지분을 발행 즉, 유상증자하거나 해당 법인의 자본을 감소시키기 위하여 주식등을 소각 즉, 유상감자한 사실이 있는 경우에는 유상증자 또는 유상감자를 한 사업연도와 그 이전 사업연도의 순손익액은 상속세및증여세법 시행령 제56조 제4항에 따라 계산한 금액(순손익액)에 ①에 따른 금액을 더하고 ②에 따른 금액을 뺀 금액으로 한다. 이 경우 유상증자 또는 유상감자를 한 사업연도의 순손익액은 사업연도 개시일부터 유상증자 또는 유상감자를 한 날까지의 기간에 대하여 월할로 계산하며, 1개월 미만은 1개월로 하여 계산한다(상증령 §56 ⑤).

① 유상증자한 주식등 1주당 납입금액 × 유상증자에 의하여 증가한 주식등 수 × 기획재정부령으로 정하는 율(10%)

② 유상감자 시 지급한 1주당 금액 × 유상감자에 의하여 감소된 주식등 수 × 기획재정부령으로 정하는 율(10%)

> 유상증자시 : 유상증자 금액의 10%를 각 사업연도 소득에 가산함
> 유상감자시 : 유상감자 금액의 10%를 각 사업연도 소득에서 차감함

---

17) 2015.1.2.3.전 상속·증여분은 평가기준일이 속하는 사업연도 전 3년 이내에 증자 또는 감자를 한 경우에 적용된다.

상기에서 기획재정부령이 정하는 율이라 함은 상속세및증여세법 시행령 제17조에 따른 순손익가치 환원율(10%)을 말한다(상증칙 §17의3 ⑥).

평가기준일이 속하는 사업연도 및 최근 3년간의 주식등변동상황명세서와 법인등기부등본, 해당 법인의 증자 및 감자 결의내용을 기준으로 확인하여 반영하여야 한다.

7. 각 사업연도말 주식수 또는 환산주식수("바"란)

(1) 원칙

1주당 최근 3년간의 순손익액의 가중평균액을 계산함에 있어서 각 사업연도말 주식수는 각 사업연도종료일 현재의 발행주식총수로 한다. 1주당 순손익액은 순손익액을 사업연도말 현재의 총발행주식수 또는 환산주식수로 나누어 계산한다.

$$1주당\ 순손익액 = \frac{순손익액}{발행주식총수\ 또는\ 환산주식수}$$

국세청은 "1주당 최근 3년간의 순손익액의 가중평균액을 계산함에 있어서 각 사업연도종료일 현재의 발행주식총수에는 상환우선주와 전환우선주도 포함한다"라고 다수 해석(서면4팀-1894, 2004.11.23;상속증여세과-231, 2014.7.3)하고 있다. 현실적으로 비상장법인의 경우 보통주와 우선주를 구분하여 평가하기 어려우며 또한 실제로 구분하여 평가하고 있지 아니하므로 이렇게 해석한 것으로 판단된다. 하지만, 상속세및증여세법 제63조 관련 통칙(63-0…3)에서는 "법인이 우선주등 이익배당에 관하여 내용이 다른 수종의 주식을 발행한 경우에는 그 내용을 감안하여 적정한 가액으로 평가하여야 한다"라고 해석하고 있다. 그러므로 상환우선주 등 각종 우선주가 있는 경우에는 그 우선주에 대하여 적정하게 평가할 수 있는 방법이 있는 경우에는 보통주와 구분하여 평가해야 함을 유의해야 한다.

(2) 자기주식이 있는 경우

발행주식총수를 계산함에 있어서 자기주식을 보유하고 있는 경우에는 보유목적에 따라 다음과 같이 상이하게 처리한다.

① 주식을 소각하거나 자본을 감소하기 위하여 보유하는 자기주식이라면 자본에서 차감하는 것이므로 발행주식총수에서 자기주식을 차감하여 1주당 순자산가치와 순손익가치를 평가한다.

② 기타 일시적으로 보유한 후 처분할 자기주식이라면 자산으로 보아 평가하는 것이므로 자기주식은 발행주식총수에 포함시킨다(서일46014-10198, 2003.2.20;제도46014-10291, 2001.3.28.).

자기주식을 일시보유목적으로 취득한 것인지 감자목적으로 취득한 것인지 여부는 회사내부의 이사회 결의 또는 주주총회 결의 의사록에 의하여 확인할 수 있으며, 이 외 당초 주식을 해당 법인에 양도한 주주가 해당 주식을 양도할 때 양도소득세로 신고하였는지 또는 의제배당 소득으로 신고하였는지 여부로도 확인할 수 있다.

(3) 최근 3년 이내에 증자 또는 감자한 사실이 있는 경우

(가) 환산주식수

1주당 최근 3년간의 순손익액의 가중평균액을 산정할 때, 각 사업연도의 주식수는 각 사업연도 종료일 현재의 발행주식총수에 의한다. 다만, 평가기준일이 속하는 사업연도 이전[18] 3년 이내에 증자 또는 감자를 한 사실이 있는 경우에는 증자 또는 감자 전의 각 사업연도 종료일 현재의 발행주식총수는 다음과 같이 환산하며, 유상증자·유상감자가 있는 경우에도 무상증자·무상감자가 있는 경우와 동일하게 환산한다.

아래 산식에 따라 환산하는 경우 특별한 사정이 없는 한 3개 사업연도의 발행주식총수는 평가기준일 현재 발행주식총수와 동일하게 된다. 평가기준일이 속하는 사업연도 및 최근 3년간의 주식등변동상황명세서와 법인등기부등본, 해당 법인의 증자 및 감자 결의내용을 기준으로 확인하여 반영하여야 한다.

---

18) 2015.2.3.전 상속·증여분은 평가기준일이 속하는 사업연도 전 3년 이내에 증자 또는 감자를 한 경우에 적용된다.

① 증자한 경우의 환산주식수 계산

$$환산주식수 = 증자\ 전\ 각\ 사업연도말\ 주식수 \times \frac{(증자\ 직전\ 사업연도말\ 주식수 + 증자\ 주식수)}{증자\ 직전\ 사업연도말\ 주식수}$$

② 감자한 경우의 환산주식수 계산

$$환산주식수 = 감자\ 전\ 각\ 사업연도말\ 주식수 \times \frac{(감자\ 직전\ 사업연도말\ 주식수 - 감자\ 주식수)}{감자\ 직전\ 사업연도말\ 주식수}$$

(나) 2011.7.24 이전 상속·증여분

평가기준일이 속하는 사업연도 전 3년 이내에 무상증자 또는 무상감자를 한 사실이 있는 경우에는 무상증자 또는 무상감자 전의 각 사업연도종료일 현재의 발행주식총수는 다음과 같이 환산주식수에 의한다(상증칙 §17의3 ⑤). 이 경우에 평가기준일이 속하는 사업연도 중에 무상증자 또는 무상감자를 하여 평가기준일 현재 주식수가 증가하거나 감소한 경우도 환산하며(재재산46014-44, 2002.2.22), 주식배당이 있는 경우에도 무상증자와 같이 환산한다(서일46014-10141, 2002.1.31).

① 무상증자한 경우의 환산주식수 계산

$$환산주식수 = 무상증자\ 전\ 각\ 사업연도말\ 주식수 \times \frac{(무상증자\ 직전\ 사업연도말\ 주식수 + 무상증자\ 주식수)}{무상증자\ 직전\ 사업연도말\ 주식수}$$

② 무상감자한 경우의 환산주식수 계산

$$환산주식수 = 무상감자\ 전\ 각\ 사업연도말\ 주식수 \times \frac{(무상감자\ 직전\ 사업연도말\ 주식수 - 무상감자\ 주식수)}{무상감자\ 직전\ 사업연도말\ 주식수}$$

(4) 유상증자 또는 유상감자가 있는 경우(2011.7.24 이전 상속·증여분)

평가기준일이 속하는 사업연도 전 3년 이내에 유상증자를 한 경우에는 각 사업연도종료일 현재의 발행주식총수는 환산하지 아니한다(재재산-695, 2007.6.18)라고 기획재정부는 해석하였다. 상속세및증여세법 시행령 제56조 제2항 단서에서는 비상장주식을 보충적 방법으로 평가함에 있어 무상증자 또는 무상감자를 한 사실이 있는 경우에는 순손익가치 계산시 각 사업연도말 주식수에 무상증자 또는 무상감자 주식수를 반영하여 환산하도록 규정하였으나 유상증자의 경우에는 그러한 환산규정이 없기 때문이다.

그러나 유상증자를 시가보다 저가로 하는 경우에는 무상증자의 경우와 동일하게 1주당 가액이 희석(감소)되는 효과가 발생하므로 각 사업연도 종료일 현재의 발행주식총수를 증자전의 주식수로 평가하게 되는 경우에는 주식가치의 왜곡현상이 발생될 수 있다. 또한 이는 증자후 주식수로 평가하는 순자산가치와 비교할 때 기준이 서로 달라지고, 유상증자로 인하여 증가된 주식수가 반영되지 아니하여 실제 증여되는 이익보다 더 많은 이익이 증여되는 것으로 평가되는 등으로 시가주의 평가원칙에 어긋나며, 신주를 저가발행하면 증자후의 주식가치는 희석되어 낮아지는 것임에도 관계 규정이 마련되어 있지 아니하다고 하여 불합리한 평가방법으로 시가를 평가하는 것은 상속세및증여세법상 시가주의 평가원칙에 어긋나는 것으로 보인다.

이와 같은 문제를 해소하기 위하여 주식을 물납으로 받을 경우 그 물납가액은 신주발행후의 주가인 신·구주의 가치가 희석된 평균가치로 하고 있고, 유상증자시 불균등증자를 증여의제하여 증여세를 과세할 경우 신주발행후의 신·구주의 가치가 희석된 평균가치로 평가하여 과세하고 있는 점 등에 비추어 보면, 희석된 평균가치로 과세하는 것이 합리성 등의 측면에서 적합하다 할 것이므로 유상증자한 주식을 상속세및증여세법 시행령 제29조 제3항 제1호 가목에 규정된 산식[{((증자전의 1주당 평가가액×증자전의 발행주식총수)+(신주 1주당 인수가액×증자에 의하여 증가한 주식수)}÷(증자전의 발행주식총수+증자에 의하여 증가한 주식수)]을 적용하여 1주당 순손익액으로 평가함이 합리적이라고 판단된다(조심2012중1680, 2012. 6.18 등 다수).

기획재정부도 2011.7.25 법령개정 전 유상증자에 따른 희석효과를 반영하고,

해석변경 이후 결정·경정분 부터 적용하며, 증자에 따른 이익의 증여(상증령 제29조) 규정 준용하여 평가하도록 해석(기획재정부 재산세제과-395, 2018.4.30.)했다.

┃ 순손익액 계산시 개정연혁 ┃

적용시기	적용범위
2008.2.22. 이후 상속증여분	이월하여 손금산입되는 기부금의 각 사업연도소득 가산
2011.7.25. 상속증여분	3년 이내 유상증자 또는 유상감자한 경우 유상증자금액의 10%를 가산하고 유상감자금액의 10%를 차감함
2014.2.21. 이후 평가분	감가상각비 시인부족액에서 손금으로 추인된 상각부인액을 뺀 금액을 차감
2019.2.12. 이후 상속증여분	법인세 계산시 반영하지 않은 외환환산이익은 가산, 외화환산손실은 차감
2020.2.11. 이후 상속증여분	• 가산하는 항목에 업무용승용차 관련 이월손금 산입액 각사업연도 가산함 • 차감하는 항목에 ⓐ 징벌적 목적의 손해배상금 등에 대한 손금불산입액과 ⓑ 업무용승용차 관련 손금불산입액을 추가함

사례 3　유상증자·유상감자한 경우 발행주식총수 계산

- 사실관계

연도	기초주식수	유상증자	유상감자	기말주식수
2022	100			100
2023	100	100		200
2024	200	100		300
2025	300		100	200

　－ 2025년도 유상감자는 평가기준일 전에 실행함

- 평가기준일 : 2025.10.2.

- 환산주식수

　－ 2022 사업연도 종료일 현재 발행주식총수 : 200주

$$100 \times \frac{100+100+100-100}{100} = 200$$

　－ 2023 사업연도 종료일 현재 발행주식총수 : 200주

$$200 \times \frac{200+100-100}{200} = 200$$

　－ 2024 사업연도 종료일 현재 발행주식총수 : 200주

$$300 \times \frac{300-100}{300} = 200$$

사례 4 유·무상증자한 경우 발행주식총수 및 순손익액 산정방법

□ 최근 3년의 기간중 유·무상증자한 사실이 있는 경우 각사업연도 종료일 현재의 발행주식총수 및 1주당 손익액 산정방법

연도	기초주식수	유상증자	무상증자	기말주식수	각사업연도 순손익액
2022	10,000			10,000	48,000,000
2023	10,000		5,000	15,000	80,000,000
2024	15,000	3,000		18,000	60,000,000

- 평가기준일 : 2025.8.27
  - 1주당 액면가액 : @10,000
  - 유상증자 내용
    - 유상증자일자 : 2024.6.15
    - 증자주식수 : 3,000주
    - 1주당 인수가액 : @10,000

□ 해설

- 환산주식수
  - 2022사업연도 종료일 현재 발행주식총수 : 18,000주

    $$10,000 \times \frac{10,000+5,000+3,000}{10,000} = 18,000$$

  - 2023사업연도 종료일 현재 발행주식총수 : 18,000주

    $$15,000 \times \frac{15,000+3,000}{15,000} = 18,000$$

  - 2024사업연도 종료일 현재 발행주식총수 : 18,000주

- 최근 3년간 1주당 순손익액
  - 2022년 : (48,000,000 + 3,000,000*) ÷ 18,000 = @2,833원

```
            * @10,000 × 3,000주 × 10%=3,000,000
        - 2023년 : (80,000,000 + 3,000,000)÷18,000 = @4,611원
            * @10,000 × 3,000주 × 10%=3,000,000
        - 2024년 : (60,000,000 + 1,500,000)÷18,000 = @3,416원
            * @10,000 × 3,000주 × 10% × (6/12)=3,000,000
            * 1월 미만은 1월로 함
```

8. 가중평균액("아"란)

　1주당 최근 3년간의 순손익액의 가중평균액은 평가기준일 이전 1년이 되는 사업연도의 1주당 순손익액에 3, 평가기준일 이전 2년이 되는 사업연도의 1주당 순손익액에 2, 평가기준일 이전 3년이 되는 사업연도의 1주당 순손익액에 1을 곱하여 계산한 금액의 합계액을 6으로 나누어 계산한 금액으로 한다.

　가중평균할 때 특정 사업연도의 1주당 순손익액이 부수인 경우 그 부수를 그대로 적용하여 가중평균한다. 다만, 가중평균한 결과 1주당 최근 3년간의 순손익액의 가중평균액이 0원 이하인 경우에는 0원으로 평가한다(상증령 §56 ① 1호).

9. 기획재정부장관이 고시하는 이자율[순손익가치 환원율("자"란)]

　1주당 순손익가치는 당해 법인의 최근 3년간의 순손익액을 가중평균한 후 기획재정부령으로 정하는 이자율(손손익가치환원율)로 나눈다. 순손익가치환원율은 3년 만기 회사채의 유통수익률을 감안하여 기획재정부령으로 정하고 있다.

　현재 적용되고 있는 순손익가치환원율은 10%로서, 그 변동내용은 다음과 같다(상증령 §54 ①). 이 순손익가치환원율은 일명 자본환원율이라고도 하는 것으로 이는 이익을 10%로 나누어 현재시점의 자기자본이 얼마인지를 환산하여 주식가치에 반영하고자 하는 것이다.

적용시기	순손익가치 환원율	근거규정
① 2016.2.2 ~ 현재	10%	상속세및증여세법 시행규칙
② 2000.4.3~2016.2.2	10%	기획재정부 제2010-18호(2010.11.5) 국세청고시 제2009-28호(2009.7.31) 국세청고시제2002-38호(2002.12.31) 국세청고시 제2000-30호(2000.4.3)

10. 최근 3년간 순손익액의 가중평균액에 의한 1주당 가액("차"란)

1주당 최근 3년간의 순손익액의 가중평균액을 기획재정부령으로 정하는 이자율(순손익가치환원율 : 10%)로 나눈 금액이 1주당 손손익가치가 된다.

$$1주당\ 순손익가치 = \frac{1주당\ 최근\ 3년간의\ 순손익액의\ 가중평균액}{순손익가치환원율(10\%)}$$

[예규 · 판례]
① 사업연도를 변경한 비상장법인의 "1주당 최근 3년간 순손익액의 가중평균액" 은 평가기준일 이전 1년, 2년 및 3년이 되는 날이 속하는 사업연도의 1주당 순손익액을 기준으로 하여 계산하는 것임(서면4팀-1991, 2006.06.27)

② 비상장주식 등을 평가할 때, 과거 사업연도에 제조원가에 포함되어 비용처리된 취득세가 환급된 경우, 당해 환급금이 확정된 사업연도의 순손익액에 포함하여 계산함(사전-2021-법규재산-1855, 2022.09.30.)

③ 합병 후 3년이 경과되지 않은 비상장법인인 합병법인의 주식을 평가하는 경우로서 1주당 순손익가치를 평가할 때 합병일이 속하는 사업연도의 「법인세법」 제14조에 따른 각사업연도소득에 포함되어 있는 합병법인의 영업권손상차손 금액과 피합병법인의 합병양도차익 금액은 각사업연도소득에서 차감하지 아니하는 것임(서면법령해석재산2015-1758, 2016.01.14)

④ 인적분할로 인한 분할신설법인의 순손익가치를 산정함에 있어 분할 전 순손익액이 사업부문별

로 구분되지 아니한 경우 평가방법(재재산-744, 2007.06.27)
상속세및증여세법 제63조 제1항 및 같은법 시행령 제54조 제1항의 규정에 따라 법인세법 제46조 제1항의 규정에 의한 인적분할로 인한 분할신설법인의 1주당 순손익가치를 산정함에 있어서 분할법인의 분할전 순손익액이 사업부문별로 구분되지 아니하는 경우에는 같은법 시행규칙 제10조의2 제1항의 규정을 준용하여 순자산가액비율로 안분계산하는 것이며, 우리부 질의회신(재재과-715, 2005.7.8.)은 인적분할의 경우에만 적용됨.

⑤ 인적분할과 물적분할로 분할존속법인과 분할신설법인의 순손익가치를 산정함에 있어 분할전 순손익액이 각각 구분되는 경우에는 그 구분된 순손익액을 기준으로 순손익가치를 산정하는 것임(재산-592, 2009.10.30)

⑥ 분할신설법인의 분할전 순손익액에는 당해 분할한 투자주식과 관련한 분할전 투자주식(상환우선주)처분손익도 포함되는 것임(재재산-116, 2009.01.21)

⑦ 톤세를 적용받은 비상장법인의 주식을 평가할 때에도 순손익액은 법인세법상 각사업연도소득(세법상)에서 상속세및증여세법시행령 제56조 제3항의 금액을 가감하여 산정함(서면4팀-48, 2007.01.04)

⑧ 법인세 과세표준특례를 적용받는 해운기업인 비상장법인의 순손익가치계산시 각 사업연도 소득금액에서 차감하는 당해 사업연도의 법인세액은 조세특례제한법 제104조의10 제1항의 규정에 따른 과세표준을 기준으로 하여 산출된 법인세 총결정세액과 동조 제4항의 규정에 따라 기납부세액으로 공제되지 아니한 원천징수세액을 합한 금액으로 함(재산-2767, 2008.09.10)

⑨ 1주당 최근 3년간의 순손익액을 계산할 때, 장부상 미계상된 퇴직급여충당금을 각사업연도소득에서 차감하지 아니함(서면4팀-2013, 2005.10.3 ; 재재산-854, 2011.10.11.)

⑩ 순손익액계산시 재고자산평가손실을 각사업연도 소득금액에서 차감하지 아니함(서일 446014-10830, 2002.06.21)

⑪ 1주당 최근 3년간 순손익액 계산시 각 세법에서 규정하는 징수불이행으로 납부하였거나 납부할 세액의 의미(서면4팀-684, 2007.02.22)

상속세및증여세법 시행령 제56조 제3항 제2호 나목 규정의 "각 세법에서 규정하는 징수불이행으로 납부하였거나 납부할 세액"이라 함은 법인세법 제21조 제1호의 규정에 의한 "각 세법에 규정하는 의무 불이행으로 인하여 납부하였거나 납부하여야 할 세액(가산세포함)"으로 각 사업연도소득금액 계산상 손금에 산입하지 아니한 금액을 말하며, 이 경우 의무불이행에는 같은법 시행령 제21조의 규정에 의하여 간접국세의 징수불이행·납부불이행과 기타의 의무불이행의 경우를 포함하는 것임.(평가심의위원회운영규정 별지 서식 부표6 "순손익액계산서"작성요령 참조)

⑫ 사업연도가 12월말인 법인이 8월말 법인으로 사업연도를 변경하였다가 다시 12월말법인으로 사업연도를 변경한 경우 최근 3년간 순손익액 평가방법(서면4팀-1823, 2006.06.16) 상속세및증여세법 시행령 제56조 제1항 제1호의 규정을 적용함에 있어 귀 질의의 경우는 변경전·후의 사업연도는 1개의 사업연도로 보는 것이 타당함.

⑬ 비상장주식 보충적평가방법에 있어서 일시적 우발적인 특별이익을 공제하는 대신 경상적 순손익가치와 순자산가치를 함께 반영하여 평가함은 합리적 평가방법임(서울고법2016누62520, 2017.08.11)

⑭ 이월결손금이 있는 경우 법인세총결정세액은 이월결손금을 공제하기 전의 소득을 기준으로 공제·감면세액을 반영한 후의 법인세총결정세액을 말함(서면4팀-2028, 2007.07.02)

⑮ 비과세소득이 있는 경우 법인세총결정세액은 각사업연도소득에서 비과세소득을 공제한 금액에 대한 법인세 총결정세액 등을 의미함(재산-79, 2010.02.05)

⑯ 주식배당이 있는 경우 무상증자와 같이 발행주식총수를 환산함(서일46014- 10141, 2002.01.31)

⑰ 평가기준일이 속하는 사업연도중에 무상증자·감자한 주식수가 있는 경우에도 각사업연도의 총발행주식수를 환산하는 것임(재재산46014-44, 2002.02.22)

⑱ 순손익액을 산정할 때 각 사업연도 소득에서 차감해야 할 대상으로 구 상증세법 시행령 제56조 제4항 제2호 가목에서 정하고 있는 '당해 사업연도의 법인세액'은 '이월결손금을 공제하기 전 소득에 세율을 적용한 법인세액'으로 해석하는 것이 타당함(대법원2019두56838, 2023.06.29.)

⑲ 비상장주식의 시가산정 방식에 있어 순자산가치만에 의하여 그 가액을 평가하도록 규정한 예외적인 경우를 제외하고는 순손익가치와 순자산가치를 함께 반영하려는 것이 입법자의 의도인 바 특별이익을 공제하고 정상적 경상이익만을 기초로 한 최근 3년간의 순손익액의 가중평균액을 함께 반영하는 방법이 합리적임(대법2013두2853, 2013.05.24)

⑳ 쟁점주식의 순손익가치는 상증법 시행령 제56조에서 최근 3년간의 순손익을 기준으로 평가하도록 하고, 제3항 제2호 나목에서는 당해 사업연도의 법인세액을 각 사업연도 소득에서 차감하도록 규정하고 있으므로, 비록 청구법인이 04사업연도분 법인세 15백만원을 07.2.28. 납부하였다하더라도 07사업연도 소득에서는 공제할 수 없다고 판단됨(조심2011부3739, 2011.12.08)

㉑ 상장주식의 평가시 순손익액계산에 있어, 당해 법인이 결산상 감가상각비를 계상안했더라도 감가상각한도액 범위내에서 손금에 포함함(국심2001서2725, 2002.02.08)

㉒ 비상장주식의 순손익액 계산시 각 사업연도소득금액에 포함된 조특법상 연구·인력개발준비금 손금·익금액은 제외하지 아니함(법령해석재산-22396, 2015.05.04.)

㉓ 입법 취지가 평가기준일 이전 최근 3년간 기업이 산출한 순손익액의 가중평균액을 기준으로 평가기준일 현재의 주식가치를 정확히 파악하려는 데 있는 점에 비추어 보면, 상증법 시행령 제56조 제3항이 정한 최근 3년간의 '순손익액'을 산정함에 있어서는 당해 사업연도 말의 퇴직급여추계액을 기준으로 한 퇴직급여충당금 과소계상액을 차감하는 것이 상당하다(대법 2008두4275, 2011.07.14.)

㉔ 순손익액을 산정할 때 각 사업연도 소득에서 차감해야 할 대상으로 구 상증세법 시행령 제56조 제4항 제2호 가목에서 정하고 있는 '당해 사업연도의 법인세액'은 '이월결손금을 공제하기 전 소득에 세율을 적용한 법인세액'으로 해석하는 것이 타당함(대법원2019두56838, 2023.06.29)

㉕ 상증세법에 따라 비상장주식의 각 사업연도의 순손익액을 계산함에 있어, 구 조세특례제한법 제85조의8 제1항에 따라 위 각 사업연도 익금으로 산입된 이 사건 환입금액 상당은 가공의 익금에 해당하여 해당 사업연도 소득금액에서 차감되어야 함(대법원2021두47394, 2021.11.25.)

제6절 1주당 순자산가치의 계산

I 의의

기업의 자산가치는 당해 법인을 청산한다고 가정하였을 때 주주에게 분배할 잔여재산 분배가액을 나타내는 것이다. 이 때 순자산가액은 일반적으로 자산총계에서 부채총계를 공제한 금액을 의미하지만 상속세및증여세법에서는 영업권 평가액을 가산하여 계산하고, 1주당 순자산가치는 당해 법인의 순자산가액을 발행주식총수로 나누어서 평가한다. 자산총계와 부채총계는 평가기준일 현재의 기업회계기준에 의하여 가결산한 평가대상법인의 재무상태표상의 장부가액을 기초로 하여 평가하는 것이 원칙이고, 영업권은 상속세및증여세법 시행령 제59조 제2항에 따라 계산한다. 다만, 일정한 사유에 해당하는 경우에는 영업권을 가산하지 않는 경우도 있다.

그러나 조세심판원은 "비상장주식 평가시 평가기준일이 사업연도말과 일치하지 않는 통상의 경우 직전 사업연도말 대차대조표를 기초로 평가기준일까지의 명백한 증감사항 및 평가차액을 반영하여 순자산가액을 계산한 것이 위법하다고 할 수 없는 점 등에 비추어 평가기준일이 아닌 전년도 말 공시된 재무상태표를 기준으로 쟁점주식을 평가하여 과세한 처분은 잘못이 없다고 결정(조심2020중1306, 2020.08.20.; 조심2022부6444, 2023.07.21)한 바 있다.

하지만 법원은 "당해 법인의 평가기준일 현재 순자산가치가 아닌 다른 시점의 순자산가치를 기준으로 1주당 가액을 산정하려면 평가기준일과 다른 시점 사이에 순자산가치의 변동이 없었다는 점을 과세관청이 주장·입증하여야 한다"라고 판결(대법원 1993. 2. 12. 선고, 92누251).한 바 있으며, "순자산가치를 증여일이 아닌 직전 연도 말 현재 순자산가치를 기준으로 비상장 주식을 평가한 것은 위법하다"라는 법원이 판결(청주지방법원2013구합647, 2014.5.8)한 바 있다.

순자산가액을 계산할 때에 순자산가액이 0원 이하인 경우에는 순자산가치는 0으로 한다. '순자산가액이 0원 이하인 경우에는 0원으로 한다' 라는 규정을 상속세및증여세법 시행령 제56조 제1항에 추가하는 것으로 2009.2.4에 개정되었으나, 위와 같은 규정은 평가기준일이 개정된 시행령 시행 후인 경우에만 적용된다(서울행정법원2013구합7117, 2014.1.10).

비상장주식의 1주당 순자산가치를 계산하는 과정은 다음의 계산구조와 같다.

- 순자산가액 = 자산총계 − 부채총계 + 영업권평가액
- 1주당 순자산가치 = $\dfrac{\text{평가기준일 현재 당해 법인의 순자산가액}}{\text{평가기준일 현재의 발행주식총수}}$

Ⅱ 자산총계의 계산

1. 자산총계의 계산구조

재무상태표상 자산가액

+

가산항목

- **평가차액**: 상속세및증여세법 제60조부터 제66조까지에 따라 평가한 가액과 B/S상의 금액과의 차액(다만, 법 제60조 제3항 및 제66조에 의한 평가액<장부가액이면 장부가액)

- **법인세법상 유보금액**
  《제외》
  - 상속세및증여세법 제60조~제66조에 의하여 평가한 자산 관련 유보금액
  - 무형고정자산(개발비) 관련 유보금액
  - 제 충당금 · 제 준비금 관련 유보금액
  - 당기에 익금불산입 유보처분된 이자(△미수이자 등)
  - 이연자산 및 환율조정차(대) 관련 유보

- **유상증자 금액 등**
  - 직전 사업연도종료일 현재의 B/S를 기준으로 평가할 경우
    - 직전 사업연도종료일~평가기준일의 유상증자액
  - 신주인수권포기에 따른 주식평가
    - 증자에 의해 불입된 자본금

- **자기주식**: 주식소각 · 자본감소 목적인 경우에는 제외

- **기타**: 지급받을 권리가 확정된 가액(B/S상 계상되지 아니한 것)

-

차감항목

- **선급비용**: 평가기준일 현재 비용으로 확정된 선급비용

- **무형고정자산**
  - 1997.1.1. 이후 이연자산의 일부가 무형고정자산으로 변경
    - 2003년까지는 창업비와 연구개발비
    - 2004년부터 개발비로 한정됨.

- **증자일 전 잉여금 유보금액**: 잉여금 유보금액을 신입주주 등에게 분배하지 아니하는 조건으로 증자한 경우의 신입주주 등의 주식평가시 분배하지 아니하기로 한 잉여금상당액(상증통 63-55…6)

- **이연법인세자산**: 회계상의 이익과 「법인세법」상의 과세소득간의 일시적 차이로 계상된 자산

=

자산총계

(단위 : 원)

4. 순자산가액

가. 자산총액

① 재무상태표상의 자산가액		
② 평가차액		제4쪽 5. 평가차액 "가"
③ 법인세법상 유보금액		
④ 유상증자 등		
⑤ 기타(평가기준일 현재 지급받을 권리가 확정된 가액 등)		
⑥ 선급비용 등		
⑦ 증자일 전의 잉여금의 유보액		
⑧ 소계(①+②+③+④+⑤−⑥−⑦)		

나. 부채총액

⑨ 재무상태표상의 부채액		
⑩ 법인세		
⑪ 농어촌특별세		
⑫ 지방소득세		
⑬ 배당금·상여금		
⑭ 퇴직급여추계액		
⑮ 기타(충당금 중 평가기준일 현재 비용으로 확정된 것 등)		
⑯ 제준비금		
⑰ 제충당금		
⑱ 기타(이연법인세대 등)		
⑲ 소계((⑨+⑩+⑪+⑫+⑬+⑭+⑮−⑯−⑰−⑱)		

다. 영업권포함전 순자산가액(⑧−⑲)		
라. 영업권		제5쪽 6. 영업권 "자"
마. 순자산가액(다 + 라)		

작성방법

1. 재무상태표의 자산가액(①) : 평가기준일 현재 재무상태표의 자산총액을 기재합니다.
2. 평가차액(②) : 재무상태표의 자산종류별로 「상속세 및 증여세법」 제60조부터 제66조까지의 규정에 따라 평가가액과 재무상태표상 금액과의 차액(평가차액계산명세서에서 옮겨 적음)을 기재합니다.
3. 「법인세법」상의 유보금액(③) : 법인세결의서 「자본금과 적립금조서(을)」의 ⑤란 기말잔액의 합계액에서 ㉠~㉢을 차감한 금액을 기재합니다.
   ㉠ 「보험업법」에 의한 책임준비금과 비상위험준비금을 부인한 유보액
   ㉡ 제충당금 및 제준비금을 부인한 유보액
   ㉢ 「상속세 및 증여세법 시행령」에 의하여 평가한 자산의 가액에 포함된 부인 유보액
4. 유상증자 등(④)에는 직전 사업연도말 현재의 재무상태표를 기준으로 하여 순자산가액을 계산하는 경우 직전 사업연도 종료일로부터 평가기준일까지 유상증자한 금액(유상감자한 경우에는 △로 차감으로 표시)을 기재하되, 유상증자 등의 내용이 반영된 평가기준일 현재 재무상태표를 기준으로 하는 경우에는 그러하지 아니합니다.
5. 기타(⑤)에는 평가기준일 현재 지급받을 권리가 확정된 금액 등을 기재합니다.
6. 선급비용(⑥) : 평가기준일 현재 비용으로 확정된 선급비용을 말합니다.
7. 증자일전의 잉여금의 유보액(⑦) : 증자일전의 잉여금의 유보액을 신입주주 또는 신입사원에게 분배하지 아니한다는 것을 조건으로 증자한 경우 신입주주 또는 신입사원의 출자지분을 평가함에 있어 분배하지 아니하기로한 잉여금에 상당하는 금액을 말합니다.
8. 소계(⑧) : [① + ② + ③ + ④ + ⑤] - ⑥ - ⑦
9. 재무상태표상의 부채액(⑨) : 평가기준일 현재 재무상태표상의 부채총액을 기재합니다.
10. 법인세(⑩), 농어촌특별세(⑪), 지방소득세(⑫) : 부채로 계상되지 아니한 평가기준일까지 발생된 소득에 대한 법인세, 농어촌특별세 및 지방소득세로서 납부할 세액을 말합니다.
11. 배당금, 상여금(⑬) : 평가기준일 현재 주주총회에서 처분결의된 주주에 대한 배당금 및 임원에 대한 상여금을 말합니다.
12. 퇴직급여추계액(⑭) : 평가기준일 현재 재직하는 사용인(임원포함)의 전원이 퇴직할 경우 지급하여야 할 퇴직금추계액을 기재합니다.
13. 기타(⑮) : 피상속인의 사망에 따라 상속인과 그 외의 사람에게 지급하는 것이 확정된 퇴직수당금, 공로금, 기타 이에 준하는 금액을 기재합니다.
14. 제준비금(⑯) : 비상장법인인 보험회사주식평가시 보험업법에 따른 책임준비금과 비상위험준비금으로서 「법인세법 시행령」 제57조 제1항부터 제3항까지에 준하는 금액을 제외한 재무상태표상의 제준비금의 합계액을 기재합니다.
15. 제충당금(⑰) : 퇴직급여충당금, 단체퇴직급여충당금, 대손충당금 등 재무상태표상의 제충당금의 합계액(평가기준일 현재 비용 확정분 제외)을 기재합니다.
16. 기타(⑱) : 이연법인세대 등 기타 이에 준하는 금액을 기재합니다.
17. 소계(⑲) : [⑨ + ⑩ + ⑪ + ⑫ + ⑬ + ⑭ + ⑮] - ⑯ - ⑰ - ⑱
18. 영업권(라) : 영업권평가조서의 영업권평가가액을 옮겨 기재합니다.
19. 순자산가액(마) : 이 경우 평가액이 "0"이하인 경우에는 "0"으로 기입합니다.

(단위 : 원)

5. 평가차액

가. 평가차액 계산 (① - ②)　　　　　제2쪽 4. 순자산가액 "가"의 ② 기재

자산금액				부채금액			
계정과목	상증법에 따른 평가액	재무상태표상 금액	차액	계정과목	상증법에 따른 평가액	재무상태표상 금액	차액
① 합계				② 합계			

작 성 방 법

평가기준일 또는 직전사업연도말 현재의 재무상태표상의 자산 또는 부채금액을 기준으로 하여 순자산가액을 계산시 재무상태표상 미계상된 경우를 포함한 평가차액을 계산하는 경우에 사용합니다.

1. 계정과목란에는 평가대상 자산 또는 부채를 재무상태표에 기재된 계정명으로 기입하며 재무상태표상 미계상된 경우에는 추가로 기재합니다.
2. 평가차액은 "①"에서 "②"를 차감한 잔액을 기재합니다.

210mm×297mm[일반용지 70g/㎡(재활용품)]

2. 재무상태표상 자산가액("①"란)

재무상태표상 자산가액은 평가기준일 현재 기업회계기준에 의하여 작성된 재무상태표상의 자산총계를 적용한다. 사업연도 중에 상속이 개시되거나 증여가 이루어진 경우에는 우선 사업연도 개시일로부터 평가기준일까지의 기간에 대하여 가결산하여 재무제표를 확정하여야 한다. 가결산 할 수 없는 경우에는 직전 사업연도말 재무상태표상 자산총액을 기준으로 하되, 직전사업연도말부터 평가기준일까지의 기간동안 자산변동내용을 최대한 평가차액에 반영 하여야 한다. 따라서 "①"란의 "재무상태표상 자산가액"은 가결산 또는 직전사업연도 종료일 현재 기준 재무상태표상 "자산총계"를 기재한다.

3. 평가차액

(1) 평가차액의 계산("②"란)

평가기준일 현재 가결산한 법인의 재무상태표상 장부가액을 각 자산별로 상속세및증여세법 제60조 내지 제66조에 따라 다시 평가한 후 그 평가액과 재무상태표상의 장부가액과의 차액을 평가차액으로 하는 것이 원칙이다. 즉, 평가심의위원회 운영규정 별지 제4호 서식 부표3(평가차액)의 "자산금액 차액"에서 "부채금액 차액"을 뺀 금액이 평가심의위원회 운영규정 별지 제4호서식 부표3 서식중 순자산가액계산서 "②"란에 기재한다.

(2) 재무상태표상 금액

평가심의위원회 운영규정 별지 제4호서식 부표3 서식중 "평가차액" 서식상 "재무상태표상 금액"은 평가기준일 현재 기업회계기준에 의하여 작성된 재무상태표상의 자산금액 또는 부채금액을 기재한다. 사업연도 중에 상속이 개시되거나 증여가 이루어진 경우에는 우선 사업연도 개시일로부터 평가기준일까지의 기간에 대하여 가결산하여 재무제표를 확정하여야 한다. 가결산 할 수 없는 경우에는 직전 사업연도말 재무상태표상 금액을 기재한다.

(3) "상증법에 따른 평가액"이란

(가) 원칙

재무상태표상 장부가액을 각 자산별로 상속세및증여세법 제60조 내지 제66조에 따라 평가한 가액을 말한다. 즉 평가대상 법인이 소유하고 있는 각 자산에 대하여 시가가 있는 경우에는 그 시가로 평가하고 시가에 해당하는 가액이 없는 경우에는 보충적인 방법으로 평가한 가액에 의한다. 다만 최종적으로 저당권이 설정된 재산에 해당하는 경우에는 채권잔액과 큰 금액으로 평가한다.

(나) 보충적 평가방법에 의한 평가액이 장부가액보다 적은 경우 장부가액으로 함

평가대상자산에 대하여 상속세및증여세법 제60조 제3항(보충적 평가방법) 및 동법 제66조(저당권 등이 설정된 재산 평가의 특례)에 따라 평가한 가액이 재무상태표상 장부가액(취득가액에서 감가상각비를 차감한 가액을 말한다)보다 적은 경우에는 장부가액으로 하되, 장부가액보다 적은 정당한 사유가 있는 경우에는 보충적 평가방법에 의한 가액으로 할 수 있다(상증령 §55 ①). 예를 들면, 원본의 회수기간이 5년 이상인 장기채권은 그 회수기간에 따라 상속세및증여세법상 현재가치로 할인하도록 하고 있으며, 그 가액이 장부가액보다 적은 경우에는 정당한 사유가 있는 것으로 보아 그 현재가치로 할인된 금액이 평가액이 된다(서면4팀-812, 2005.05.02.).

(다) 보충적인 평가액과 비교하는 장부가액의 의미

비상장법인의 순자산가액을 산정할 때 보충적 평가액과 비교하는 장부가액이란 "취득가액에서 감가상각비를 뺀 금액"을 의미한다.(사전-2019-법령해석재산-0276, 2019.6.21)이 유권해석의 취지는 시가가 없는 자산을 보충적인 방법으로 평가할 때 해당 자산이 감가상각자산인 경우에는 "보충적 평가액"과 "취득가액에서 감가상각누계액을 차감한 후의 가액" 중 큰 금액으로 평가하여 평가차액을 인식하고, 감가상가자산이 아닌 경우에는 "보충적 평가액"과 "취득가액" 중 큰 금액으로 평가하여 평가차액을 인식한다는 의미로 추가로 세무상 유보금액을 반영하지 않는다.

대법원도 「'장부가액'은 기업회계상 장부가액이 아니라 그 문언대로 취득가액을 기초로 계산한 가액을 의미하고, 이때 취득가액은 특별한 사정이 없는 한 실제 해당 재산을 취득하기 위하여 지급한 금액을 말하며, 이는 상증세법 시행령 제54조 제2

항, 제55조 제1항에 따라 비상장주식의 순자산가액을 계산하는 경우에도 적용된다」라고 판결(대법원2024두41069, 2024.09.12.)한 바 있다.

(라) 취득가액에서 차감하는 감가상각비

상기에서 "취득가액에서 차감하는 감가상각비"는 법인이 납세지 관할세무서장에게 신고한 상각방법에 의하여 계산한 취득일부터 평가기준일까지의 감가상각비 상당액을 말하는 것이며, 감가상각자산의 내용연수는 법인세법 시행령 제28조 제1항 제2호에 의한 기준내용연수를 적용한다(서면4팀-857, 2005.5.31). 만일, 법인이 감가상각비를 장부에 계상하지 아니한 경우에도 상기와 같이 감가상각비 상당액을 재계산하여 취득가액에서 차감한 가액을 장부가액으로 한다.

> ☞ **평가차액**
> - 원칙 : 상속세및증여세법 제60조 내지 제66조에 따라 평가한 가액과 B/S상의 금액과의 차액
> - 보충적 평가방법으로 평가하는 경우 : (다음 ①, ②) 중 큰 금액과 B/S상의 금액과의 차액
>   ① 상속세및증여세법 제60조 제3항 및 제66조에 의한 평가액(보충적 평가방법)
>   ② 취득가액 - 감가상각누계액*
>   * 감가상각누계액 : 취득일부터 평가기준일까지 법인세법에 따라 재계산한 감가상각비 상당액

(4) 각 자산별 구체적인 "상증법에 따른 평가액" 산정방법

비상장법인의 1주당 순자산가치를 산정할 때 순자산가액은 평가기준일 현재 당해 법인의 자산을 상속세및증여세법 제60조 내지 제66조의 규정에 의하여 평가한 가액에서 부채를 차감한 가액으로 하며, 순자산가액이 0원 이하인 경우에는 0원으로 한다. 이 경우 당해 법인의 자산을 상속세및증여세법 제60조 제3항 및 법 제66조의 규정에 의하여 평가한 가액이 재무상태표상 장부가액(취득가액에서 감가상각비를 차감한 가액을 말한다)보다 적은 경우에는 정당한 사유가 있는 경우를 제외하고 재무상태표상 장부가액으로 한다(상증령 §55 ①).

실무적으로 평가기준일 현재 비상장법인의 기업회계기준 등에 따라 작성된 재무상태표상 계상된 각 자산을 상속세및증여세법상에 따라 평가한 후 그 차액을 평가차액계산 명세서에 반영하여 조정하여야 한다. 이 경우 재무상태표는 원칙적으로 평가기준일 현재 가결산한 것을 원칙으로 한다.

(가) 예금, 저금, 적금

평가기준일 현재 예입 총액과 같은 날 현재 이미 지난 미수이자 상당액을 합친 금액에서 소득세법 제127조에 따른 원천징수세액 상당 금액을 뺀 가액으로 한다(상증법 §63 ④).

(나) 상품, 제품, 반제품, 원재료 기타 이에 준하는 동산 등

상품·제품·반제품·재공품·원재료 기타 이에 준하는 동산 및 소유권의 대상이 되는 동산의 평가는 그것을 처분할 때에 취득할 수 있다고 예상되는 가액(재취득가액). 다만, 그 가액이 확인되지 아니하는 경우에는 장부가액으로 한다. 이 경우 사업용 재고자산인 경우 재취득가액에는 부가가치세가 포함되지 아니한다.(상증령 §52 ②) 또한 장부가액에 충당금이 설정된 경우에는 그 충당금을 차감하기 전의 금액을 상속세및증여세법상 평가액으로 한다.

(다) 대부금·외상매출금 및 받을어음 등의 채권의 평가방법

비상장법인의 순자산가액을 산정할 때 평가대상법인이 보유한 대부금·외상매출금 및 받을어음 등의 채권가액은 원본의 회수기간·약정이자율 및 금융시장에서 형성되는 평균이자율 등을 감안하여 다음 구분에 따라 평가한 가액으로 한다(상증령 §58 ②).
① 원본의 회수기간이 5년을 초과하거나 회사정리절차 또는 화의절차의 개시 등의 사유로 당초 채권의 내용이 변경된 경우에는 각 연도에 회수할 금액(원본에 이자상당액을 가산한 금액을 말한다)을 영 제58조의2 제2항 제1호 가목에 따른 적정할인율[19])에 의하여 현재가치로 할인한 금액의 합계액.
② ①외의 채권의 경우에는 원본의 가액에 평가기준일까지의 미수이자상당액을 가산한 금액

---

19) 2010.11.5.이후 연 8%임

다만, 평가대상법인이 소유한 채권의 전부 또는 일부가 평가기준일 현재 회수불가능한 것으로 인정되는 경우에는 그 가액을 산입하지 아니한다. 여기서 "회수불가능한 것"이라 함은 채권회수가 불가능하다는 사실이 객관적으로 확정된 것을 의미하는 것으로(수원지법2012구합11653, 2013.08.22.), "회수불능 채권인지의 여부"는 채무자의 재산상태, 자금조달능력, 사회적 신분, 직업 등 채무자의 변제능력과 회사의 경영상태, 채권의 발생원인, 액수, 시기 등 회사의 채권행사에 관련된 사정을 참작하여 결정하여야 한다(대법2010두6458, 2010.09.09).

매출채권을 장부가액으로 평가시 대손충당금이 설정된 경우에는 그 대손충당금을 차감하기전의 금액으로 평가한다.

(라) 선박·항공기·차량·기계장비

선박·항공기·차량·기계장비 및 입목에 관한 법률의 적용을 받는 입목을 처분할 경우 다시 취득할 수 있다고 예상되는 가액을 말하되, 그 가액이 확인되지 아니하는 경우에는 장부가액(취득가액에서 감가상각비를 뺀 가액을 말한다) 및 지방세법 시행령 제4조 제1항의 시가표준액에 따른 가액을 순차로 적용한 가액을 말한다(상증령 §52 ①). 다만, 시가에 해당하는 가액이 없는 경우로서 임대차계약이 체결된 경우에는 임대료등 환산가액과 비교하여 큰 금액으로 평가한다.

(마) 토지

기업회계기준상 토지의 장부가액은 매입가액에 취득부대비용을 가산한 가액으로 계상되어 있으나, 상속세및증여세법상 토지의 평가는 시가에 의하되 시가를 산정하기 어려운 경우 평가기준일 현재 개별공시지가를 적용하여 평가하여야 한다. 다만, 시가에 해당하는 가액이 없는 경우로서 임대차계약이 체결된 경우에는 임대료등 환산가액과 비교하여 큰 금액으로 평가한다.

(바) 일반 건물, 구축물 등

재무상태표상 건물·구축물 등은 취득가액에서 평가기준일까지의 감가상각누계액을 차감하여 표시되어 있으나, 시가에 의하되, 시가가 없는 건물 등의 평가는 신축가격, 구조, 용도, 위치, 신축연도 등을 고려하여 매년 1회 이상 국세청장이 산정·고시하는 가액으로 한다. 다만, 시가에 해당하는 가액이 없는 경우로서 임대차계약이 체결된 경우에는 임대료등 환산가액과 비교하여 큰 금액으로 평가한다.

(사) 비상장법인이 보유하고 있는 다른 비상장주식 평가방법

1) 투자지분이 10% 초과시 평가방법

평가대상 비상장법인이 보유하고 있는 다른 비상장법인의 주식도 시가가 있는 경우에는 그 시가에 의하여 평가하는 것이며, 시가에 해당하는 가액이 없는 경우에는 보충적인 방법으로 평가한다.

기업회계기준상 투자유가증권의 평가시 지분법회계를 적용하여 지분법평가손익이 계상되었거나 투자유가증권평가손익(자본조정항목)이 계상되어 있는 경우에도 이와 관련된 자본금적립금조서상의 유보금액(지분법평가손익, 투자유가증권평가손익 등)을 고려하여서는 안된다.

2) 투자지분이 10% 이하인 경우 평가방법

비상장법인의 순자산가액을 산정할 때 평가대상법인이 다른 비상장법인이 발행한 발행주식총수 등(2016.2.5 이후 상속·증여분부터 자기주식과 자기출자지분을 제외한다)의 100분의 10 이하의 주식 등을 소유하고 있는 경우에는 그 다른 비상장법인의 주식의 평가는 시가에 의하되, 시가에 해당하는 가액이 없는 경우에는 법인세법 시행령 제74조 제1항 제1호 마목에 따른 취득가액(이동평균법에 의한 취득가액)과 보충적인 평가방법중 선택할 수 있다(상증령 §54 ③, 서면4팀-3428, 2007.11.28).

이 때 발행주식총수 등에는 이익배당우선주, 상환우선주 등 우선주도 포함된다.(서면4팀-3414, 2007.11.26, 서면4팀-2007.12.5). 또한 발행주식총수의 10%이하의 주식을 소유하고 있는지 여부는 평가대상법인이 소유한 그 다른 비상장법인의 주식만을 기준으로 판단한다(서면4팀-3428, 2007.11.28).

그러나 평가대상법인이 다른 비상장주식을 발행한 법인의 발행주식총수 등의 10%를 초과하여 보유하고 있으면 그 비상장법인의 1주당 평가액은 시가에 의하되, 시가에 해당하는 가액이 없는 경우에는 보충적인 방법으로 평가하여 평가차액을 계산한다. 이 경우에 평가대상법인이 다른 비상장법인의 주식 등을 최대주주로서 보유하고 있는 경우에는 할증평가를 하여야 한다.

> ☞ 10%이하 출자지분 보유시(자기주식 및 자기출자지분 제외)
>   • 시가 원칙
>   • 시가가 없는 경우 : 취득가액(이동평균법)과 보충적 평가방법 중 선택
> ☞ 10% 초과 출자지분 보유시
>   • 시가원칙
>   • 시가가 없는 경우 : 보충적인 평가방법

(아) 비상장법인이 보유하고 있는 상장법인의 주식

평가대상법인이 다른 유가증권시장 상장주식 또는 코스닥시장 상장주식을 보유하고 있는 경우 평가액은 평가기준일 이전·이후 각 2개월 동안 공표된 매일의 거래소 최종 시세가액(거래실적 유무를 따지지 아니한다)의 평균액에 의한다. 다만, 합병에 따른 이익을 산정하는 경우로서 합병당사법인의 주식을 평가하거나 또는 법인세법 및 소득세법상 부당행위규정을 적용하기 위하여 평가시에는 평가기준일 종가로 평가한다.

(자) 상호출자법인에 해당되는 경우(상속재산평가준칙 §60)

비상장법인의 순자산가액을 산정할 때 평가대상법인이 다른 비상장법인이 발행한 발행주식총수 등의 100분의 10 이하의 주식 또는 출자지분을 소유하고 있는 경우에는 그 다른 비상장법인의 주식의 평가는 시가에 의하되, 시가에 해당하는 가액이 없는 경우에는 법인세령상 이동평균법에 의한 취득가액과 보충적인 평가방법중 선택할 수 있다(상증령 §54 ③, 서면4팀-3428, 2007.11.28).

그러나 다른 비상장주식을 발행한 법인의 주식을 10%를 초과하여 소유한 경우에는 그 법인의 주식가액은 시가에 의하되 시가에 해당하는 가액이 없는 경우에는 보충적인 방법에 의하여 평가하여야 한다. 그런데 보충적인 방법에 의하여 평가할 때 2개의 법인 또는 그 이상의 법인간에 상호출자를 하여 1주당 평가액이 서로 관련성이 있는 경우에는 단순하게 계산할 수 없다. 이에 대하여 「상속재산평가준칙」 제60

조에서는 다원1차연립방정식으로 평가하는 것으로 규정하고 있다. 이 계산방식에 대하여 2003.12.30 개정된 비상장주식에 대한 보충적 평가방법에 따라 「상속재산평가준칙」 제60조를 준용하여 계산산식을 재구성하면 다음과 같다. 이 산식은 상호출자법인에 해당되는 법인 모두 부동산과다보유법인에 해당되지 아니하는 것으로 보고 현행 상속세및증여세법에 의한 비상장주식에 대한 보충적 평가방법을 적용하여 공식을 수정한 것이다.

$$1주당\ 가액 = \frac{2\alpha + 3\rho^1}{5}$$

$$= \left(2 \times \frac{p + (b \times \frac{2\beta + 3\rho^2}{5}) + c \times (\frac{2c\gamma + 3\rho^3}{5}) - dt}{n} + \rho^1 \right) \div 5$$

① p, p′, p″ : A·B·C 각 법인의 소유하고 있는 주식가액을 제외한 A·B·C 법인의 자산총액(p는 A법인이 소유하고 있는 B·C법인의 발행주식가액을 제외한 자산의 총액)

② a, b, c : A·B·C 각 법인이 발행한 주식 중 각 법인이 소유하고 있는 주식수

③ dt, dt′, dt″ : A·B·C 각 법인의 부채

④ n, n′, n″ : 평가기준일 현재 A·B·C 각 법인의 발행주식 총수

⑤ α, β, γ : A·B·C 각 법인의 1주당 순자산가액

⑥ ρ^1, ρ^2, ρ^3 : A·B·C 각 법인의 1주당 수익환원가치

(차) 비상장법인이 보유하고 있는 외국법인 주식

비상장 외국법인에 출자하고 있는 경우의 그 투자유가증권에 대한 평가는 당해 재산의 소재지국에 관계없이 ① 상속세및증여세법 제60조부터 제66조까지의 규정에 의하여 평가한다. 이때 외국법인이 발행한 비상장주식에 대한 순자산가액은 내국법인과 같이 평가한다. 다만, 외국법인의 주식은 상속세및증여세법 제60조부터 제66조까지의 규정에 의하여 평가하는 것이 부적당한 경우에는 상속세및증여세법 시행령 제58조의3의 규정에 의하여 ② 당해 재산이 소재하는 국가에서 양도소득세·상속세

또는 증여세 등의 부과목적으로 평가한 가액을 평가액으로 한다(서일 46014-11604, 2003.11.12.). ③ ①과 ②에 의한 평가액이 없는 경우에는 세무서장 등이 2 이상의 국내 또는 외국의 감정기관(주식등에 대한 평가의 경우에는 자본시장과 금융투자업에 관한 법률 제335조의3에 따라 신용평가업인가를 받은 신용평가전문기관, 공인회계사법에 따른 회계법인 또는 세무사법에 따른 세무법인을 포함한다)에 의뢰하여 감정한 가액을 참작하여 평가한 가액에 의한다(상증령 §58의3).

다만, 외국 증권거래소에 상장된 외국법인주식의 경우, 한국거래소에 상장된 주식의 평가방법을 준용하여 평가하여야 하는 것인 반면 상증법 제63조에 따라 평가하는 것이 부적당한 경우에 해당한다고 보기 어렵고, 할증평가대상으로 봄이 타당하다(조심2022서6704, 2023.08.29.).

(카) 건설업 또는 부동산매매업을 영위하는 법인의 주식평가방법

1) 평가 원칙

건설업 또는 부동산매매업(이하 "건설업 등"이라 함)을 영위하는 비상장법인의 주식도 시가로 평가하는 것이 원칙이나 시가에 해당하는 가액이 없는 경우에는 보충적 평가방법으로 평가한다. 보충적 평가방법으로 평가하는 경우에도 1주당 순손익가치와 순자산가치를 가중평균한다.

2) 건설용지 평가방법

건설업 등을 영위하는 비상장법인의 주식을 평가하기 위한 1주당 순자산가치의 산정은 상속세및증여세법시행령 제55조에 의하여 평가기준일 현재 당해 법인이 보유하고 있는 자산(재고자산을 포함함)을 상속세및증여세법 제60조 내지 제66조의 규정에 의하여 평가한 가액에서 부채를 차감하여 산정한다.

이 때 건설업 등을 영위하는 법인 보유하고 있는 건설용지는 건설업회계기준에 따라 상품·제품 등과 같이 유동자산의 재고자산에 분류되었다고 하더라도 부동산으로 보아 상속세및증여세법 제60조 내지 제66조에 따라 평가한다(재삼46014-2910, 1996.12.31.).

또한 건설업 등을 영위하는 법인이 목적물 건설에 따라 법인세법시행령 제69조의 규정에 의하여 작업진행률을 기준으로 계산한 수익과 비용을 각각 해당 사업연도의 익금과 손금에 산입한 경우에도 평가기준일 현재 당해 법인의 보유하고 있는 토지 전체를 상속세및증여세법 제60조 내지 제66조의 규정에 의하여 평가한다. 다만, 익금에 산입한 분양수입금액중 토지에 상당하는 가액은 부채에 가산한다(재재산46014-47, 2002.2.22.;기획재정부 조세정책과-1153, 2023.05.17).

신축·분양 중인 건물과 부수토지의 분양가액이 시가에 해당하는 경우에는 부수토지에 대한 분양가액을 토지가액으로 하는 것이며 익금에 산입한 분양수입금액중 부수토지에 상당하는 가액은 부채에 가산한다(재산-164, 2009.9.9.;기획재정부조세정책과-1153, 2023.05.17).

3) 신축분양중인 건물 평가방법

건설업 등을 영위하는 법인의 순자산가치를 계산함에 있어 신축·분양 중인 건물의 분양가액이 시가에 해당하는 경우에는 건물에 대한 분양가액 중 평가기준일까지의 작업진행률에 따라 계산한 금액을 그 건물가액으로 하고, 익금에 산입한 분양수입금액중 건물에 상당하는 가액은 부채에 가산한다(재산-164, 2009.9.9.).

4) 익금에 산입한 분양수입금액의 의미

건설업 등을 영위하는 법인의 순자산가치를 계산함에 있어 신축·분양 중인 건물과 부수토지의 분양가액이 시가에 해당하는 경우에는 건물에 대한 분양가액 중 평가기준일까지의 작업진행률에 따라 계산한 금액을 그 건물가액으로 하고, 부수토지에 대한 분양가액을 토지가액으로 하는 것이며 익금에 산입한 분양수입금액중 건물 및 부수토지에 상당하는 가액은 각각 부채에 가산한다. 이 때 "익금에 산입한 분양수입금액"은 직전 사업연도까지 익금에 산입한 금액과 그 이후 평가기준일 까지 익금에 산입한 금액을 합하여 적용한다(재산-475, 2010.07.02.).

(타) 매입한 무체재산권

매입가액에서 평가기준일까지의 법인세법상의 감가상각비를 공제한 가격으로 평가하며, 매입가액은 매입당시 부대비용을 포함한다.

$$감가상각비 = 매입가액 \times \frac{매입시기부터\ 평가기준일\ 까지의\ 월수}{법인세법\ 시행규칙\ 별표3의\ 무형고정\ 자산의\ 내용연수표상\ 월수}$$

(파) 국외재산의 원화환산

국외 재산의 가액은 평가기준일 현재 외국환거래법 제5조 제1항에 따른 기준환율 또는 재정환율에 의하여 환산한 가액으로 이를 평가한다.(상증령 § 58의4).

(하) 저당권 등이 설정된 재산의 평가특례

비상장법인의 자산가액은 각 자산별로 상속세및증여세법 제60조 내지 제66조(저당권등이 설정된 재산에 대한 평가특례)규정에 의하여 평가하도록 하고 있다. 다만, 평가대상 재산에 저당권 등이 설정되어 있는 경우에는 해당 재산이 담보하는 채권액(채권자 입장에서 채권잔액, 채무자 입장에서 채무잔액을 말한다)과 비교하여 큰 금액으로 평가하여야 한다.

사례 5 비상장법인의 자산별 평가액 계산사례

□ 사실관계

구분	시가	기준시가	장부가액	담보채권액	최종 평가액
토지 1	-	1,560백만원	1,363백만원	-	1,560백만원
토지 2	4억원	3억원	5억원	2억원	4억원
건물 1	-	2,530백만원	3,019백만원	-	3,019백만원

□ 해설

① 토지1 : 시가가 없고 기준시가가 장부가액보다 높으므로 기준시가가 최종 평가액이 된다.

② 토지2 : 시가 4억원이 있으므로 장부가액과 비교하지 않고 채권액과 비교하여 큰 금액인 4억원으로 평가된다.

③ 건물1 : 시가가 없으므로 기준시가로 평가하나 장부가액이 더 높으므로 장부가액으로 평가된다.

(3) 법인세법상 유보금액("③"란)

법인세세무조정계산서 중 자본금과 적립금조정명세서 또는 법인세결의서 중 자본금과 적립금조서상의 유보금액은 순자산가액에 포함시킨다. 그것은 기업회계상의 자산가액과 세무회계상의 자산가액 사이에 차이가 발생되기 때문이다. 자본금과 적립금조정명세서는 회사가 기업회계기준에 의하여 작성한 자본금과 적립금을 기초로 하여 세무회계상 자본금과 적립금을 나타내는 세무상 정미자산을 나타낸다. 자본금과 적립금조정명세서는 (갑)과 (을)로 나누어지는데 (갑)은 세무회계상 순자산과 이월결손금을 나타내고, (을)은 세무회계상 유보금액을 나타낸다. 따라서 자산총계를 계산함에 있어서는 유보금액을 가산하는 것이다.

그런데 실제로는 대부분의 유보금액은 자산가액에 가산되는 항목에서 제외된다. 그 이유는 자산총계와 부채총계를 계산하는 과정에서 각 자산별로 상속세및증여세법 제60조부터 제66조까지의 규정에 따라 평가하여 새로운 평가액으로 적용되기 때문에 당해 평가와 관련된 유보금액은 별도로 가감하지 않는다.
 다시 말하면, 비상장법인의 순자산가액을 계산할 때에 당해 법인의 자산가액은 상속세및증여세법 제60조부터 제66조까지의 규정에 따른 평가액에 의하는 것이며, 당해 법인의 자산을 같은법 제60조 제3항 및 제66조의 규정에 의하여 평가한 가액이 장부가액보다 적은 경우에는 장부가액으로 하되, 장부가액 보다 적은 정당한 사유가 있는 경우에는 같은법 제60조 제3항 및 제66조의 규정에 의하여 평가하기 때문이다. 이 경우 장부가액은 취득가액에서 감가상각누계액을 뺀 금액(감가상각자산이 아닌 경우 취득가액이 된다)이며, 자본금과 적립금조정명세서(을)상의 유보금액 중 상속세및증여세법의 규정에 의하여 평가하는 자산과 관련된 유보금액은 순자산가액에 별도로 가감하지 않는다(사전-2019-법령해석재산-0276(2019.6.21)).
 따라서, 유보금액이 가산되는 경우는 기업회계기준에 의하여 적정하게 회계처리를 하지 아니함으로써 발생된 금액이 가산되는 것이며, 순자산가액에 가산하는 유보금액에서 제외되는 항목은 다음과 같다.

【제외대상 유보금액】
- 상속세및증여세법 제60조~제66조에 의하여 평가한 자산에 포함된 유보금액
- 무형고정자산(개발비) 관련 유보금액
- 제 충당금 관련 유보금액
- 제 준비금 관련 유보금액
- 당기에 익금불산입 유보처분된 이자(△미수이자 등)
- 국고보조금 관련 유보금액

(가) 상속세및증여세법 제60조 내지 제66조에 따라 평가한 자산에 포함된 유보금액

 비상장법인의 순자산가액을 계산할 때에 당해 법인의 자산가액은 각 자산별로 평가기준일 현재를 기준으로 상속세및증여세법 제60조부터 제66조까지의 규정에 의하여 평가하는 것이 원칙이다. 그러나 당해 법인의 자산을 같은법 제60조 제3항(보충적인 방법) 및 제66조(저당권 등이 설정된 재산의 평가의 특례)의 규정에 의하여

평가하는 경우로서 그 평가한 가액이 기업회계기준 등에 의해 작성된 재무상태표상 장부가액[20]보다 적은 경우에는 당해 장부가액으로 평가한다.

다만, 원본의 회수기간이 5년을 초과하는 장기채권·채무를 현재가치로 할인한 가액이 장부가액보다 적은 경우 등 장부가액보다 적은 정당한 사유가 있는 경우에는 당해 법인의 자산을 같은법 제60조 제3항(보충적인 방법) 및 제66조(저당권 등이 설정된 재산의 평가의 특례)의 규정에 의하여 평가한다. 자본금과 적립금조정명세서(을)상의 유보금액 중 상속세및증여세법 제60조부터 제66조까지의 규정에 따라 평가하는 자산과 관련된 유보금액은 자산총계 계산에 별도로 가감하지 아니한다(서면4팀-1418, 2004.09.19). 그 대표적인 예로서 감가상각비 한도초과액, 재고자산평가감, 건설자금이자, 지분법적용주식, 토지 및 건물 재평가차액 등의 유보금액은 가산하지 않는 것이다.

(나) 무형고정자산(개발비) 등과 관련된 유보금액

무형고정자산인 개발비(2003년까지는 창업비와 연구개발비)는 상속세및증여세법상 자산으로 보지 않으므로 자산가액에서 차감되는 항목이다. 그러므로 그와 관련된 유보금액은 순자산가액에 가감하지 않는다.

(다) 당기 익금불산입 유보처분된 이자

법인세법 시행령 제70조 제1항 제1호 단서에 의하여 법인세법 제73조의 규정에 의해 원천징수되는 이자소득에 대해 기업회계상 미수수익 계상한 것을 세무조정에 의해 익금불산입 △유보처분한 경우에는 당해 유보금액은 당해 법인의 순자산가액에 별도로 가감하지 아니한다(재산상속 46014-1639, 1999.9.6). 그것은 미수이자 상당액에 대하여 이미 상속세및증여세법 제60조부터 제66조까지의 규정에 의하여 평가하여 가산되었기 때문이다. 즉 예금·저금 및 적금 등의 평가는 평가기준일 현재 예입총액과 같은 날 현재 이미 경과한 미수이자상당액의 합계액에서 소득세법 제127조 제1항의 규정에 의한 원천징수세액 상당금액을 차감한 가액으로 평가하기 때

---

[20] 기업회계기준 등에 의하여 작성된 재무상태표상 장부가액이라 함은 기업회계기준 등에 따라 적정하게 계상된 장부가액으로 해석되어야 할 것으로 보여 진다. 예를 들어, 기업회계기준 등에 부적정하게 감가상각비를 계산하거나 재고자산을 평가하였을 경우에는 장부가액이 적정하지 아니하므로 이런 경우에는 관련 유보금액을 가산하여야 정당한 자산가액으로 평가될 것이다.

문에(상증법 §63 ④) 그와 관련된 유보금액은 가산하지 아니하는 것이다.

(라) 대손충당금 등 제 충당금 관련 유보금액

대손충당금이나 퇴직급여충당금과 같이 충당금은 장래에 예상되는 지출 또는 손실에 대비하여 기간비용으로 인식하기 위하여 미리 장부상에 기간비용으로 계상하는 것을 말한다. 이 경우에 충당금 계정은 대손충당금과 같이 자산의 가액에 변동이 있다는 것을 명시하기 위하여 그 자산계정에서 차감하는 형식으로 표기하는 평가성충당금이 있고, 퇴직급여충당금과 같이 장래 확실히 발생할 손비로서 그 발생원인은 당해 연도에 있으나 아직 지출이 안 된 경우에 설정되는 부채성충당금이 있다.

상속세및증여세법상의 자산에서 차감되는 부채는 평가기준일 현재 지급의무가 확정된 것만을 차감하도록 하는 것이 원칙이기 때문에 평가기준일 현재 확정되지 않은 이러한 충당금은 부채로 인정하지 아니한다. 그러므로 이러한 충당금과 관련된 유보금액은 자산가액에 가감하지 않는다.

(마) 퇴직급여충당금 한도초과액 및 퇴직보험예치금 관련 유보금액

상속세및증여세법시행규칙 제17조 제3항 제3호 다목에서는 평가기준일 현재 재직하는 임원 또는 사용인 전원이 퇴직할 경우에 퇴직급여로 지급되어야 할 금액의 추계액을 부채로 가산하도록 규정하고 있다. 이에 따라 순자산가액계산서 ⑬란의 퇴직금추계액을 부채에 가산하는 경우 "자본금과 적립금조정명세서(을)" 상의 퇴직급여충당금 한도초과액 및 퇴직급여보험예치금의 유보금액은 고려할 필요가 없다.

(바) 제 준비금 관련 유보금액

조세특례제한법상의 제 준비금은 법인이 결산조정에 의하여 장부상 손금을 산입하였다고 하더라도 그것은 부채가 아니다. 이런 준비금은 조세정책상 특정산업에 대한 조세지원을 하기 위하여 일정기간 과세를 유예하는 제도이기 때문에 평가기준일 현재 확정된 부채가 아닌 것이다. 그래서 결산시에 반영된 이러한 준비금은 순자산가액계산시 부채에서 차감하도록 하고 있다. 그러므로 채무로 인정되지 않는 이런 준비금과 관련된 유보금액도 자산가액에 가감하지 않는다.

한편 신고조정에 의하여 손금산입하고 △유보 처분한 준비금에 대해서도 순자산가액계산시에 가산하지 아니하는 것이다.

(사) 국고보조금 관련 유보금액

"국고보조금은 회계처리할 때 자산계정에서 차감하는 형식으로 표시한다. 순자산가액 산정할 때, 반환하는 조건이 없거나 반환하는 조건이 있는 국고보조금으로서 평가기준일 현재 반환사유가 발생하지 아니한 때에는 해당 자산에서 차감하는 형식으로 표시된 이러한 국고보조금은 순자산가액에 다시 가산해야 한다(서면4팀-3315, 2007.11.16). 그러므로 순자산가액에 가산하는 국고보조금과 관련된 유보금액은 별도로 순자산가액에 가산하는 유보금액에는 포함하지 않는다.

(4) 유상증자금액 등 ("④"란)

순자산가액을 계산하는 경우에는 원칙적으로 평가기준일 현재 가결산을 하여 그 시점에 확정된 자산을 기준으로 평가하는 것이다. 여기에서 자산가액에 가산되는 유상증자금액 등이란 직전 사업연도말 현재의 재무상태표를 기준으로 평가할 경우에 직전 사업연도종료일로부터 평가기준일까지 유상증자한 금액을 말한다. 그러므로 유상증자금액은 평가기준일 현재로 가결산하였다면 추가로 가산하는 문제는 발생하지 아니한다. 이와는 반대로 직전 사업연도말 현재의 재무상태표를 기준으로 평가할 경우에 직전 사업연도종료일로부터 평가기준일까지의 기간 중에 유상 감자한 금액이 있다면 이를 차감하여야 하는 것이다.

이 때 직전 사업연도말 현재의 재무상태표를 기준으로 평가할 경우에 직전 사업연도말부터 평가기준일 사이에 유상증자나 유상감자가 있어서 이를 가산하거나 차감하는 경우에는 발행주식수도 가산하거나 차감하여 발행주식총수를 적용하여야 한다.

또한 신주인수권 포기에 따른 증여세과세가액계산시 신주발행 후의 주식을 평가하는 경우에는 증자에 의하여 불입된 금액을 포함한다.

(5) 자기주식("⑤"란)

2011.4.14. 상법이 개정되면서 회사는 상법 제341조에 따라 자기의 명의와 계산으로 일정한 금액 범위 내에서 법에서 정한 방식으로 자기주식을 취득할 수 있도록 개정이 되었다. 상법의 개정으로 자기주식의 취득은 종전에 비하여 비교적 자유롭게 되었다. 또한 자기주식을 ① 회사의 합병 또는 다른 회사의 영업전부의 양수로 인한

경우 ② 회사의 권리를 실행함에 있어 그 목적을 달성하기 위하여 필요한 경우 ③ 단주(端株)의 처리를 위하여 필요한 경우 ④ 주주가 주식매수청구권을 행사한 경우와 같이 특정목적을 위하여 자기주식을 취득할 수 있다.

기업회계기준에서는 자기주식은 법인의 보유의도와는 관계없이 자기주식은 항상 미발행주식과 같이 자본조정계정으로 하여 주주지분의 차감항목으로 회계처리 하도록 규정하고 있다. 즉, 취득원가로 자본조정계정에서 자본을 차감하는 형식으로 회계처리 하도록 규정하고 있다.

그러나 상속세및증여세법상 비상장법인의 주식을 평가하는 경우로서 평가기준일 현재 당해 법인이 자기주식을 보유하고 있는 경우 보유목적에 따라 그 평가방법을 달리하는 것으로 해석(서일46014-10198. 2003.2.20, 재재산-1494. 2004.11.10, 재재산46014-38. 1992.01.27)하고 있다.

(가) 주식소각 또는 자본감소의 목적

주식을 소각하거나 자본을 감소시키기 위하여 보유하는 자기주식이라면 자본에서 차감하는 것이므로 발행주식총수에서 동 자기주식을 차감하여 1주당 순자산가치와 순손익가치를 평가하는 것이라고 국세청과 기획재정부는 해석(서일46014-10198, 2003.2.20, 재재산46014-38. 1992.1.27)하고 있다.

따라서 이 해석에 의하면 회사가 주식을 소각하기 위한 목적으로 자기 회사가 발행한 주식을 취득하였다면 그 주식수는 없는 것으로 보아 발행주식총수에서 제외하고 1주당 순자산가치와 순손익가치를 평가를 하여야 한다. 자기주식은 취득당시에 자기주식을 취득하기 위하여 자금을 지출하여 평가기준일 현재 이미 자산이 감소되었으므로 순자산가액을 산정할 때 다시 자산의 가액에서 자기주식가액상당액을 차감할 필요는 없으나, 자기주식은 기업회계기준상 자본조정항목에 기입되어 있기 때문에 발행주식총수에서는 자기주식수 만큼 차감하여 평가하면 되는 것이다.

그러나 1주당 순손익가치를 평가할 때에도 자기주식을 발행주식총수에서 차감한다고 해석하였으나 이는 최근 3년간 각 사업연도의 1주당 순손익액을 산정할 때 소급하여 3개 연도의 각 사업연도 종료일 현재의 발행주식총수에서 각각 차감하는 것인지 아니면 유상감자를 한 경우와 같이 소각목적으로 자기주식을 취득한 날이 속하는 당해 사업연도 종료일의 발행주식총수에서 부터 차감한다는 것인지 여부가 불분명하다.

그러나 1주당 최근 3년간의 순손익액의 산정할 때, 무상감자 또는 무상증자의 경우에 한하여 최근 3개 각 사업연도 종료일 현재의 발행주식총수를 환산하고 유상증자 또는 유상감자시에는 환산하지 아니 하듯이 유상감자에 준하여 처리함이 타당하다. 즉, 소각목적으로 자기주식을 취득한 당해 사업연도 이후의 각 사업연도 종료일 현재의 발행주식총수에서 자기주식수를 제외하여 1주당 순손익액을 산정하는 것이 타당하다.

(나) 일시보유목적

기획재정부와 국세청은 주식을 취득하여 일시적으로 보유한 후 처분할 자기주식이라면 자산으로 보아 평가하는 것이므로 당해 법인이 일시적으로 보유한 후 처분할 자기주식은 자산으로 보아 상속세및증여세법 시행령 제55조 제1항의 규정에 의하여 평가하는 것으로 해석(재재산-1494, 2004.11.10.;자본거래-1800, 2022.06.07)하였다. 따라서 기획재정부의 동 해석은 사실상 평가기준일 현재로 재평가해야 한다는 취지이다.

국세청도 비상장주식을 평가할 때 평가대상 비상장법인이 일시보유목적으로 취득한 자기주식의 가액을 순자산가액에 가산함에 있어 순자산가액에 가산할 자기주식의 가액은 취득당시 취득가액 인지 아니면 평가기준일 현재 평가액인지 여부에 대하여 "상기의 기획재정부 해석(재재산-1494, 2004.11.10)을 참조하라"라고 해석(법규-906, 2013.8.21; 서면-2021-자본거래-2952, 2021.07.07.)하여 사실상 기획재정부와 동일하게 평가기준일 현재로 재평가해야 한다는 취지이다.

법인이 자기주식을 취득한 후 일정기간이 지난 후 당해 법인의 주식을 평가하게 되는 경우 자기주식을 취득가액으로 평가하여 자산의 가액에 가산하게 되면 그 취득일부터 평가기준일까지의 당해 법인의 실질적인 가치변동분을 반영하지 못하는 문제가 발생하므로 평가기준일 현재를 기준으로 재평가해야한다는 기획재정부와 국세청의 해석은 일단은 설득력을 갖는다.

그러나 평가기준일 현재를 기준으로 재평가하는 경우에도 구체적인 평가방법에 대한 해석이 없으나 비상장법인이 일시적으로 보유한 후 처분할 자기주식이 있는 경우 1주당 순자산가액은 다음산식에 의하여 평가한다고 국세청이 해석(서일

46014-10200, 2001.09.19)한 바 있어,

$$1주당\ 순자산가액(x) = \frac{[자기주식을\ 제외한\ 순자산가액 + (자기주식수 \times 1주당순자산가액(x))]}{총\ 발행주식수}$$

기획재정부의 예규와 현재 법령을 종합하여 보면 일시 보유목적으로 자기주식을 보유한 비상장법인의 1주당 평가액은 다음과 같은 산식에 의하여 평가 할 수 있다.

ⓐ 일반법인

$$1주당\ 평가액(X) = \left\{ \frac{자기주식이외의\ 순자산가액 + (자기주식수 \times 1주당\ 평가액X)}{총발행주식수} \times 2 + \frac{1주당\ 순손익액}{0.10} \times 3 \right\} \times 1/5$$

ⓑ 부동산 과다보유 법인

$$1주당\ 평가액(X) = \left\{ \frac{자기주식이외의\ 순자산가액 + (자기주식수 \times 1주당\ 평가액X)}{총발행주식수} \times 3 + \frac{1주당\ 순손익액}{0.10} \times 2 \right\} \times 1/5$$

다만, 1주당 가중평균한 가액이 1주당 순자산가치에 100분의 80을 곱한 금액보다 낮은 경우로서 당해 법인이 일시적으로 보유한 후 처분할 자기주식이 있는 경우에는 1주당 순자산가치에 100분의 80을 곱한 금액을 비상장주식등의 가액으로 하며, 1주당 순자산가치는 다음 산식에 의하여 평가한 가액으로 한다(기획재정부 재산세제과-616, 2023.4.26.).

$$1주당\ 순자산가치 = \frac{자기주식을\ 제외한\ 순자산가액\ +\ (자기주식수 \times 1주당\ 순자산가치 \times 80\%)}{총발행주식총수}$$

조세심판원에서도 "쟁점법인의 경우 1주당 가중평균액이 1주당 순자산가치의 80% 상당액보다 낮은 경우에 해당하므로, 상증법 시행령 제54조 제1항 단서규정에 따라 쟁점주식과 자기주식의 주당 평가액은 1주당 순자산가치의 80% 상당액에 해당하도록 평가하여야 한다"라고 결정(조심 2023서0142, 2023.6.29.)한 바 있다.

이러한 해석에도 불구하고 비상장주식에 대한 보충적 평가방법은 원칙적으로 1주당 순자산가치와 1주당 순손익가치를 가중평균한 가액으로 평가하고, 그 결과를 반영하여 1주당 순자산가치에 80%보다 낮은 경우에는 순자산가치의 80%로 평가하는 것이다. 기재부 해석(기획재정부 재산-616, 2023.04.26.)은 해당 법인이 자기주식을 보유하고 있고 1주당 순손익가치가 0원에 가까운 경우에는 가중평균액을 고려할 것도 없이 1주당 순자산가치의 80%를 반영하여 평가할 수 있다. 반면에 1주당 순손익가치가 1주당 순자산가치보다 큰 차이 없이 낮은 경우에는 1주당 순자산가치의 80%를 비교하지 않게 되어 평가의 오류를 범할 수 있다.

기재부의 해석대로 평가하려면 자기주식이 있는 법인의 주식을 평가할 때는 1주당 순손익가치와 1주당 순자산가치의 가중평균액을 계산하고, 그 결과를 1주당 순자산가치의 80%와 비교평가하고, 또다시 1주당 순자산가치와 자기주식의 가액에 80%를 반영한 1주당 순자산가치를 계산하여 비교 검증하는 절차를 거쳐야 오류를 방지할 수 있다.

(6) 국고보조금("⑤"란)

향후 반환조건 등이 있는 국고보조금을 수령하여 보유 중인 경우에 '현금차감계정'인 국고보조금으로 인식 후 세무조정으로 익금산입(유보)한 건에 대하여 법인의 순자산가치산정시 순장부가액(국고보조금이 자산에서 차감된 가액)으로 하여야 하는지 여부에 대하여 국세청은 "법인이 회수하는 조건으로 수령한 정부출연금이 있는 경우로서 그 회수사유가 발생하지 아니한 때에는 당해 정부출연금상당액은 자산가액에서 차감하지 않는다"라고 해석(서면4팀-3315, 2007.11.16)한 바 있다.

(7) 지급받을 권리가 확정된 가액("⑤"란)

순자산가액의 계산은 평가기준일 현재 자산이나 부채로 확정된 것을 기준으로 가결산하여야 한다. 여기에서 자산가액에 가산하는 것은 평가기준일 현재 평가대상법인의 재무상태표상에 계상되지 아니한 것을 말한다. 예를 들어 손해배상채권 등 평가기준일 현재 지급받을 권리가 확정된 경우로서 재무상태표에 계상되지 아니한 것은 자산에 가산하여 계산한다(상증칙 §17의2 1호).

4. 자산에서 제외하는 항목(⑥~⑦란)

(1) 선급비용("⑥"란)

선급비용은 원래 자산항목에 해당되지만 선급비용으로 재무상태표상에 계상된 내용 중 평가기준일 현재 비용으로 확정된 선급비용은 자산에서 차감한다(상증칙 §17의2). 일반적으로 평가기준일 현재 가결산하는 경우에는 선급비용중 기간경과 등으로 비용으로 확정된 것은 자산에서 차감하므로 다시 차감할 필요가 없으나 직전 사업연도말 현재 재무상태표를 기준으로 순자산가액을 계산하거나 또는 가결산시 미처 비용으로 확정된 부분을 반영하지 않는 경우에 적용된다.

(2) 무형고정자산 중 개발비("⑥"란)

법인세법 시행령 제24조 제1항 제2호 바목의 규정에 의한 개발비는 자산에서 차감한다. 개발비란'상업적인 생산 또는 사용 전에 재료·장치·제품·공정·시스템 또는 용역을 창출하거나 현저히 개선하기 위한 계획 또는 설계를 위하여 연구결과 또는 관련 지식을 적용하는데 발생하는 비용으로서 당해 법인이 개발비로 계상한 것(산업기술연구조합육성법에 의한 산업기술연구조합의 조합원이 동 조합에 연구개발 및 연구시설취득 등을 위하여 지출하는 금액을 포함)'을 말한다.

개발비는 보통 그 효과가 장기간에 걸쳐 나타나는 것이기 때문에, 법인세법에서는 개발비를 무형 고정자산으로 취급하고 여러 기간의 비용으로 처리될 수 있도록 하고 있으나 상속세및증여세법에서는 개발비는 이미 지출된 비용으로서 자산으로 인정하지 않으므로 자산에서 차감하도록 하고 있다. 당초에는 이연자산(사용수익기부자산가액은 제외)은 자산가액에서 차감하도록 하였으나 기업회계기준에서 이연자산이 없어지고 무형고정자산으로 변경되면서「법인세법」상의 이연자산도 무형고정자산으로 변경되었다. 상속세및증여세법의 개정으로 자산가액에서 차감되는 무형고정자산으로 2003년까지는 창업비와 연구개발비를 차감하였으나 2004년부터는 창업비를 삭제하고, 연구개발비는 개발비로 변경되었다.

(3) 이연법인세자산("⑥"란)

이연법인세는 회계상의 이익과 법인세법상의 과세소득간의 일시적 차이가 있을 경우에 그 차이를 처리하는 자산·부채를 이연법인세라고 한다. 이 때 일시적인 차이로 인하여 세무상 납부하여야 할 법인세비용이 회계상 법인세비용에 비하여 큰 경우에는 그 금액만큼은 미래에 납부할 세금을 미리 납부하는 것이므로 자산으로 계상할 필요가 있는데 이를 이연법인세자산이라 한다. 이 경우에 이연법인세자산은 차후 회계상 당기순이익에 가산되는 사업연도의 법인세를 상대적으로 적게 납부하는 효과가 있다. 기업회계기준에서는 이를 자산으로 계상하도록 하고 있는데 이 때 계상된 이연법인세자산은 상속세및증여세법에서는 그 자산성을 인정하지 않으므로 해당 법인의 자산가액에서 차감해야 한다(재산상속46014-1667, 1999.9.13).

(4) 증자일 전 잉여금 유보금액("⑦"란)

증자일 전 잉여금의 유보금액을 신입주주 또는 신입사원에게 분배하지 아니한다는 것을 조건으로 증자한 경우 신입주주 또는 신입사원의 출자지분을 평가함에 있어서의 순자산가액에는 신입사원 또는 신입주주에게 분배하지 아니하기로 한 잉여금에 상당하는 금액이 포함되지 아니한다(상증통 63-55…6).

예를 들어 설명하면, 현재 갑법인의 주주로 A(50%), B(50%)가 있고 잉여금이 5억원이 있는 상태에서 C를 제3자 배정방식으로 신입주주로 유상증자를 하는 과정에서

C에게 잉여금 5억원에 대하여 이후 배당하지 않는 조건으로 유상증자를 실시한 경우 C의 지분을 상속 또는 증여 등으로 평가할 때에는 잉여금 5억원은 자산가액에서 제외한다는 의미이다.

[예규 · 판례]

① 특수관계법인인 B에 A의 사업을 포괄양도하면서 A의 순자산가액(자산 및 부채)을 상증세법 §61부터 §65까지에 규정된 방법에 따라 평가하는 경우, 회계상 부채로 계상한 이연수익에 대하여는 회계상 장부금액에 해당 이연수익과 관련된 세무조정사항(유보금액)을 가감한 세무상 장부금액으로 평가하는 것임(법규재산2023-867, 2024.01.24)

② 순자산가액산정시 연불조건 취득재산은 평가가액에서 미상환금을 공제한 가액임(재삼 46014-681, 1997.3.21)

③ 통화스왑자산은 순자산가액에 포함하는 것임(재산-251, 2009.1.21)

④ 상호출자주식에 대한 순자산가액 계산(재재산 46014-201, 2000.7.4)
비상장법인의 순자산가액을 계산함에 있어 당해 비상장법인이 다른 비상장법인의 최대주주로서 소유하고 있는 주식은 상속세및증여세법 제63조 제3항의 규정을 적용하여 할증한 가액으로 평가하는 것임. 또한 당해 비상장법인의 최대 주주가 보유하고 있는 주식에 대하여는 당해 비상장법인의 순자산가액계산시와는 별도로 그 지분에 따라 상속세및증여세법 제63조 제3항의 규정을 적용하여 할증한 가액으로 평가하는 것임.

다음과 같이 평가방법을 예시합니다.

◆ 상호출자주식 평가사례(갑·을 주주 소유주식 평가방법)

A법인		B법인	
자산 80,000,000 B주식 1,400,000	부채 22,000,000	자산 17,000,000 B주식 2,500,000	부채 3,000,000
81,400,000		19,500,000	

- 총발행주식수 : 1,000주
- B주식 : 280주(70%)
- 갑주주(A법인 최대주주) : 60%
- 총발행주식수 : 400주
- A주식 : 500주(50.5%)
- 을주주(B법인 최대주주) : 70%

• α : A법인 주식평가액   • β : B법인 주식평가액

◉ 할증률을 적용하여 각 법인별 주식가치 평가

$$\alpha = \frac{80,000,000 + 280주 \times 1.3\beta - 22,000,000}{1,000주} = 58,000 + 0.364\beta$$

$$\beta = \frac{17,000,000 + 500주 \times 1.3\alpha - 3,000,000}{400주} = 35,000 + 1.625\alpha$$

∴ α(A법인) : 173,170원, β(B법인) : 316,401원

⑤ 비상장법인이 일시적으로 보유한 후 처분할 자기주식이 있는 경우 순자산가액 산정방법(서일 46014-10200, 2001.9.19)

상속세및증여세법 제63조 제1항 제1호 다목 및 같은법시행령 제54조 제2항의 규정에 의하여 비상장주식의 1주당 순자산가액을 계산할 때, 당해 법인이 일시적으로 보유한 후 처분할 자기주식은 자산으로 보아 아래와 같이 평가하는 것임.

$$\text{1주당순자산가액}(x) = \frac{[\text{자기주식을 제외한 순자산가액} + (\text{자기주식수} \times \text{1주당순자산가액}(x))]}{\text{총 발행주식수}}$$

⑥ 순자산가액 계산시 이연법인세차(대)는 자산 및 부채에서 차감함(재산상속 46014-587, 2000.5.15)

⑦ 시가가 없는 비상장법인의 1주당 가액은 법인의 장부등이 소실된 경우에 세무관서에 제출된 재무제표나 법인세 신고 결정내용등을 확인하여 평가하는 것이나, 법인세 신고 결정내용등도 확인하는 것이 불가능한 경우에는 액면가액에 의하는 것임(재산상속46014-204, 2002.7.19, 재무부재산22601-314, 1990.3.30)

⑧ 카드회사 비상장주식 평가에 따른 순자산가액 계산시 선적립/후사용 포인트 제도의 충당부채 상당액은 부채에 가산하며, 선사용/후적립 포인트 제도 중 신용카드 미사용분은 자산에 가산하지 않는 것임(재재산-607, 2010.6.29)

⑨ 주택건설업체의 순자산가액을 산정할 때, 용지 평가방법(재재산46014-47, 2002.2.22)

비상장법인의 순자산가치를 산정할 때 주택건설업법인이 목적물 건설에 따라 법인세법시행령 제69조의 규정에 의하여 작업진행률을 기준으로 계산한 수익과 비용을 각각 해당 사업연도의 익금과 손금에 산입한 경우에도 평가기준일 현재 당해 법인의 보유하고 있는 토지 전체를 상속세및증여세법 제60조 내지 제66조의 규정에 의하여 평가하는 것이며 익금에 산입한 분양수입금액중 토지에 상당하는 가액은 부채에 가산하는 것임.

⑩ 부동산매매업을 하는 법인의 신축·분양 중인 건물과 부수토지 평가방법(재산-164, 2009.9.9)
비상장법인의 순자산가치를 계산함에 있어 신축·분양 중인 건물과 부수토지의 분양가액이 시가에 해당하는 경우에는 건물에 대한 분양가액 중 평가기준일까지의 작업진행률에 따라 계산한 금액을 그 건물가액으로 하고, 부수토지에 대한 분양가액을 토지가액으로 하는 것이며 익금에 산입한 분양수입금액중 건물 및 부수토지에 상당하는 가액은 각각 부채에 가산하는 것으로서, 귀 질의의 경우 분양가액을 시가로 볼 수 있는지 여부는 평가기준일 현재의 상황에 따라 판단하여야 할 사항임

⑪ 사업연도 변경이 있는 경우 1주당 최근 3년간 순손익액의 가중평균액의 계산방법에 대해서는 명문규정이 없어 반드시 평가기준일로부터 연속된 3개 사업연도를 대상으로 평가하는 것으로 보기 어려우나, 쟁점주식 평가기준일 당시 분할 신설법인은 사업개시일로부터 3년 미만의 법인으로서 순자산가치로만 평가하는 것이 타당하므로 그 결과에 따라 과세표준 및 세액을 경정함이 타당함(조심2017서0708, 2017.9.21).

⑫ 외국 비상장주식을 순손익가치의 고려 없이 순자산가치로만 평가하는 경우에는 보충적 평가방법 적용이 부당하다고 볼 이유가 없고, 보충적 평가방법 적용이 부적당하지 않다는 점에 관해 과세관청이 추가적으로 증명할 필요가 있다고 보이지 않음(서울고법2017누30360, 2017.8.11)

⑬ 순자산가액계산시 공사부담금으로 취득한 자산도 포함됨(재삼46014-1396, 1998.7.25)

⑭ 외화채권·채무는 평가기준일 현재 기준환율 또는 재정환율에 의함(재재산46014-174, 1998.7.6)

⑮ 순자산가액 계산시 건설용지는 재고자산에 분류되어도 토지로 평가함(재삼 46014- 2910, 1996.12.31)

⑯ 분양예정가액대로 거래가 이루어진 미분양상가 3채와 면적·위치· 용도 및 종목이 동일하거나 유사하다고 볼 수 없는 점 등을 종합해 보면 분양예정가액을 재고자산(미분양상가)의 시가로 볼 수 없음(서울고등법원2013누19341, 2014.2.6)

⑰ 비상장법인의 순자산가액을 계산하는 경우 비상장법인이 총사업비 중 일부를 국가 등으로부터 보조받아 사회간접시설을 준공한 후 준공과 동시에 해당 자산을 국가 등에 기부채납하고 일정기간 운영권을 갖는 사용수익기부자산의 자산가액에는 국가 등이 부담한 사업비를 포함하지 아니하는 것임(재산-165, 2010.3.15)

⑱ 납세의무자가 평가기준일(2007.12.28) 현재 결산 미확정으로 2006년말 기준 재무제표로 비상장주식을 평가하였으나, 2007년말은 평가기준일과 불과 3일 차이여서 순자산 증감에 큰 변화가 없었다고 보아 2007년말 기준 재무재표를 이용하여 평가하여 과세함이 타당함(조심2009서4231, 2010.11.1.)

⑲ 비상장 주식 평가에 있어서 예외적인 사유인 정당한 사유에 해당하기 위해서는 단지 보충적 평가방법에 의한 평가액이 장부가액보다 적다는 사실만으로는 부족하고, 그러한 사유에 대한 입증책임은 납세의무자가 짐(대법원2016두50730, 2016.12.15)

⑳ 해외비상장주식에 대한 평가에 있어서 상증법상의 보충적 평가방법이나 원고의 감정평가서에 의한 평가는 부적절하며, 배당금의 잉여금 충당순서에 대해 선입선출법 적용이 절대적으로 타당한 방법이라고도 할 수 없음(대법원2017두75477, 2018.4.12.)

III 부채총계의 계산

1. 부채총계의 계산구조

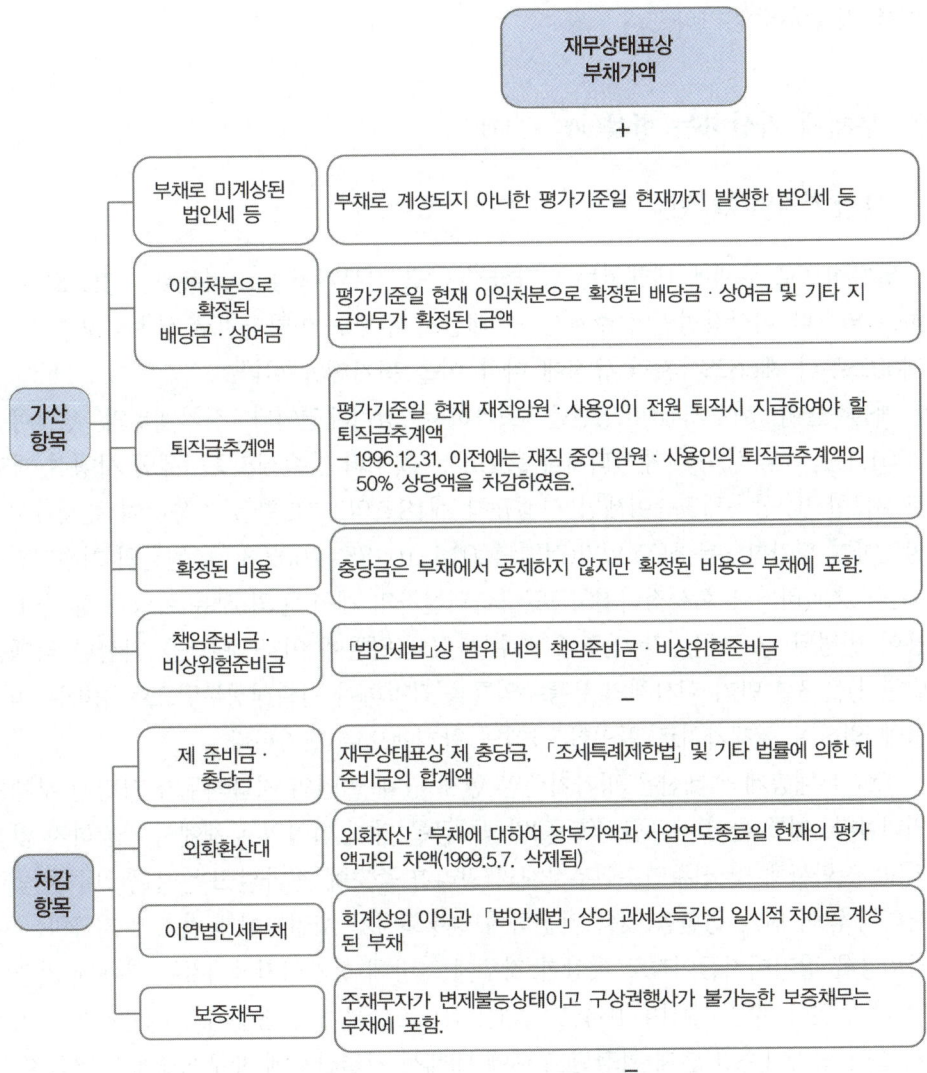

2. 재무상태표상 부채액("⑨"란)

재무상태표상의 부채액은 자산가액의 평가와 마찬가지로 평가기준일 현재 재무상태표상의 부채총계를 적용한다. 상속의 개시나 증여의 발생이 사업연도 중에 이루어진 경우에는 사업연도 개시일로부터 평가기준일까지 가결산한 재무제표상의 부채총계를 적용하여야 한다.

3. 부채에 가산하는 항목(⑩ ~ ⑮)

(1) 평가차액("⑫"란)

일반적으로 부채에 대해서는 평가하지 않고 장부가액대로 적용하는 것으로 이해하고 있으나 비상장법인의 순자산가액계산시 부채도 마찬가지로 상속세및증여세법 제60조부터 제66조까지의 규정에 따라 이를 평가해야 한다.

예를 들어 회수기간이 3년을 초과하는 장기채권이나 장기채무의 경우에는 2001.1.1 이후 상속이 개시되거나 증여하는 것부터 상속세및증여세법 시행령 제58조 제2항 및 상속세및증여세법 시행규칙 제18조의2 제2항을 적용하여 현재가치로 할인하여 평가하도록 하고 있다(서일 46014-10285, 2002.3.7). 원본의 회수기간이 5년을 초과하거나 회사정리절차 또는 화의절차의 개시 등의 사유로 당초 채권의 내용이 변경된 경우에는 각 연도에 회수할 금액(원본에 이자상당액을 가산한 금액을 말한다)을 3년 만기 회사채의 유통수익률을 감안하여 기획재정부령으로 정하는 이자율에 의하여 현재가치로 할인한 금액의 합계액으로 평가한다.

또한 부채총계의 계산은 평가기준일 현재 당해 법인의 지급의무가 확정된 부채를 의미한다. 예를 들어 사채할인(할증)발행차금은 당해 법인의 부채에서 가감하지 않게 되고, 전환사채 및 신주인수권부사채의 권리가 중도에 전환권 또는 신주인수권을 행사하지 않아 만기 상환할 것을 가정하여 발행회사가 채권자에게 만기에 지급하는 이자비용을 장기미지급이자로 계상한 경우에도 당해 장기미지급이자는 부채에 가산하지 않게 된다(서일 46014-10359, 2001.10.26). 부채의 경우에도 자산가액의 평가와 같이 평가기준일 현재 확정된 부채에 대해서 가결산시에 재무제표에 반영하지 아니한 것이 있으면 이를 추가로 반영하여야 하고, 부채로 보거나 보지 아니하는 항목에 대해서는 가감하여 부채총계를 계산한다.

(2) 부채에 가산하는 법인세 · 농어촌특별세 · 지방소득세("⑩~⑫"란)

1) 원칙

부채총계를 계산하는 경우에는 자산총계의 계산과 같이 평가기준일 현재 확정된 부채에 대해서는 가결산시에 재무제표에 모두 반영하여야 한다. 이때 사업연도 중에 상속이 개시되거나 증여가 발생된 경우에는 사업연도개시일로부터 평가기준일까지 가결산하면서 이 기간 중에 발생한 법인세, 농어촌특별세, 지방소득세는 부채에 가산하여야 한다(상증칙 §17의2 3호 가목). 즉, 순자산가액을 계산할 때에 부채에 가산하는 법인세액 등은 평가기준일 현재 납세의무가 확정된 것과 평가기준일이 속하는 사업연도개시일부터 평가기준일까지 발생한 소득에 대한 법인세액 등을 말한다(서면4팀-2686, 2006.8.4).

법인이 결산을 하면서 미지급법인세를 계상하지 아니하여 장부상에 표기를 하지 않거나 실무상으로 가결산을 하지 아니하여 부득이 재무상태표일 현재의 부채를 적용하는 경우에는 별도로 부채를 반영하여야 한다. 다만, 조세특례제한법에 따라 이월과세된 세액의 경우 평가기준일 현재 납세의무가 성립되지 아니한 경우에는 부채로 볼 수 없다(재산-444, 2011.09.27).

2) 평가기준일이전 사업연도에 대하여 평가기준일 이후 추징되는 경우

평가기준일 이후에 경정 등에 의하여 법인세 등이 추징되는 경우에는 평가기준일까지 발생된 소득에 대한 법인세액은 당해 법인의 부채에 가산하는 것으로서, 평가기준일 이전 사업연도에 대한 자산누락 등으로 인하여 법인세가 경정되는 경우 자산누락금액 및 법인세 추징세액은 각각 자산과 부채에 포함된다(재삼 46014-1165, 1999.06.15).

(3) 이익처분으로 확정된 배당금과 상여금 등("⑬"란)

부채총계의 계산은 평가기준일 현재 확정된 채무는 가산하여야 한다. 평가대상법인이 가결산을 하면서 평가기준일 현재 이익처분으로 확정된 배당금이나 상여금, 기타 지급의무가 확정된 금액을 부채로 계상하지 아니한 경우에는 이를 가산하여야 한다(상증칙 §17의2 3호 나목). 배당금과 상여금 등은 법인세법상 소득처분에 의한 것으로서 손금산입은 되지 않지만 순자산가액 계산시에는 부채에 가산하여야 한다.

그러나 배당기준일 현재 생존하고 있던 주주가 주주총회에서 잉여금 처분결의가 있기 전(주주명부 폐쇄기간 중을 말한다)에 사망한 경우로서 상속개시 후에 주주총회에서 잉여금의 처분이 확정된 경우에는 상속받은 당해 비상장주식 평가시 동 배당금과 상여금은 부채에 포함되지 않으며 또한 당해 배당금과 상여금은 상속세 과세가액을 계산할 때에 포함하지 않는다(상증통 63-55…8). 그러나 주주총회에서 잉여금의 처분이 확정된 날 현재 생존하고 있는 주주가 배당금을 받기 전에 사망한 경우에는 당해 배당금이 상속개시후에 지급되는 경우에도 비상장주식 평가시 부채에 포함되며, 또한 당해 주주의 상속재산에 포함한다(서면4팀-701, 2004.5.19). 이 해석은 평가기준일 현재 배당금 지급이 확정되었는지 여부를 기준으로 판단하기 때문이다.

┃ 이익잉여금 처분시점에 따른 배당금·상여금의 적용 ┃

잉여금처분시점 평가대상별	이익잉여금 처분결의일	
	평가기준일 이전	평가기준일 이후
해당 법인의 순자산가치 평가	부채에 가산	해당 없음
상속재산 포함 여부	상속재산가액 산입	상속재산 불산입

(4) 퇴직급여추계액("⑭"란)

(가) 퇴직급여추계액은 부채 가산

평가기준일 현재 재직하는 임원 또는 사용인 전원이 퇴직할 경우에 퇴직급여로 지급되어야 할 퇴직금 추계액 전부를 부채에 가산한다(상증칙 §17의2 3호 다목). 이것은 평가대상법인의 장부에 반영한 것과 관계없이 퇴직금 지급의무가 있으므로 부채에 가산하여야 하는 것이다. 순자산가액계산시에 퇴직금추계액에 대한 취급은 다음의 부채에 가산되는 퇴직금추계액의 변천과정에서 보는 바와 같이 퇴직금추계액의 50%를 공제하도록 한 적도 있었으나 현재는 퇴직금추계액 전체를 가산하고 있다.

(나) 확정기여형(DC형) 퇴직연금이 설정된 자의 퇴직금추계액은 제외

다만, 확정기여형(DC형) 퇴직연금등이 설정된 자의 퇴직금추계액 상당액은 제외한다. 조세심판원도 "순자산가액 계산시 부채는 지급의무를 기준으로 판단하는 것으로 확정기여형 퇴직연금에 가입한 경우 적립금에서 지급되어 법인에서는 퇴직급여를 지급할 의무가 없게 되므로 쟁점 퇴직급여추계액을 부채로 인정하기 어렵다"라고 결정(조심2015중2804, 2016. 03.30)한 사례가 있다.

평가대상법인의 퇴직금으로 지급해야 할 의무가 있는 평가기준일 현재의 퇴직금추계액 상당액은 부채에 가산하게 되므로 재무상태표상에 계상되어 있는 퇴직급여충당금, 단체퇴직보험충당금 등의 충당금은 부채에서 차감하도록 하고 있다.

(다) 퇴직금을 지급하지 않기로 한 피상속인 관련 퇴직금추계액은 제외

임원의 퇴직금은 상법에 따라 정관에서 정해야 하고 정관에서 그 액을 정하지 않고 주주총회 결의로 이를 정하도록 한 경우로서 피상속인의 퇴직금에 대하여 주주총회 결의의 하지 않아 퇴직금을 지급하지 않는 경우에는 퇴직금은 상속재산에 해당되지 않는다. 이 경우 상속재산에 포함되지 않는 피상속인 관련 퇴직급여추계액은 부채에도 가산하지 않는다.

| 사례 6 | 비상장주식을 순자산가치로 평가함에 있어서 퇴직급여충당금과 퇴직급여추계액의 처리방법 |

□ 사실관계

- 기업회계기준에는 재무상태표상 퇴직급여총추계액에서 퇴직보험예치금 및 국민연금전환금을 차감하는 형식으로 표시하도록 하고 있는 경우의 충당금 처리방법

  예) 퇴직급여충당금(총누계액)　　10,000
　　　퇴직보험예치금　　　　　　　-5,000
　　　국민연금전환금　　　　　　　-1,000
　　　　　　　　　　　　　　　　　4,000

□ 해설

재무상태표에 계상되어 있는 퇴직급여충당금(퇴직보험예치금과 국민연금 전환금을 차감하기 전의 금액)은 부채에서 차감하는 것이며, 평가기준일 현재 재직하는 임원 또는 사용인 전원이 퇴직할 경우에 퇴직급여로 지급되어야 할 금액의 추계액은 부채에 가산한다(서면팀-785, 2004.6.3). 상기 사례의 경우 부채에서 차감할 금액은 10,000원이 된다.

(5) 기타 확정된 비용("⑮"란)

종업원의 사망에 따라 지급 확정된 퇴직수당, 공로금 기타 이에 준하는 금액 및 충당금 중 평가기준일 현재 비용으로 확정된 것은 부채에 포함한다(상증칙 §17의2 4호 가목).

이런 규정은 제 충당금의 경우에는 부채로 확정된 것이 아니기 때문에 부채의 차감항목에서 열거한 바와 같이 부채에서 차감하고, 그 대신 평가기준일 현재 비용으로 확정된 것은 부채에 포함하는 것이다. 따라서 충당금 중 부채로 확정된 비용은 부채에 포함하게 되는 것이다.

예를 들면, 영리법인의 대표이사 등 임원이면서 주주인 자가 피보험자이고 해당 영리법인이 계약자로서 보험료 불입자 및 수익자인 경우 그 임원이면서 주주인 자의

사망으로 보험금이 지급된 경우에는 해당 보험금은 수익자인 영리법인이 수령하게 되므로 상속세 및 증여세가 과세되지 않는다. 다만, 해당 주주의 사망으로 상속재산에 포함된 주식을 평가할 때에는 보험차익 상당액이 재무상태표에 미계상된 경우에는 이를 반영하여 주식을 평가하여야 한다.

(6) 보험업을 영위하는 법인의 책임준비금과 비상위험준비금등("⑮"란)

(가) 의의

일반적으로 평가기준일 현재의 퇴직급여충당금, 대손충당금 등의 제 충당금과 조세특례제한법 및 기타 법률에 의한 제 준비금은 부채에서 차감하도록 하고 있다. 그런데 보험업을 영위하는 법인은 평가기준일 현재 모든 보험계약이 해약되거나 또는 보험사고가 발생될 경우에 계약자 또는 수익자에게 환급액 또는 보험금을 지급해야 할 의무가 있다. 이에 대비하여 보험계약상의 책임을 완수하기 위하여 보험업을 영위하는 법인의 경우에는 책임준비금을 적립할 수 있다. 또한 보험업을 영위하는 법인은 이상위험(異常危險)에 따른 보험금 지급에 대비하여 통상의 책임준비금과는 별도로 비상위험준비금을 적립한다. 즉, 보험회사가 부담하는 위험은 발생의 확률이 매우 불규칙하여 큰 화재거나 홍수가 발생하면 그 손해에 대한 보험금의 지급이 너무 많아지므로, 보통의 책임준비금만으로는 도저히 감당하지 못한다. 이러한 비상위험에 대비하여 비상위험준비금을 적립하게 하고 있다.

따라서 이러한 책임준비금과 비상위험준비금은 채무에 포함하는 것이다.

(나) 보험사업을 하는 내국법인

법인세법 제30조 제1항에 따른 보험사업을 하는 내국법인(보험업법에 따른 보험회사는 제외한다)인 경우 다음의 어느 하나에 해당하는 것은 부채로 인정한다(상증칙 §17의2 4호 나목).

① 「법인세법」 제30조 제1항에 따른 책임준비금으로서 같은 법 시행령 제57조 제1항 및 제2항에 따른 범위의 것

② 「법인세법」 제31조 제1항에 따른 비상위험준비금으로서 같은 법 시행령 제58조 제1항 및 제3항에 따른 범위의 것

(다) 보험업법에 따른 보험회사

법인세법 제32조 제1항에 따른 보험업법에 따른 보험회사인 경우 다음의 어느 하나에 해당하는 것은 부채로 인정한다(상증칙 §17의2 4호 다목).

① 「보험업법」제120조에 따라 적립한 책임준비금(할인율 변동에 따른 책임준비금 평가액의 변동분은 제외한다)
② 「법인세법」제31조 제1항에 따른 비상위험준비금으로서 같은 법 시행령 제58조 제1항 및 제3항에 따른 범위의 것
③ 「법인세법」제32조 제1항에 따른 해약환급금준비금으로서 같은 법 시행령 제59조 제1항에 따른 범위의 것

(라) 세무조정에 의한 유보금액의 처리

상속세및증여세법에서는 유보금액에 대해서 가산하여야 한다는 명시적인 규정은 없다. 그런데 실무적으로 평가대상법인이 평가기준일 현재를 기준으로 가결산을 하면서 평가기준일 현재로 확정된 것에 대하여 자산 및 부채를 정확히 재무상태표에 정확히 반영을 하지 아니하였거나 상속세및증여세법상의 규정과 상이하기 때문에 유보금액을 가산하는 문제가 발생한다.

보험업을 영위하는 비상장법인의 경우에 책임준비금과 비상위험준비금에 대해서는 법인세법 시행령 제57조 제1항부터 제3항까지 규정된 범위 안의 것은 부채로 인정하고 있다. 이 경우에 세무조정에 의하여 범위초과액은 손금불산입 유보처분을 하게 된다.

그런데 장부상에는 유보 처분된 금액만큼 부채가 과대 계상되어 있는 것이다. 따라서 이와 관련된 유보금액만큼 가산을 하여야 법인세법상의 범위 내의 책임준비금 등을 인정하는 결과가 되어 정당한 순자산가액이 계산될 것이다.

(7) 기타 가산채무("⑮")

비상장법인의 부채 중에 주주·임원·종업원 등으로부터 차입한 가수금이나 주주·임원·종업원에 대한 단기채무 등이 설정되어 있을 수 있다. 이런 계정과목이 법인의 장부에 계상되어 있으면 그것은 채무에 포함되는 것이므로 별도로 가산되는 항목은 아니다. 여기에서 가산한다는 의미는 비상장법인의 장부상에 표기가 되지 아니한

채무로서 당해 법인이 변제할 의무가 있는 부채인 법인의 주주, 임원의 단기채무(가수금)도 포함된다는(재삼 46014-815, 1996.3.28.) 의미이다.

(8) 법인전환시 이월과세 받은 양도소득세의 부채 가산여부 ("⑮")

기획재정부는 "비상장주식을 평가하기 위해 상속세 및 증여세법 시행령 제55조에 따른 순자산가액 계산 시 조세특례제한법 제31조에 따른 사후관리기간(5년)이 경과한 이월과세액을 법인의 부채에 가산한다"라고 해석(기획재정부 재산세제과-125, 2021.2.4.)하고 있다.

조세심판원도 최근 "평가기준일 현재 사후관리기간이 경과하여 세금의 납부의무자가 법인으로 확정된 이 건의 경우 쟁점이월과세액은 상증법 시행규칙 제17조의2 제3호 나목에 따른 부채의 가산항목에 해당한다"라고 결정(조심 2019서4569, 2020.5.20.; 조심 2019서4569, 2020.5.20.; 조심 2019서4569, 2020.5.20.)한 바 있다.

4. 부채에서 제외하는 항목("⑯~⑰"란)

(1) 제 준비금 및 충당금

평가기준일 현재의 제충당금과 조세특례제한법 및 기타 법률에 의한 제준비금은 이를 각각 부채에서 차감하여 계산하도록 하고 있다(상증칙 §17의2 4호).

(가) 각종 준비금("⑯")

또한 조세특례제한법상의 제 준비금은 법인이 결산조정에 의하여 장부상 손금을 산입하였다고 하더라도 그것은 부채로 인정하지 않는 것이다. 준비금은 조세정책상 특정산업에 대한 조세지원을 위하여 일정기간 과세를 유예하는 제도이기 때문에 평가기준일 현재 확정된 부채가 아닌 것이다. 그래서 제 준비금은 순자산가액계산시 부채에서 차감하도록 하고 있다. 부채에서 차감되는 준비금으로 조세특례제한법 제4조에 의한 중소기업투자준비금, 같은법 제9조에 의한 연구및인력개발준비금 등과 기타 법률에 의한 제 준비금 등이 있다.다만, 예외적으로 보험업을 영위하는 비상장법인의 법인세법 제30조 제1항 및 제31조 제1항에 규정된 책임준비금과 비상위험준비금으로서 같은법 시행령 제57조 제1항·제2항 및 제58조 제3항에 규정된 범위 안의 것은 부채로 인정한다(상증칙 §17의2 4호 나목).

(나) 각종 충당금("⑰")

대손충당금이나 퇴직급여충당금과 같이 충당금은 장래에 예상되는 지출 또는 손실에 대비하여 기간비용으로 인식하기 위하여 미리 장부상에 기간비용으로 계상하는 것을 말한다. 이 경우에 충당금 계정은 대손충당금과 같이 자산의 가액에 변동이 있다는 것을 명시하기 위하여 그 자산계정에서 차감하는 형식으로 표기하는 평가성충당금이 있고, 퇴직급여충당금과 같이 장래 확실히 발생할 손비로서 그 발생원인은 당해 연도에 있으나 아직 지출이 안 된 경우에 설정되는 부채성충당금이 있다.

상속세및증여세법상의 자산에서 차감되는 부채는 평가기준일 현재 지급의무가 확정된 것만을 차감하도록 하는 것이 원칙이기 때문에 평가기준일 현재 확정되지 않은 이러한 충당금은 부채로 인정하지 아니한다.

(2) 이연법인세부채("⑱")

평가대상법인이 납부할 법인세는 포괄손익계산서상 이익을 기초로 하여 법인세법에 의하여 세무조정을 하여 계산하게 된다. 이 때 기업회계상의 이익과 법인세법에 의하여 과세소득간에 차이가 발생할 수 있는데, 그 차이는 발생의 원인에 따라 일시적인 차이와 영구적인 차이로 구분될 수 있다. 그 중 일시적 차이를 처리하는 자산·부채를 이연법인세라고 하고, 기업회계상 법인세비용에 비하여 법인세법에 의하여 납부할 세액이 적은 경우에는 당해 사업연도에는 법인세로 납부하지는 않지만 추후에 익금으로 산입되어 법인세를 납부하여야 한다. 이 때 발생되는 차액을 이연법인세부채라 한다. 비상장주식 평가시에는 기업회계기준에 따라 계상된 이연법인세부채는 평가기준일 현재 부채로 확정된 것이 아니므로 당해 법인의 부채액에서 차감하는 것이다.

(3) 보증채무("⑱")

비상장주식과 관련하여 순자산가액을 계산함에 있어서 부채에는 보증채무를 포함하지 아니한다. 다만, 주채무자가 변제불능의 상태이고 주채무자에게 구상권을 행사할 수 없는 보증채무는 부채에 포함한다(재산 01254-2342, 1989.6.28).

5. 골프장을 영위하는 법인 등의 입회금 또는 보증금 평가방법

(1) 원칙

2003년 이전에는 골프장이나 스키장·콘도미니엄 등의 시설 운영법인이 보유하고 있는 입회금·보증금 등은 회원의 요구가 있으면 반환의무가 있으나 이들 입회금 등에 대한 장기성부채에 대한 평가규정이 없었다. 이에 대해서 2004년부터는 장기성자산과 마찬가지로 장기성부채에 대해서 현재가치로 할인하여 평가하되, 이들 골프장 입회금과 같은 장기성부채에 대해서는 반환되는 사례가 거의 없으므로 원본의 회수기간이 정해지지 아니한 것은 그 회수기간을 5년으로 보아 현재가치로 할인하여 평가하도록 하였다(상증칙 §18의2 ② 1호).

이에 행정해석에서도 당해 법인의 부채 중 골프장 입회금을 부채가액에서 차감하는지 여부에 대하여는 2003.12.31 기획재정부령 제342호로 개정된 상속세및증여세법시행규칙 제18조의2 제2항 제1호 및 동시행규칙 부칙 제2조의 규정을 적용하는 것으로 해석하였다(재산세제과-35, 2004.01.02.).

$$\text{장기성 부채 평가액} = \frac{\text{장기성 부채}}{(1+\text{적정이자율})^5}$$

* 적정이자율 : 8%(2010.11.5 기획재정부고시 제2010-20호) 2010.11.4 이전은 6.5%임)

(2) 원본의 회수기간 적용방법

기획재정부는 상속세및증여세법 시행령 제58조 제2항 및 같은 법 시행규칙 제18조의2 제2항 제1호를 적용할 때, 소득세법 제94조 제1항 제4호 나목에 따른 시설물이용권인 골프장 입회금은 일반적인 경우 원본의 회수기간이 정해져 있지 않은 채무로 볼 수 있으나, 예외적으로 원본의 회수기간이 정해져 있는 채무로 볼 수 있는 경우도 있으므로 이에 해당하는 지는 입회계약서상 보증금 반환에 관한 약정 및 실제 반환사례 등 구체적인 사실관계에 따라 판단하는 것이라고 해석(재재산-69, 2012.1.30)하고 있다. 즉, 이 해석의 취지는 일반적으로 골프장 입회금은 원본의 회수기간이 없는 것으로 보아 원본의 회수기간을 5년을 적용하여 현재가치로 할인하되, 원본의 회수기간이 명백하게 정해져 있는 것이 확인될 때에는 그 회수기간을 적용하여 현재가치로 할인하라는 취지의 해석이다.

(3) 입회금 평가에 대한 조세심판원 결정내용

그러나 조세심판원은 골프장의 회원들로부터 수취한 입회금에 대한 현재가치할인 평가방법의 적용근거로 내세운 상속세및증여세법 시행령 제58조 제2항 및 같은법 시행규칙 제18조의2 제2항 제1호는, "채권, 회수기간, 회수할 금액" 등의 용어를 보더라도 채권의 평가에 관한 규정이지, 부채로서의 시설물이용권의 입회금·보증금 등 예수금 평가에 관한 규정이라 할 수 없고, 이 규정을 부채에도 적용하도록 준용규정을 마련하지 아니하였으며, 특히 2003.12.31 신설된 같은법 시행규칙 제18조의2 제2항 제1호 후단에 부채에 관하여 규정하지 아니하였던 점으로 보아, 이를 부채평가에 관한 규정으로 볼 수 없다. 따라서, 처분청이 주식평가시 골프장의 회원들로부터 입회금으로 수취한 예수보증금인 쟁점부채를 상속세및증여세법 시행규칙 제18조의2 제2항 제1호를 근거로 현재가치할인평가방법을 적용하여 과세한 처분은 잘못이라고 판단하였다(조심2009서3737, 2009.12.28: 조심 2009서3402, 2009.12.10: 조심2010서 351, 2010.03.23).

(4) 2010년 2월 18일 이후 상속·증여분

2010년 2월 18일 시행령 개정시 동 일자 이후 상속이나 증여하는 분부터 상기의 조세심판원의 결정내용을 반영하여 골프장 등을 영위하는 법인의 부채인 입회금[21] 및 보증금을 평가할 때도, 원본의 회수기간이 5년을 초과하는 경우에는 현재가치로 할인하여 평가하도록 하는 근거규정을 시행령 제58조 제2항에다 마련하였다.

---

21) 소득세법 제94조 제1항 제4호 나목의 규정에 의한 시설물이용권에 대한 입회금

[예규·판례]

① 골프장을 영위하는 법인의 입회금 평가방법(서면4팀-1083, 2007.4.3)
   상속세및증여세법 시행령 제58조 제2항 및 같은법 시행규칙 제18조의2 제2항 제1호의 규정에 의하여 원본의 회수기간이 5년을 초과하는 채권·채무는 각 연도에 회수할 금액을 금융기관이 보증한 3년 만기 회사채의 유통수익률을 감안하여 국세청장이 정하여 고시하는 이자율에 의하여 현재가치로 할인한 금액의 합계액으로 평가하는 것임. 이 경우 소득세법 제94조 제1항 제4호 나목의 규정에 의한 시설물이용권에 대한 입회금·보증금 등의 회수기간은 평가기준일부터 입회금을 반환하기로 약정한 날까지의 기간을 말하는 것으로, 당해 입회금·보증금 등에는 잔금납부 전의 계약금과 중도금을 포함하는 것임.

② 비상장법인의 순자산가액 계산시 전환청구기간 내에 반드시 주식으로 전환하여야 하는 조건으로 발행된 전환사채는 부채에 해당하는 것임(재산-109, 2012.3.15.)
   ☞ 내국법인이 사채의 형태로 발행한 신종자본증권을 한국채택국제회계기준(K-IFRS)에 따라 자본으로 분류하여 회계처리한 경우, 해당 내국법인의 순자산가치를 계산함에 있어 해당 신종자본증권은 부채에 해당하는 것임(법령해석재산-0403, 2020.01.22.)

③ 법인이 회수하는 조건으로 수령한 정부출연금이 있는 경우로서 그 회수사유가 발생하지 아니한 때에는 당해 정부출연금상당액은 순자산가액에서 차감하지 않음(서면4팀-3315, 2007.11.16)

④ 상환기간이 8년인 쟁점차입금을 명목금액이 아닌 현재가치로 할인한 금액으로 산정한 것으로 판단됨(조심2019서3137, 2020.07.21.)

⑤ 잔금청산전인 부동산 양도소득에 대한 법인세액은 부채가 아님(서일46014-11690, 2002.12.12)

⑥ 순자산가액 계산시 이연법인세차(대)는 자산 및 부채에서 차감함(재산상속 46014-587, 2000.5.15)
   상속세및증여세법시행령 제55조의 규정에 의하여 비상장법인의 순자산가액을 계산할 때, 기업회계기준에 따라 계상된 이연법인세차(대)는 당해 법인의 자산 및

부채에서 차감한다.

⑦ 원본의 회수기간이 정하여지지 아니한 상조회사 부금예수금의 채무가액은 그 회수기간을 5년으로 보아 적정할인율에 의하여 현재가치로 할인한 금액의 합계액으로 평가하는 것임(법령해석과-114, 2015.2.2)

⑧ 순자산가액 계산시 부채로 공제되는 법인세 등은 실제 납부하여야 할 법인세 등임(재재산46014-25, 1998.4.3)

⑨ 평가기준일 현재 재직하는 임원 또는 사용인 전원이 퇴직할 경우에 실제 퇴직급여로 지급되어야 할 금액의 추계액을 부채에 가산하는 것임(재산-1727, 2009.8.18)

⑩ 골프장업을 운영하고 있는 법인이 상속세및증여세법 시행령 제58조 제2항의 입회금을 같은 법 시행규 칙 제18조의2에 따라 평가하는 경우'골프장시설물을 저렴하게 이용하는 혜택분'은 '이자상당액'에 해당되지 않는 것임(재재산-877, 2011.10.14)

⑪ 금전채무불이행에 의한 손해배상금의 성질을 가지는 쟁점부외이자비용은 법인세법상 의무확정주의에 따라 법원 확정판결일 이후 발생시마다 그 귀속시기인 해당 사업연도 손금으로 산입될 수 있다 할 것이므로 쟁점주식 평가시 쟁점부외이자비용은 순자산가치 산정뿐만 아니라 순손익가치 산정에도 반영한 후 이 건 증여세를 경정함이 타당하다고 판단됨(조심2018중1804, 2018.11.6.)

Ⅳ 영업권 평가액의 가산

비상장주식을 평가하는 경우에 1주당 순자산가치의 평가는 자산총계에서 부채총계를 차감한 가액에 영업권 평가액을 가산한 순자산가액을 발행주식총수로 나누어 평가한다. 이 때 가산하는 영업권은 상속세및증여세법 시행령 제59조 제2항에 따른 가액(초과이익금액에 의한 영업권 평가)을 말하는 것으로 동 규정에서 무체재산권으로 취급하고 있다.

1. 순손익가치와 순자산가치를 가중평균할 때 영업권 가산여부

(1) 손익가치와 순자산가치를 가중평균 하는 경우로서 1주당 순자산가치를 평가할 때 순자산가액에 영업권 가산함

비상장주식을 1주당 순손익가치와 1주당 순자산가치를 가중평균하는 경우로서 평가대상 법인의 순자산가액을 상속세및증여세법 시행령 제55조에 따라 계산할 때 순자산가액에 영업권 평가액을 가산한다.

(2) 3년간 계속하여 결손금이 있는 법인은 영업권 가산하지 않음

2018.2.13.이후 상속·증여분부터 해당 법인이 평가기준일이 속하는 사업연도 전 3년 내의 사업연도부터 계속하여 법인세법에 따라 각 사업연도에 속하거나 속하게 될 손금의 총액이 그 사업연도에 속하거나 속하게 될 익금의 총액을 초과하는 결손금이 있는 법인인 경우에는 영업권을 가산하지 않는다(상증령 §55 ③).

2. 순자산가치로만 1주당 가액을 평가하는 경우 영업권 가산여부

(1) 주식비율이 80%이상 또는 잔여존속기한이 3년 이내인 법인은 영업권 가산함

상속세및증여세법 시행령 제54조 제4항 중 제5호(자산총액 중 주식가액의 합계액이 80% 이상인 법인의 주식)·제6호(법인설립시부터 확정된 존속기한 중 잔여존속기한이 3년 이내인 법인의 주식)에 해당하는 사유로 순자산가치로만 1주당 가액을 평가하는 경우에는 영업권 평가액을 가산해야 한다.

(2) 개인사업자가 무형자산을 현물출자 또는 양도하여 법인전환한 경우로서 통산기간이 3년 이상인 경우에는 영업권 가산함

개인사업자가 법인으로 전환한 후 평가기준일 현재 사업개시후 3년 미만의 법인, 사업개시전 법인 등 상속세및증여세법 시행령 제54조 제4항 제2호에 해당하는 경우의 주식 또는 출자지분에 해당하여 순자산가치로만 1주당 가액을 평가하는 경우에도 다음 요건을 모두 충족하는 경우에는 상속세및증여세법 시행령 제59조 제2항에 따른 영업권평가액을 가산한다. 무형자산을 사용하는 법인전환 개인기업의 영업권 형성을 감안하여 2015.2.3.이후 순자산가액을 평가하는 분부터 영업권을 가산하도록 하였다.

① 개인사업자가 상속세및증여세법 시행령 제59조에 따른 무체재산권을 현물출자하거나 조세특례제한법 시행령 제29조 제2항에 따른 사업 양도·양수의 방법에 따라 법인으로 전환하는 경우로서 그 법인이 해당 사업용 무형자산을 소유하면서 사업용으로 계속 사용하는 경우
② ①에 따른 개인사업자와 법인의 사업 영위기간의 합계가 3년 이상인 경우

(3) 부동산등 비율 80%이상, 청산절차 진행중인 법인은 영업권 가산하지 않음

평가대상 법인이 상속세및증여세법 시행령 제54조 제4항 중 제1호(청산절차가 진행중인 법인의 주식 등) 또는 제3호(부동산 등 비율이 80%이상인 법인)에 해당하는 사유로 순자산가치로만 1주당 가액을 평가하는 경우에는 상속세및증여세법 시행령 제59조 제2항에 따른 영업권 평가액을 가산하지 아니한다(상증령 §55 ③ 단서).

제6절 1주당 순자산가치의 계산

┃ 순자산가액 계산시 영업권 가산여부 ┃

구 분	영업권 가산여부	적용시기
청산절차가 진행중인 법인의 주식 등	가산하지 않음	2004.1.1.이후 결정·경정분
사업개시전의 법인, 사업개시 후 3년 미만의 법인과 휴업·폐업중에 있는 법인의 주식 등	가산하지 않음. 다만, 개인사업자가 무형자산을 현물출자 또는 양도하여 법인전환한 경우로서 개인·법인 통산기간이 3년 이상인 경우 영업권 가산	2004.1.1.이후 결정· 경정분, 단서규정은 2015. 2.3. 상속·증여분
최근 3년간 계속하여 결손인 법인의 주식 등(2018.2.13.삭제)	가산하지 않음	2004.1.1.이후 결정· 경정분
골프장 등의 업종을 영위하고 부동산등 비율이 80%이상인 법인의 주식 등	가산하지 않음	2017.2.7.~2018.2.12.상속·증여분
부동산 등 비율이 80% 이상인 법인	가산하지 않음	2017.2.13.이후 평가분부터
자산총액중 주식가액의 합계액이 80% 이상인 법인의 주식 등	가산함	2017.2.7.상속·증여분
법인설립시부터 확정된 존속기한 중 잔여존속기한이 3년 이내인 법인의 주식	가산함	2017.2.7상속·증여분

3. 순손익가치와 순자산가치를 가중평균할 때 영업권 평가액

(1) 초과이익금액에 의한 영업권 평가방법

비상장주식을 순손익가치와 순자산가치를 가중평균할 때 영업권 평가액은 장래의 경제적 이익 등을 고려한 영업권의 평가방법으로 평가한다. 즉 아래 산식과 같이 초과이익금액을 평가기준일 이후의 영업권지속연수(원칙적으로 5년)을 감안하여 기획재정부령으로 정하는 방법에 따라 환산한 가액으로 한다.

다만, 매입한 무체재산권으로서 그 성질상 영업권에 포함시켜 평가되는 무체재산권의 경우에는 이를 별도로 평가하지 아니하되, 해당 무체재산권의 평가액이 환산한 가액보다 큰 경우에는 그 가액을 영업권의 평가액으로 한다(상증령 §59 ②).

초과이익 개념에 의한 영업권의 평가는 영업권 지속연수는 원칙적으로 5년으로 보아 5년간의 초과이익을 자본환원율(10%)로 환원하여 영업권을 평가하도록 하고 있다.

여기서 '초과이익금액'이란 "최근 3년간의 순손익액의 가중평균액의 50%에 해당하는 금액중 평가기준일 현재 자기자본의 10%를 초과하는 금액"을 말한다.

① 영업권 평가 간편법(2004.1.1 이후)

[최근 3년간(3년에 미달하는 경우에는 당해 연수)의 순손익액의 가중평균액 × 50% − (평가기준일 현재의 자기자본 × 기획재정부령이 정하는 이자율(10%)] × 3.7908(기간 5년, 이자율 10%의 정상연금 현가계수)

② 영업권 평가 간편법(2003.12.31 이전)

[최근 3년간(3년에 미달하는 경우에는 당해 연수)의 순손익액의 가중평균액 × 50% − (평가기준일 현재의 자기자본 × 재정경제부령이 정하는 이자율(10%)] × 5

(단위 : 원)   (제5쪽)

6. 영업권		
가. 평가기준일 이전 3년간 순손익액의 가중평균액		(① × 3 + ② × 2 + ③) / 6
① 평가기준일 이전 1년이 되는 사업연도 순손익액		
② 평가기준일 이전 2년이 되는 사업연도 순손익액		
③ 평가기준일 이전 3년이 되는 사업연도 순손익액		
나. 가 × 50%		
다. 평가기준일 현재 자기자본		
라. 기획재정부령이 정하는 이자율		10%
마. 다 × 라		
바. 영업권 지속연수		5년
사. 영업권 계산액 $\sum_{n=1}^{n} = [\dfrac{(나 - 마)}{(1 + 0.1)^n}]$ n은 평가기준일부터의 경과연수		
아. 영업권 상당액에 포함된 매입한 무체재산권가액 중 평가기준일까지의 감가상각비를 공제한 금액		
자. 영업권 평가액 (사 - 아)		제2쪽 4. 순자산가액 "라" 기재

작 성 방 법

1. 순자산가액에 가산하는 영업권은 「상속세 및 증여세법 시행령」 제59조 제2항에 따른 평가액을 말합니다.
2. 아래의 경우에는 영업권 평가액을 순자산가액에 가산하지 않습니다.
   가. 「상속세 및 증여세법 시행령」 제54조 제4항 제1호·제3호 또는 제4호에 해당하는 경우
   나. 「상속세 및 증여세법 시행령」 제54조 제4항 제2호에 해당하는 경우. 다만, 다음에 모두 해당하는 경우는 제외합니다.
      ① 개인사업자가 「상속세 및 증여세법 시행령」 제59조에 따른 무체재산권을 현물출자하거나 「조세특례제한법 시행령」 제29조 제2항에 따른 사업 양도·양수의 방법에 따라 법인으로 전환하는 경우로서 그 법인이 해당 사업용 무형자산을 소유하면서 사업용으로 계속 사용하는 경우
      ② ①에 따른 개인사업자와 법인의 사업 영위기간의 합계가 3년 이상인 경우

210mm×297mm[일반용지 70g/㎡(재활용품)]

(2) 최근 3년간의 순손익액의 가중평균액

최근 3년간의 순손익액의 가중평균액은 비상장주식의 평가시에 1주당 순손익가치를 계산하는 과정에 계산되는 최근 3년간의 순손익액의 계산방법을 준용하여 평가한다. 즉 비상장주식 평가시의 평가심의위원회 운영규정 별지 제3호의 서식 부표 4의 서식중 "순손익액" 계산서상의 "마"란의 순손익액과 일치한다.

(가) 개인에서 법인으로 전환한 법인은 개인사업자로서 영위한 기간 포함

다음과 같이 상속세및증여세법 시행령 제55조 제3항 제2호 각목에 모두 해당하는 경우에는 개인사업자로서 사업을 영위한 기간을 포함한다(상증령 §59 ②). 개인에서 법인으로 전환한 경우 사업의 지속성이 유지되는 점을 고려하여, 개인사업자인 기간의 순손익액을 포함하여 영업권을 평가하도록 개정이 되었으며, 2020.2.11 이후 상속증여분부터 적용된다.

① 개인사업자가 제59조에 따른 무체재산권을 현물출자하거나 조세특례제한법 시행령 제29조 제2항에 따른 사업 양도·양수의 방법에 따라 법인으로 전환하는 경우로서 그 법인이 해당 사업용 무형자산을 소유하면서 사업용으로 계속 사용하는 경우

② ①에 따른 개인사업자와 법인의 사업 영위기간의 합계가 3년 이상인 경우

(나) 추정이익의 평균가액으로 순손익액을 산정하는 경우

최근 3년간의 순손익액의 가중평균액을 계산함에 있어, 당해 법인이 일시우발적 사건에 의하여 최근 3년간의 순손익액이 비정상적으로 증가하는 등의 사유로 최근 3년간 순손익액 가중평균액이 불합리한 것으로 상속세및증여세법 시행규칙 제17조의3 제1항 각호에 해당하는 사유가 있는 경우에는 신용평가전문기관(신용정보의 이용 및 보호에 관한 법률 제4조의 규정에 의하여 신용평가업무에 대한 허가를 받은 자를 말함) 또는 공인회계사법에 의한 회계법인, 세무사법에 따른 세무법인 중 2 이상의 신용평가전문기관 또는 회계법인, 세무법인이 기획재정부령이 정하는 기준[22]

---

[22] 자본시장과 금융투자업에 관한 법률 시행령 제176조의5 제2항에 따라 금융위원회가 정한 1주당 추정이익을 산출하기 위한 기준을 말하는 것으로 '증권의 발행 및 공시에 관한 규정 시행세칙' 제6조에 따른 주당추정이익을 말한다.

에 따라 산출한 추정이익의 평균가액을 적용하는 경우에는 그 추정이익의 평균가액에 의하여 영업권의 평가도 평가할 수 있다. 이 경우 그 가액이 '0' 이하인 경우에는 '0'으로 한다.

(다) 평가기준일이 사업개시후 3년 미만인 경우

평가기준일이 사업개시후 3년 미만인 경우로서 평가기준일 이전 각 사업연도가 2개 또는 1개의 사업연도밖에 없는 경우에도 그 2개 또는 1개의 사업연도의 순손익액을 기준으로 가중평균하여 영업권을 평가하며, 평가기준일이 속하는 사업연도에 사업을 개시하여 평가기준일 이전 사업연도의 순손익액이 없는 경우에는 영업권가액은 0이 된다.

(라) 개인으로 경영하는 사업체의 영업권을 평가하는 경우

개인으로서 경영하는 사업체의 영업권을 평가하는 경우로서 평가기준일 전 최근 3년간의 순손익액의 가중평균액을 계산함에 있어서 상속세및증여세법 시행령 제56조 제4항에 규정하는 법인세법상 각 사업연도소득은 소득세법상 종합소득금액으로 본다. 이 경우 각사업연도 소득에 가감하는 법인세 등 같은항 각호에서 규정하는 금액은 소득세법상 동일한 성격의 금액을 적용하여 계산한다(상증통 64-59…1).

(3) 평가기준일 현재 자기자본

평가기준일 현재의 자기자본이라 함은 상속세및증여세법 시행령 제55조 제1항에 따라 계산한 해당 법인의 총자산가액에서 부채를 뺀 가액을 말한다. 즉, 순자산가액 계산서상의 자산총계에서 부채총계를 공제하여 계산하며 순자산가액은 영업권 포함 전의 순자산가액을 의미한다(상증통칙 64-59…1). 실무상 "자기자본"은 "순자산가액 계산서"의 "다"란 즉, 영업권포함전 순자산가액이 된다.

순자산가액계산서상의 자산총계에서 부채총계를 공제한 영업권 포함 전 순자산가액인 자기자본이 '0' 이하인 경우에는 '0'으로 한다.

자기자본을 확인할 수 없는 경우에는 다음의 산식에 의하여 계산한 금액 중 많은 금액을 적용한다. 자기자본이익률 및 자기자본회전율은 한국은행이 업종별, 규모별로 발표한 자기자본이익률 및 자기자본회전율을 말한다(상증령 §59 ⑦).

> 자기자본 = Max(①, ②)
> ① 자기자본=사업소득금액 / 자기자본이익률
> ② 자기자본=수입금액 / 자기자본회전율

(4) 기획재정부령이 정하는 이자율 및 영업권 지속연수

1년 만기 정기예금이자율을 감안하여 기획재정부령이 정하는 율은 10%를 적용하며, 영업권 지속연수는 원칙적으로 5년을 말한다.

(5) 영업권평가액

(가) 초과이익금액의 계산

현행 상속세및증여세법상의 영업권의 평가는 초과이익개념을 적용하고 있다. 초과이익금액은 동일하거나 유사한 사업에 있어서 장래 기대되는 이익이 정상이익을 초과하는 이익을 의미한다. 상속세및증여세법 시행령 제59조 제2항에 의하면 영업권은 평가기준일 이후의 영업권지속연수 동안 미래에 발생할 초과이익금액을 현재가치로 환산한 금액으로 평가하도록 하고 있다. 이때의 초과이익은 최근 3년간(3년에 미달하는 경우에는 당해 연수) 순손익액의 가중평균액의 50%에 상당하는 가액이 평가기준일 현재의 자기자본에 정기예금이자율을 곱한 금액을 초과하는 경우 그 초과하는 금액을 적용하고 있다.

> [최근 3년간(3년에 미달하는 경우에는 당해 연수)의 순손익액의 가중평균액의 100분의 50에 상당하는 가액 - (평가기준일 현재의 자기자본×1년 만기 정기예금이자율을 감안하여 기획재정부령이 정하는 율)]

(나) 영업권의 계산

영업권의 계산은 초과이익금액에 대하여 평가기준일 이후의 영업권 지속연수(원칙적으로 5년으로 한다)를 감안하여 기획재정부령이 정하는 방법에 의하여 환산한 가액의 합계액을 평가액으로 규정하고 있다.

$$영업권평가액 = \sum_{n=1}^{n} \frac{각\ 연도의\ 수입금액}{(1+\frac{10}{100})^n}$$

n : 평가기준일로부터의 경과연수
※ 간편법 : 영업권 = [최근 3년간(3년에 미달하는 경우에는 당해 연수)의 순손익액의 가중평균액의 50%-(평가기준일 현재의 자기자본×10%)]×3.79079

이 방법은 원칙적으로 5년간 발생되는 초과이익금액의 이자율 10%의 현재가치의 합계액을 의미한다. 따라서 영업권의 계산은 초과이익금액에 대하여 기간 5년, 이자율 10%의 정상연금 1원의 현가계수(3.79079)를 적용하면 된다. 그러나 평가기준일 이후의 영업권 지속연수가 5년이 아닌 경우에는 해당기간에 대한 이자율 10%의 정상연금 현가계수를 이용하면 된다. 이때 영업권평가액이 '0'이하인 경우에는 '0'으로 평가한다.

(6) 매입한 무체재산권으로 영업권상당액에 포함되어 있는 경우

매입한 무체재산권으로서 그 성질상 영업권에 포함시켜 평가되는 무체재산권의 경우에는 이를 별도로 평가하지 아니하되, 당해 무체재산권의 평가액이 환산한 가액보다 큰 경우에는 당해 가액을 영업권의 평가액으로 한다(상증령 §59 ②). 이때 매입한 무체재산권의 가액은 매입가액에서 매입한 날부터 평가기준일까지의 감가상각비 상당액을 차감한 가액에 의한다(상증령 §59 ①).

$$감가상각비상당액 = 매입가액 \times \frac{매입시기에서\ 평가기준일까지\ 총월수}{「법인세법」상\ 무형고정자산의\ 내용연수(총월수)}$$

실무적으로 영업권 평가액을 초과이익금액에 의한 방법으로 평가할 때 재무상태표상 영업권이 계상되어 있는 경우 그 가액을 차감한 후의 금액이 최종 영업권 평가액이 된다.

(7) 사업 양도·양수 과정에서 유상으로 취득하여 장부에 계상한 영업권 평가

비상장주식을 평가하기 위해 상속세및증여세법 시행령 제55조에 따른 순자산가액을 계산할 때 사업 양도·양수 과정에서 유상으로 취득하여 기업회계기준에 따라 장부에 계상한 영업권 상당금액은 해당 법인의 자산가액에 포함되는 것이며, 「상속세 및 증여세법」 제64조 제1호를 적용할 때 국제회계기준상 비한정 내용연수가 적용되어 장부상 상각하지 아니하는 영업권의 가액은 재산의 취득가액에서 취득한 날부터 평가기준일까지의 「법인세법」상의 감가상각비를 뺀 금액으로 평가하는 것이나, 위 사전답변신청 사실관계와 같이 영업권이 「법인세법 시행령」 제24조 제2항과 「법인세법 시행규칙」 제12조 제2항 각 호의 요건을 갖추지 못해 법인세법상 손금산입 대상 감가상각비가 없는 경우에는 「상속세 및 증여세법」 제64조 제1호를 적용할 때 영업권의 취득가액에서 감가상각비를 차감하지 아니한 금액으로 평가한다(법령해석재산-0834, 2020.04.03.).

사례 7 | 법인의 영업권 평가방법

□ 사실관계

- 평가기준일 : 2025.5.10
- 최근 3년간 각사업연도 순손익액
    - 2024사업연도 순손익액 : 1,801,591,174
    - 2023사업연도 순손익액 : 1,646,964,831
    - 2022사업연도 순손익액 : 1,468,820,296
- 자기자본
    - 자산총계 : 8,494,199,647원
    - 부채총계 : 2,013,261,825원
    - 영업권포함전 순자산가액 : 6,480,937,822
- 기타사항
    - 영업권은 매입하지 아니함.
    - 기획재정부령이 정하는 이자율 : 10%

※ 상기 자료로 영업권가액을 평가하시오

□ 해설

∴ 영업권의 가액 : 755,124,167

① 최근 3년간의 순손익액의 가중평균액

$$\frac{(1,801,591,174 \times 3)+(1,646,964,831 \times 2)+(1,468,820,296 \times 1)}{6} = 1,694,587,246$$

② 최근 3년간의 순손익액의 가중평균액의 50%
   1,694,587,246/2 = 847,293,623

③ 자기자본
   (8,494,199,647 - 2,013,261,825) = 6,480,937,822

④ 이자율 : 10%

⑤ 영업권가액 [② - (③ × ④)] × 3.790787 = 755,124,118

── 제6절 1주당 순자산가치의 계산 ──

(단위 : 원)   (제5쪽)

6. 영업권

가. 평가기준일 이전 3년간 순손익액의 가중평균액	1,694,587,246	(① × 3 + ② × 2 + ③) / 6
① 평가기준일 이전 1년이 되는 사업연도 순손익액	1,801,591,174	
② 평가기준일 이전 2년이 되는 사업연도 순손익액	1,646,964,831	
③ 평가기준일 이전 3년이 되는 사업연도 순손익액	1,468,820,296	
나. 가 × 50%	847,293,623	
다. 평가기준일 현재 자기자본	6,480,937,822	
라. 기획재정부령이 정하는 이자율		10%
마. 다 × 라	648,093,782	
바. 영업권 지속연수		5년
사. 영업권 계산액 $\sum_{n=1}^{n} = [\frac{(나 - 마)}{(1 + 0.1)n}]$ n은 평가기준일부터의 경과연수	755,124,118	
아. 영업권 상당액에 포함된 매입한 무체재산권가액 중 평가기준일까지의 감가상각비를 공제한 금액		
자. 영업권 평가액 (사 - 아)	755,124,118	제2쪽 4. 순자산가액 "라" 기재

작 성 방 법

1. 순자산가액에 가산하는 영업권은 「상속세 및 증여세법 시행령」 제59조 제2항에 따른 평가액을 말합니다.
2. 아래의 경우에는 영업권 평가액을 순자산가액에 가산하지 않습니다.
   가. 「상속세 및 증여세법 시행령」 제54조 제4항 제1호·제3호 또는 제4호에 해당하는 경우
   나. 「상속세 및 증여세법 시행령」 제54조 제4항 제2호에 해당하는 경우. 다만, 다음에 모두 해당하는 경우는 제외합니다.
      ① 개인사업자가 「상속세 및 증여세법 시행령」 제59조에 따른 무체재산권을 현물출자하거나 「조세특례제한법 시행령」 제29조 제2항에 따른 사업 양도·양수의 방법에 따라 법인으로 전환하는 경우로서 그 법인이 해당 사업용 무형자산을 소유하면서 사업용으로 계속 사용하는 경우
      ② ①에 따른 개인사업자와 법인의 사업 영위기간의 합계가 3년 이상인 경우

210mm×297mm[일반용지 70g/㎡(재활용품)]

[예규 · 판례]

① 법인이 다른 법인을 흡수합병하여 독립적으로 운영하던 사업부문에 대한 영업권평가방법 (서면4팀 -2898, 2007.10.9)

법인이 다른 법인을 흡수합병하여 독립적으로 운영하던 사업부문을 포괄양수도 방식으로 양도하면서 당해 사업부문에 대한 영업권 양도대가를 상증여세법 시행령 제59조 제2항의 규정에 의하여 산정하는 경우, 동항 산식의 "최근 3년간 순손익액의 가중평균액"은 합병전에 피합병법인이 영위하던 사업연도의 순손익액을 포함하여 계산하는 것임.

② 특정사업부분에 대한 양도대가를 산정하기 위하여 당해 사업부문에 대한 영업권을 평가함에 있어 유상증자를 실시하는 등 일정한 사유가 발생한 경우 추정손익으로 평가할 수 있음(서면4팀-2896, 2007.10.9) ☞2015.3.13.전에 한함

③ 상속재산인 개인 사업체를 평가함에 있어서 평가한 영업권의 가액은 상속재산의 가액에 가산하는 것임(서면-2019-상속증여-0301, 2019.3.20.) 사업과 관련된 자산 중 일부를 제외하고 양도하는 경우에도 평가기준일 현재 당해사업과 관련된 자산 전체를 평가한 가액에서 부채를 차감한 가액으로 자기자본을 산정하는 것임(재산-2977, 2008.9.29)

④ 타사로부터 매입한 기술이전료 등에 대한 영업권 평가방법(서일 46014-10473, 2001.11.17)

비상장법인의 순자산가액을 계산할 때에 당해 법인이 다른 회사로부터 매입하여 장부상 계상하고 있는 무체재산권의 가액은 자산가액에 포함하는 것임. 다만, 당해 매입한 무체재산권이 그 성질상 같은영 제59조 제2항의 계산산식에 의한 영업권에 포함시켜 평가되는 경우에는 이를 별도로 평가하지 아니하되, 당해 무체재산권의 평가액이 같은항 계산산식에 의하여 평가한 영업권의 가액보다 큰 경우에는 당해 무체재산권의 가액을 영업권의 평가액으로 하는 것임. 이때 매입한 무체재산권에 대하여 같은법 시행령 제49조 제1항 각호의 1에 해당하는 시가가 있는 경우에는 그 시가로 평가하는 것이며, 시가를 산정하기 어려운 때에는 같은법 제64조 제1항 및 같은법 시행령 제59조 제1항의 규정에 의하여 평가하는 것임.

⑤ 이전받은 부채 중 자산초과액을 영업권으로 계상한 경우 영업권의 평가방법(서일 46014-10280, 2001.10.6)

비상장법인의 순자산가액을 계산할 때에 합병법인이 합병 후에 장부상 계상하고 있는 영업권상당액은 같은영 제59조 제1항 및 제2항의 규정에 의하여 평가한 가액을 당해 법인의 자산가액에 포함하는 것임. 이때 동 영업권이 부채가 자산을 초과하는 부실금융기관을 인수한 때에 자산을 초과하는 부채상당액에 해당하는 경우로서 동 부채상당액을 예금보험공사로부터 보전받기로 한 경우에는 장부상 영업권의 가액에서 보전받기로 한 금전을 차감하여 영업권을 평가하고, 그 보존받기로 한 금전 및 그와 관련한 부채인수액은 같은영 제58조 제2항 및 같은법 시행규칙 제18조의2 제2항의 규정에 의하여 평가함이 타당함.

⑥ 상속재산가액에 영업권이 포함되어 상속세가 과세된 경우 그 영업권가액은 상속인의 일시재산소득에 해당하지 아니하는 것임(제도 46011-12289, 2001.7.23)

⑦ 비상장법인의 순자산가액을 계산할 때 장부상 합병차손을 영업권으로 계상한 경우 그 영업권 상당 금액은 당해 법인의 자산가액에 합산하는 것임(상속증여-460, 2013.8.12)

⑧ 상속인이 상속받은 사업체를 상속개시일 이후 직접 운영하지 아니하고 타인에게 임대하여 상속 전·후 사업의 동일성이 유지되는 경우 당해 사업체의 영업권은 지속연수를 5년으로 하여 평가함(재산 -1659, 2009.8.10)

⑨ 비상장법인의 순자산가액을 계산함에 있어 장부상 계상되어 있는 영업권 상당금액은 당해 법인의 자산가액에 포함되는 것임(재산-20, 2011.1.11)

⑩ 피상속인이 매입한 영업권은 상속개시일 이후의 폐업여부와 관계없이 법인세법상 내용연수 중 매입일로부터 상속개시일 현재까지의 감가상각비를 공제하여 그 가액으로 평가한다는 사례(국심2003구 3374, 2004.3.3)

⑪ 2이상의 영업장에 대한 영업권 평가시, 부수로 평가되는 것은 영업권이 없는 것으로 보아 제외하고 정수로 평가되는 영업권만을 상속재산에 포함시킴은 정당하다는 사례(대법2000두7766, 2002.4.12)

⑫ 법인이 3년 미만인 특정사업부분에 대한 양도대가를 산정하기 위하여 당해 사업부문에 대한 영업권 평가방법(재산-156, 2011.3.14)
법인이 특정사업부문에 대한 양도대가를 산정하기 위하여 당해 사업부문에 대한

영업권을 평가함에 있어 최근 3년간의 순손익액의 가중평균액은 같은 영 제56조 제1항의 규정을 준용하여 평가하되, 평가기준일전 2개 사업연도만 있는 경우는 순손익액의 가중평균액은 가중치 합계를 3으로 하여 계산함이 타당하며, 이 경우 해당 사업연도 중 1년 미만인 사업연도의 순손익액은 연으로 환산한 가액에 의하는 것임

⑬ 쟁점사업체는 피상속인이 개업한 이래 피상속인이 사망한 후에도 성업중인 사업체에 해당하고, 그러한 쟁점사업체의 영업권은 영업권의 정의에 부합하는 재산적 가치를 가진 것으로 봄이 타당하므로 쟁점영업권이 재산권으로서 가치와 권리를 가지지 못한다는 청구주장을 받아들이기 어려움(조심 2019인4466, 2020.06.30.)

⑭ 영업권 양도일이 속하는 사업연도말의 순자산가액이 전년도말의 순자산가액보다 영업권의 가치를 더 정확하게 반영할 수 있을 것으로 보이므로 경정청구 거부처분은 적법함(부산고법 2019누22545, 2020.01.10.)

⑮ 합병차손을 영업권으로 계상한 합병법인의 순자산가액 계산시 그 영업권은 포함됨(재삼 46014-2334, 1997.10.02.)

V 발행주식총수의 계산

1. 원칙

1주당 순자산가액을 계산함에 있어서 적용되는 발행주식총수는 평가기준일 현재의 발행주식총수를 적용한다. 국세청은 "비상장법인의 1주당 순자산가치를 계산할 때 발행주식총수에는 상환우선주와 전환우선주도 포함한다"라고 다수 해석(서면4팀-1894. 2004.11.23;상속증여세과-231, 2014.07.03)하고 있다. 현실적으로 비상장법인의 경우 보통주와 우선주를 구분하여 평가하기 어려우며 또한 실제로 구분하여 평가하고 있지 아니하므로 이렇게 해석한 것으로 판단된다. 하지만, 상속세및증여세법 제63조 관련 통칙(63-0…3)에서는 "법인이 우선주등 이익배당에 관하여 내용이

다른 수종의 주식을 발행한 경우에는 그 내용을 감안하여 적정한 가액으로 평가하여야 한다"라고 해석하고 있다. 그러므로 상환우선주 등 각종 우선주가 있는 경우에는 그 우선주에 대하여 적정하게 평가할 수 있는 방법이 있는 경우에는 보통주와 구분하여 평가해야 함을 유의해야 한다.

2. 자기주식이 있는 경우

평가대상법인이 자기주식을 보유하고 있는 경우에는 그 보유목적에 따라 발행주식총수를 달리 적용된다. 즉 주식을 소각하거나 자본을 감소하기 위하여 보유하는 자기주식은 자본에서 차감하는 것이므로 발행주식총수에서 자기주식을 차감하여 적용한다. 이와 반대로 일시적으로 보유한 후 처분할 자기주식은 자산으로 보아 평가하는 것이므로 자기주식수는 발행주식총수에 포함하여 평가한다(서일 46014-10198, 2003.02.20.).

제7절 최대주주 등의 보유주식에 대한 할증평가

I. 의의

주식회사의 경우에 재산권의 행사는 주식에 의하여 이루어지게 되는데, 주주평등의 원칙에 따라 주식을 가진 주주는 회사에 대하여 갖는 법률관계에 관하여는 그가 보유하는 주식의 수에 따라 평등하게 취급받게 된다. 그러나 최대주주등이 보유하는 주식은 통상적인 주식가치에 더하여 당해 회사의 경영권 내지 지배권을 행사할 수 있는 특수한 가치, 이른바 '경영권 프리미엄'을 지니고 있게 된다(서울고법 2010누30330, 2011.2.10.). 이와 같이 최대주주 등이 갖고 있는 경영권프리미엄을 상속세 및증여세법상 주식을 평가할 때 반영한 것이 할증평가규정이다.

2022.12.31. 세법개정시 직전 3개연도 평균매출액이 5천억 미만인 중견기업이 발행한 주식에 대하여 할증평가를 면제하도록 개정이 되었으며 2023.1.1.이후 상속증여분부터 적용한다.

Ⅱ 최대주주 등의 범위 및 판정기준

1. 최대주주의 주식에 대한 할증평가

최대주주 또는 최대출자자 및 그의 특수관계인에 해당하는 주주등의 주식등에 대해서는 상속세및증여세법 제63조 제1항 제1호 및 제2항에 따라 평가한 가액 또는 제60조 제2항에 따라 인정되는 가액에 그 가액의 100분의 20을 가산한다(상증법 §63 ③) 이때 "최대주주등"은 최대주주 또는 최대출자자 1인이 보유하고 있는 주식등을 발행한 법인의 주식등(자기주식 및 자기출자지분은 제외한다)을 보유한 자에 한정한다(사전-2021-법령해석재산-0928, 2021.12.07.).

2. 최대주주 등의 정의

최대주주 또는 최대출자자라 함은 주주 등 1인과 상속세및증여세법 시행령 제2조의2 제1항 각호의 어느 하나에 해당하는 특수관계인의 보유주식 등을 합하여 그 보유주식 등의 합계가 가장 많은 경우의 해당 주주등 1인과 그의 특수관계인 모두를 말한다(상증령 §19 ②).

3. 최대주주 등의 판정기준

최대주주 등의 판정은 다음에 의한다(상증통 22-19-1).
① 주주 1인과 상속세및증여세법 시행령 제2조의2 제1항 각호의 어느 하나에 해당하는 특수관계인의 보유주식등을 합하여 최대주주등에 해당하는 경우에는 주주 1인 및 그와 특수관계에 있는 자 모두를 최대주주등으로 본다.
② ①에 의한 보유주식의 합계가 동일한 최대주주 등이 2 이상인 경우에는 모두를 최대주주등으로 본다.

4. 최대주주 등이 보유하는 주식 등의 지분율 계산

최대주주 등이 보유하는 주식 등의 지분을 계산할 때 평가기준일로부터 소급하여

1년 이내에 양도하거나 증여한 주식 등을 최대주주 등이 보유하는 주식 등에 합산하여 계산한다(상증령 §53 ④). 이때 당해 주식을 반복적으로 양도·양수한 경우에는 평가기준일로부터 소급하여 1년 이내의 기간 중에 최대주주 등의 주식보유비율이 가장 높은 날 이후에 양도한 주식에 대하여 양수한 주식을 차감한 주식(부수인 경우에는 "0"으로 함), 즉 순양도주식수를 평가기준일 현재 보유주식에 합산한다(서일46014-10377, 2001.10.31.).

사례 8 최대주주 판단방법

〈사례 ①〉

○ 갑 법인 주주구성

• A(40%), • B(A의 배우자, 20%), • C(A의 자녀, 10%),

• 기타소액주주들(30%)

〈사례 ②〉

○ 을 법인 주주구성

• A(30%), • B(A의 배우자, 20%), • D(A, B,와 특수관계 없음, 50%)

□ 해설

〈사례 ①〉

A, B, C 주주 모두 최대주주 등에 해당함.

〈사례 ②〉

A, B와 D 주주 모두 최대주주 등에 해당함. 다만, 할증율을 적용할 때 각각 20%를 적용함.

Ⅲ. 할증평가의 대상 및 범위

1. 할증평가 대상

최대주주 등이 보유한 주식이나 출자지분에 대한 할증평가는 주권상장법인이나 코스닥시장상장법인, 비상장법인의 주식 및 출자지분에 대하여 상속세및증여세법 제63조 제1항 제1호에 따른 방법으로 평가하거나, 기업공개중인 법인 주식, 미상장주식을 평가할 때에도 모두 적용된다. 또한 2009.1.1. 이후 최초로 상속이 개시되거나 증여받는 유가증권 등을 평가하는 분부터 상속세및증여세법 제60조 제2항에 따른 시가의 정의에 부합되는 매매가액·공매가액·경매가액 등 시가로 적용할 때도 적용된다.

이 경우에 발행주식총수는 해석을 통하여 의결권 있는 주식을 기준으로 판단하였으나 2016.12.20. 법 개정을 통하여 의결권 있는 발행주식총수로 명확히 하였다. 그동안 최대주주등이 보유한 주식에 대한 할증평가는 기업의 규모에 따라 중소기업과 일반기업으로 구분하고, 최대주주등의 보유지분율이 50% 초과 또는 이하로 구분 적용하였으나 2020.1.1. 이후 상속이 개시되거나 증여받은 분부터는 최대주주 등이 보유한 주식 등에 대해서는 중소기업 및 중견기업(직전 3개연도 평균매출액이 5천억 미만 중견기업은 2023.1.1.이후 상속증여분부터 제외)을 제외한 일반기업을 대상으로 100분의 20을 적용한다(상증법 §63 ③).

2. 할증비율

최대주주 또는 최대출자자 및 그의 특수관계인에 해당하는 주주등(최대주주등)의 주식등에 대해서는 상속세및증여세법 제63조 제1항 제1호 및 제2항에 따라 평가한 가액 또는 같은 법 제60조 제2항에 따라 인정되는 가액에 그 가액의 100분의 20을 가산한다.

제7절 최대주주 등의 보유주식에 대한 할증평가

┃ 최대주주 등의 지분비율별 할증비율 개정연혁 ┃

적용시기	최대주주 등의 비율	할증비율 일반법인	할증비율 중소기업	할증비율 중견기업	비고
2000~2002년	50% 이하	20%	20%		
	50% 초과	30%	30%		
2003~2004년	50% 이하	20%	10%		
	50% 초과	30%	15%		
2005.1.1.~ 2019.12.31.	50% 이하	20%	0%		중소기업 주식은 조특법 제101조에 의하여 할증평가 면제됨
	50% 초과	30%	0%		
2020.1.1. 이후	지분율 무관	20%	0%		조특법 제101조 규정 삭제하고 상증법 제63조 제3항에 규정함
2023.1.1.이후	지분율 무관	20%	0%	0%	상증법 제63조 제3항에 규정함 중견기업은 직전 3개연도 평균매출액이 5천억 미만인 중견기업임

3. 의결권이 없는 주식은 할증평가 제외

최대주주 등의 주식에 대하여 할증평가를 할 때에 최대주주 등이 보유하는 주식수 및 발행주식총수등은 평가기준일 현재 당해 법인이 발행한 상법상 의결권이 있는 주식에 의하므로 평가기준일 현재 의결권이 없는 우선주나 의결권이 제한되는 자기주식은 포함되지 않는다(서일46014-10519, 2003.4.24.;서면4팀-3801, 2006.11.17).

또한, 할증평가에 있어서 상속세및증여세법 시행령 제58조의2(전환사채 등의 평가) 제2항 제2호 다목의 규정에 의한 신주인수권증권을 평가하기 위하여 당해 신주인수권증권으로 인수할 수 있는 주식가액을 계산할 때에는 할증규정이 적용되지 아니한다(서일 46014-10133, 2001.9.10.).

Ⅳ 할증평가를 하지 아니하는 경우

  주식 등을 평가하면서 최대주주 등이 보유한 주식 등에 대해서는 경영권프리미엄을 가산하도록 하고 있으나, 다음과 같이 중소기업에 해당하거나 사업개시후 3년 미만으로 결손이거나 신고기한 이내에 청산되어 경영권 프리미엄이 없는 경우, 경영권이 있는 주식의 매매가액을 시가로 인정하는 경우 등에는 경영권프리미엄에 대해 가산하는 당초의 취지와 무관하므로 할증평가를 제외한다(상증법 §63 ③, 상증령 §53 ⑦).

① 평가기준일이 속하는 사업연도 전 3년 이내의 사업연도부터 계속하여 법인세법 제14조 제2항의 규정에 의한 결손금이 있는 법인의 주식 등

② 평가기준일 전후 6월(증여재산의 경우에는 평가기준일 전 6개월부터 평가기준일 후 3개월[23])이내의 기간 중 최대주주 등이 보유하는 주식 등이 전부 매각된 경우(상속세및증여세법 시행령 제49조 제1항 제1호의 거래가액을 시가로 적용하는 경우에만 해당한다). 이 규정은 불특정다수인간에 거래된 가액은 시가의 범위에 포함되며, 그 거래가액에는 이미 경영권 프리미엄이 포함되어 있는 것으로 보기 때문인 것으로 판단된다.

③ 상속세및증여세법 시행령 제28조, 제29조, 제29조의2, 제29조의3 및 제30조(합병·증자·감자·현물출자에 따른 이익 및 전환사채 등 주식전환 등에 따른 이익계산)까지의 규정에 따른 이익을 계산하는 경우.

④ 평가대상인 주식등을 발행한 법인이 다른 법인이 발행한 주식등을 보유함으로써 그 다른 법인의 최대주주등에 해당하는 경우로서 그 다른 법인의 주식등을 평가하는 경우. 이 개정규정은 2021.2.17.이후 상속세 과세표준 및 증여세 과세표준을 신고하는 분부터 적용된다. 그동안 평가대상법인이 최대주주로서 보유하고 있는 다른 법인(1차 출자법인)의 주식에 대하여는 할증한 가액으로 평가하는 것이며, 1차 출자법인의 순자산가액을 계산할 때 1차 출자법인이 최대주주로서 보유하고 있는 또 다른 법인의 주식(2차 출자법인)에 대해서는 할증한 가액으로 평가하지 않았으나(서면4팀-4057, 2006.12.13.) 2020.02.17.

---

23) 2020.2.11 이후 증여받는 분부터 적용하며, 2020.2.11 전 증여분은 평가기준일 전 3개월부터 평가기준일 후 3개월이 된다.

이후 상속 증여분부터는 최대주주의 주식 등을 평가할 때 그 가액의 20퍼센트를 가산하는 주식 등에서 최대주주가 보유한 주식 등을 발행한 법인이 보유한 다른 법인의 주식 등은 할증하여 평가하지 않도록 하여 과도하게 할증평가되지 않도록 하였다.

⑤ 평가기준일부터 소급하여 3년 이내에 사업을 개시한 법인으로서 사업개시일이 속하는 사업연도부터 평가기준일이 속하는 사업연도의 직전 사업연도까지 각 사업연도의 기업회계기준에 따른 영업이익이 모두 '0' 이하인 경우

⑥ 상속세과세표준신고기한 또는 증여세과세표준신고기한 이내에 평가대상주식 등을 발행한 법인의 청산이 확정된 경우

⑦ 최대주주 등이 보유하고 있는 주식 등을 최대주주등 외의 자가 상속세및증여세법 제47조 제2항에서 규정하고 있는 기간(증여합산과세기간을 말함 : 10년) 이내에 상속 또는 증여받은 경우로서 상속 또는 증여로 인하여 최대주주 등에 해당되지 아니하는 경우

⑧ 주식등의 실제소유자와 명의자가 다른 경우로서 상속세및증여세법 제45조의2(명의신탁재산의 증여 의제)에 따라 해당 주식등을 명의자가 실제소유자로부터 증여받은 것으로 보는 경우. 이 개정 규정은 2016.2.5 이후 최초로 평가하여 결정·경정하는 분부터 할증평가를 면제하도록 개정되었다(재재산-8, 2017.1.6). 다만, 2016.2.5 개정된 구 상증세법 시행령의 시행 전에 해당 주식의 가액을 평가하였다면, 그전의 법령에 따라 최대주주 할증가액이 가산되어야 한다(대법원2017두48451, 2018.2.8).

⑨ 중소기업기본법 제2조에 따른 중소기업이 발행한 주식

⑩ 중견기업 성장촉진 및 경쟁력 강화에 관한 특별법 제2조에 따른 중견기업으로서 상속개시일 또는 증여일이 속하는 사업연도의 직전 3개 사업연도의 매출액의 평균금액이 5천억원 미만인 중견기업이 발행한 주식. 2023.1.1.이후 상속 증여분부터 적용한다.

Ⅴ 중소기업·중견기업 주식에 대한 할증평가의 면제

1. 원칙

최대주주 등이 보유하는 주식 등이 중소기업 및 중견기업의 주식 등에 해당하는 경우에는 해당 주식 등을 상속받거나 증여받는 경우에 할증평가를 하지 아니한다(상증법 §63 ③, 상증령 §53 ⑥, ⑦). 이때 중소기업은 평가기준일 현재 중소기업기본법 제2조에 따른 중소기업에 해당하는 기업을 말하며[24], 중견기업은 중견기업 성장촉진 및 경쟁력 강화에 관한 특별법 제2조에 따른 중견기업으로서 평가기준일이 속하는 사업연도의 직전 3개 사업연도의 매출액의 평균금액이 5천억원 미만인 중견기업을 말한다(상증령 §53 ⑦). 2005~2019년까지 중소기업주식에 대한 할증평가 면제규정은 조세특례제한법 제101조에서 규정하였으나 2020.1.1. 이후 상속증여분부터 영구적으로 할증평가를 면제하고자 상속세및증여세법 제63조 제3항으로 이관하였다.

중견기업 주식에 대한 할증평가 면제규정은 2023.1.1.이후 상속증여분부터 적용한다.

2. 유예기간 중에 있는 중소기업 주식등에 대한 할증평가 면제 여부

상속세 및 증여세법 제63조 제3항에 의한 중소기업 최대주주 등의 주식 할증평가 면제는 상속세및증여세법 시행령 제53조 6항에 따라 중소기업기본법 제2조 및 같은 법 시행령 제3조에 따른 중소기업에 해당하는 기업에 대하여 적용하는 것으로 중소기업기본법상 유예기간중에 있는 중소기업의 최대주주 등의 주식도 할증평가가 면제된다(서면-2022-자본거래-4433, 2022.11.16)

---

[24] 2009.2.3. 이전 상속세및증여세법상 중소기업은 소득세법 시행령 제167조의8을 준용하였으며, 동 규정에서 중소기업 판정기준을 직전 사업연도를 기준으로 판정하도록 하였다. 그러나 당해 사업연도에 창업한 중소기업의 경우에 중소기업 판정이 곤란한 문제가 있어 중소기업기본법 제2조의 규정을 준용하여 당해 사업연도에 창업한 중소기업 등에 대해서도 평가기준일 현재를 기준으로 중소기업 여부를 판정하여 적용되도록 하였다. 2009.2.4.이후 최초로 상속이 개시되거나 증여하는 분부터 적용한다.

3. 외국법인의 최대주주 주식 등에 대한 할증평가 면제 여부

평가대상법인이 외국법인의 최대주주에 해당하는 경우에도 상속세및증여세법 제63조 제3항의 규정에 의하여 할증평가를 한다(서면4팀-1559, 2004.10.5). 다만, 외국법인은 중소기업기본법을 적용받지 못하므로 비록 외국법인의 최대주주가 보유한 주식 등이 중소기업기본법상 중소기업 요건을 갖추었다 하더라 해도 할증평가 면제 규정을 적용받지 못한다.

Ⅵ 중소기업기본법상 중소기업의 범위

1. 의의

그동안 중소기업을 육성하기 위한 시책의 대상이 되는 중소기업자로서 중소기업기본법 제2조 제1항에서 중소기업을 영리목적기업, 사회적기업을 대상으로 규정하였다. 이에 2014.1.14(법률 제12240호) 중소기업기본법 개정을 통하여 다른 법인과의 경쟁을 통하여 협동조합이 활성화될 수 있도록 하기 위하여 협동조합 및 협동조합연합회를 포함시키도록 하였고, 시행령 개정을 통하여 중소기업을 판단하는 기준을 평균매출액 또는 연간매출액 등을 중심으로 하도록 하였다.

2. 영리목적으로 사업을 영위하는 중소기업의 범위

영리를 목적으로 하는 기업 중에 중소기업은 다음과 같이 해당 기업이 영위하는 주된 업종별로 매출액 또는 자산총액 등의 규모기준과 독립성 기준을 모두 갖춘 기업으로 한다(중기령 §3).

(1) 업종별 규모의 기준(외형적 판단기준)

중소기업기본법 제2조 제1항 제1호에 따른 중소기업은 해당 기업이 영위하는 주된 업종과 해당 기업의 평균매출액 또는 연간매출액(이하 "평균매출액등"이라 한다)이 별표 1의 기준에 맞아야 한다(중기령 §3 ① 1).

[별표 1] 주된 업종별 평균매출액등의 규모 기준(2017.10.17 개정)

해당업종	분류부호	규모기준
1. 의복, 의복액세서리 및 모피제품 제조업	C14	평균매출액등 1,500억원 이하
2. 가죽, 가방 및 신발 제조업	C15	
3. 펄프, 종이 및 종이제품 제조업	C17	
4. 1차 금속 제조업	C24	
5. 전기장비 제조업	C28	
6. 가구 제조업	C32	
7. 농업, 임업 및 어업	A	평균매출액등 1,000억원 이하
8. 광업	B	
9. 식료품 제조업	C10	
10. 담배 제조업	C12	
11. 섬유제품 제조업(의복 제조업은 제외한다)	C13	
12. 목재 및 나무제품 제조업(가구 제조업은 제외)	C16	
13. 코크스, 연탄 및 석유정제품 제조업	C19	
14. 화학물질 및 화학제품 제조업(의약품 제조업은 제외)	C20	
15. 고무제품 및 플라스틱제품 제조업	C22	
16. 금속가공제품 제조업(기계 및 가구 제조업은 제외)	C25	
17. 전자부품, 컴퓨터, 영상, 음향 및 통신장비 제조업	C26	
18. 그 밖의 기계 및 장비 제조업	C29	
19. 자동차 및 트레일러 제조업	C30	
20. 그 밖의 운송장비 제조업	C31	
21. 전기, 가스, 증기 및 공기조절 공급업	D	
22. 수도업	E36	
23. 건설업	F	
24. 도매 및 소매업	G	
25. 음료 제조업	C11	평균매출액등 800억원 이하
26. 인쇄 및 기록매체 복제업	C18	
27. 의료용 물질 및 의약품 제조업	C21	

해당업종	분류부호	규모기준
28. 비금속 광물제품 제조업	C23	
29. 의료, 정밀, 광학기기 및 시계 제조업	C27	
30. 그 밖의 제품 제조업	C33	
31. 수도, 하수 및 폐기물 처리, 원료재생업(수도업은 제외)	E (E36 제외)	
32. 운수 및 창고업	H	
33. 정보통신업	J	
34. 산업용 기계 및 장비 수리업	C34	
35. 전문, 과학 및 기술 서비스업	M	평균매출액등 600억원 이하
36. 사업시설관리, 사업지원 및 임대 서비스업(임대업은 제외한다)	N (N76 제외)	
37. 보건업 및 사회복지 서비스업	Q	
38. 예술, 스포츠 및 여가 관련 서비스업	R	
39. 수리(修理) 및 기타 개인 서비스업	S	
40. 숙박 및 음식점업	I	
41. 금융 및 보험업	K	
42. 부동산업	L	평균매출액등 400억원 이하
43. 임대업	N76	
44. 교육 서비스업	P	

※ 비고 : 해당 기업의 주된 업종의 분류 및 분류기호는 통계법 제22조에 따라 통계청장이 고시한 한국표준산업분류에 따른다.
※ 위 표 제19호 및 제20호에도 불구하고 자동차용 신품 의자 제조업(C30393), 철도 차량 부품 및 관련 장치물 제조업(C31202) 중 철도 차량용 의자 제조업, 항공기용 부품 제조업(C31322) 중 항공기용 의자 제조업의 규모 기준은 평균매출액등 1,500억원 이하로 한다.

(2) 소유와 경영의 독립성 기준(계열관계에 따른 판단기준)

소유와 경영의 실질적인 독립성이 다음의 어느 하나에 해당하지 아니하는 기업이어야 한다(증기령 §3 ① 2호).

① 2020.6.9. 삭제됨

② 자산총액이 5천억원 이상인 법인(외국법인25)을 포함하되, 비영리법인 및 중소기업기본법 시행령 제3조의2 제3항 각 호의 어느 하나에 해당하는 자26)는 제외한다)이 주식등의 100분의 30 이상을 직접적 또는 간접적으로 소유한 경우로서 최다출자자인 기업. 이 경우 최다출자자는 해당 기업의 주식등을 소유한 법인 또는 개인으로서 단독으로 또는 다음의 어느 하나에 해당하는 자와 합산하여 해당 기업의 주식등을 가장 많이 소유한 자를 말하며, 주식등의 간접소유비율에 관하여는 국제조세조정에 관한 법률 시행령 제2조 제2항을 준용한다.
  ⓐ 주식등을 소유한 자가 법인인 경우: 그 법인의 임원27)
  ⓑ 주식등을 소유한 자가 ⓐ에 해당하지 아니하는 개인인 경우: 그 개인의 친족28)
③ 관계기업에 속하는 기업의 경우에는 중소기업기본법 시행령 제7조의4에 따라 산정한 평균매출액등이 별표 1의 기준에 맞지 아니하는 기업
④ 2017.12.29 삭제됨. 다만 삭제 되기전의 규정에 의하면 독점규제 및 공정거래에 관한 법률 시행령 제3조의2 제2항 제4호에 따라 동일인이 지배하는 기업집단의 범위에서 제외되어 상호출자제한기업집단등에 속하지 아니하게 된 회사로서 같은 영 제3조의 요건에 해당하게 된 날부터 3년이 경과한 회사. 이 규정은 2016.4.5 신설되었으며, 이 개정규정은 대통령령 제27034호 독점규제 및 공정거래에 관한 법률 시행령 일부개정령 부칙 제1조에 따른 시행일 이후에 독점규제 및 공정거래에 관한 법률 시행령 제3조의2 제2항 제4호 다목에 따라 주식을 취득 또는 소유하여 같은 영 제3조의 요건에 해당하게 된 경우부터 적용한다.

---

25) 외국법인의 경우 자산총액을 원화로 환산할 때에는 직전 5개 사업연도의 평균환율을 적용한다.
26) ① 「중소기업창업 지원법」에 따른 중소기업창업투자회사
  ② 「여신전문금융업법」에 따른 신기술금융사업자
  ③ 「벤처기업육성에 관한 특별법」에 따른 신기술창업전문회사
  ④ 「산업교육진흥 및 산학연협력촉진에 관한 법률」에 따른 산학협력기술지주회사
  ⑤ 그 밖에 제1호부터 제4호까지의 규정에 준하는 경우로서 중소기업 육성을 위하여 중소기업청장이 정하여 고시하는 자
27) ① 주식회사 또는 유한회사: 등기된 이사(사외이사는 제외한다)
  ② ① 외의 기업: 무한책임사원 또는 업무집행자
28) 배우자(사실상 혼인관계에 있는 자를 포함한다), 6촌 이내의 혈족 및 4촌 이내의 인척을 말한다

(3) 상환기준

업종별 규모기준을 충족하더라도 재무상태표 상 자산총계(자본총계+부채총계)가 5,000억 원 미만이어야 중소기업에 해당한다.

자산총액은 회계관행에 따라 작성한 직전 사업연도 말일 현재 재무상태표상의 자산총계로 한다. 해당 사업연도에 창업하거나 합병 또는 분할한 기업의 자산총액은 창업일이나 합병일 또는 분할일 현재의 자산총액으로 한다. 외국법인의 경우 자산총액을 원화로 환산할 때에는 직전 5개 사업연도의 평균환율을 적용한다(중기령 §7의2).

3. 사회적기업·협동조합·협동조합연합회의 중소기업의 범위

(1) 사회적기업

사회적기업 육성법 제2조 제1호에 따른 사회적기업 중에서 영리를 주된 목적으로 하지 아니하는 사회적기업으로서 상기 '2.의 영리목적으로 사업을 영위하는 중소기업'의 규모기준과 독립성 기준을 모두 갖춘 기업으로 한다. 다만, 독립성 기준 중에 "관계기업에 속하는 기업의 경우에는 중소기업기본법 시행령 제7조의4(관계기업의 평균매출액등의 산정)에 따라 산정한 평균매출액등이 [별표 1]의 기준에 맞지 아니하는 기업"은 적용대상이 될 수 있다.

(2) 협동조합 및 소비자생활협동조합

협동조합 기본법 제2조 제1호에 따른 협동조합, 협동조합연합회, 사회적협동조합, 사회적협동조합연합회과 소비자생활협동조합법 제2조에 따른 조합, 연합회, 전국연합회 중에 상기 '2.의 영리목적으로 사업을 영위하는 중소기업'의 규모기준과 독립성 기준을 모두 갖춘 기업으로 한다. 다만, 독립성 기준 중에 "관계기업에 속하는 기업의 경우에는 중소기업기본법 시행령 제7조의4(관계기업의 평균매출액등의 산정)에 따라 산정한 평균매출액등이 [별표 1]의 기준에 맞지 아니하는 기업"은 적용대상이 될 수 있다.

4. 용어의 정의

(1) 관계기업

(가) 관계기업의 범위

"관계기업"이란 주식회사의 외부감사에 관한 법률 제2조에 따라 외부감사의 대상이 되는 기업(이하 "외부감사대상기업"이라 한다)이 제3조의2에 따라 다른 국내기업을 지배함으로써 지배 또는 종속의 관계에 있는 기업의 집단을 말한다(중기령 §2).

(나) 지배기업과 종속기업의 관계

관계기업에서 지배 또는 종속의 관계란 기업이 직전 사업연도 말일 현재 다른 국내기업을 다음의 어느 하나와 같이 지배하는 경우 그 기업(이하 "지배기업"이라 한다)과 그 다른 국내기업(이하 "종속기업"이라 한다)의 관계를 말한다. 다만, 자본시장과 금융투자업에 관한 법률 제9조 제15항에 따른 주권상장법인으로서 주식회사의 외부감사에 관한 법률 제1조의2 제2호 및 같은 법 시행령 제1조의3에 따라 연결재무제표를 작성하여야 하는 기업과 그 연결재무제표에 포함되는 국내기업은 지배기업과 종속기업의 관계로 본다.

① 지배기업이 단독으로 또는 그 지배기업과의 관계가 다음의 어느 하나에 해당하는 자와 합산하여 종속기업의 주식등을 100분의 30 이상 소유하면서 최다출자자인 경우
  ⓐ 단독으로 또는 친족과 합산하여 지배기업의 주식등을 100분의 30 이상 소유하면서 최다출자자인 개인
  ⓑ 가목에 해당하는 개인의 친족[29]
② 지배기업이 그 지배기업과의 관계가 ①에 해당하는 종속기업(이하 이 조에서 "자회사"라 한다)과 합산하거나 그 지배기업과의 관계가 ①의 ⓐ, ⓑ중 어느 하나에 해당하는 자와 공동으로 합산하여 종속기업의 주식등을 100분의 30 이상 소유하면서 최다출자자인 경우

---

[29] "친족"이란 배우자(사실상 혼인관계에 있는 자를 포함한다), 6촌 이내의 혈족 및 4촌 이내의 인척을 말한다.

③ 자회사가 단독으로 또는 다른 자회사와 합산하여 종속기업의 주식등을 100분의 30 이상 소유하면서 최다출자자인 경우
④ 지배기업과의 관계가 ①의 ⓐ, ⓑ중 어느 하나에 해당하는 자가 자회사와 합산하여 종속기업의 주식등을 100분의 30 이상 소유하면서 최다출자자인 경우

(다) 지배기업과 종속기업으로 보지 아니하는 경우

다음의 어느 하나에 해당하는 자가 다른 국내기업의 주식등을 소유하고 있는 경우에는 그 기업과 그 다른 국내기업은 지배기업과 종속기업의 관계로 보지 아니한다.
① 벤처투자 촉진에 관한 법률 제2조 제10호에 따른 벤처투자회사
② 여신전문금융업법에 따른 신기술금융사업자
③ 벤처기업육성에 관한 특별법에 따른 신기술창업전문회사
④ 산업교육진흥 및 산학협력촉진에 관한 법률에 따른 산학협력기술지주회사
⑤ 그 밖에 ①부터 ④까지의 규정에 준하는 경우로서 중소기업 육성을 위하여 중소기업청장이 정하여 고시하는 자

(2) 주된 사업 판단

하나의 기업이 둘 이상의 서로 다른 업종을 영위하는 경우에는 중소기업기본법 시행령 제7조에 따라 산정한 평균매출액등 중 평균매출액등의 비중이 가장 큰 업종을 주된 업종으로 본다. 또한 관계기업에 속하는 기업의 경우에는 지배기업과 종속기업 중 평균매출액등이 큰 기업의 주된 업종을 지배기업과 종속기업의 주된 업종으로 본다(중기령 §4).

(3) 매출액 산정

(가) 매출액 범위

평균매출액등을 산정하는 경우 매출액은 일반적으로 공정·타당하다고 인정되는 회계관행(이하 "회계관행"이라 한다)에 따라 작성한 손익계산서상의 매출액을 말한다. 다만, 업종의 특성에 따라 매출액에 준하는 영업수익 등을 사용하는 경우에는 영업수익 등을 말한다(중기령 §7).

(나) 매출액 산정방법

평균매출액등은 다음의 구분에 따른 방법에 따라 산정한다(중기령 §7).
① 직전 3개 사업연도의 총 사업기간이 36개월인 경우: 직전 3개 사업연도의 총 매출액을 3으로 나눈 금액
② 직전 사업연도 말일 현재 총 사업기간이 12개월 이상이면서 36개월 미만인 경우(직전 사업연도에 창업하거나 합병 또는 분할한 경우로서 창업일, 합병일 또는 분할일부터 12개월 이상이 지난 경우는 제외한다) : 사업기간이 12개월인 사업연도의 총 매출액을 사업기간이 12개월인 사업연도수로 나눈 금액
③ 직전 사업연도 또는 해당 사업연도에 창업하거나 합병 또는 분할한 경우로서 제2호에 해당하지 아니하는 경우: 다음 각 목의 구분에 따라 연간매출액으로 환산하여 산정한 금액
　ⓐ 창업일, 합병일 또는 분할일부터 12개월 이상이 지난 경우: 제3조에 따른 중소기업 해당 여부에 대하여 판단하는 날(이하"산정일"이라 한다)이 속하는 달의 직전 달부터 역산(逆算)하여 12개월이 되는 달까지의 기간의 월 매출액을 합한 금액
　ⓑ 창업일, 합병일 또는 분할일부터 12개월이 되지 아니한 경우: 창업일이나 합병일 또는 분할일이 속하는 달의 다음달부터 산정일이 속하는 달의 직전 달까지의 기간의 월 매출액을 합하여 해당 월수로 나눈 금액에 12를 곱한 금액. 다만, 다음 중 어느 하나에 해당하는 경우에는 창업일이나 합병일 또는 분할일부터 산정일까지의 기간의 매출액을 합한 금액을 해당 일수로 나눈 금액에 365를 곱한 금액으로 한다.
　　㉠ 산정일이 창업일, 합병일 또는 분할일이 속하는 달에 포함되는 경우
　　㉡ 산정일이 창업일, 합병일 또는 분할일이 속하는 달의 다음 달에 포함되는 경우

(다) 관계기업의 평균매출액등의 산정

관계기업에 속하는 지배기업과 종속기업의 평균매출액등의 산정은 별표 2에 따른다. 이 경우 평균매출액등은 중소기업기본법 시행령 제7조에 따라 산정한 지배기업과 종속기업 각각의 평균매출액등을 말한다. 이 경우 지배기업과 종속기업이 상호간 의결권

있는 주식등을 소유하고 있는 경우에는 그 소유비율 중 많은 비율을 해당 지배기업의 소유 비율로 본다.

5. 중소기업 여부의 판단 및 적용기간

중소기업 여부는 해당 확인시점을 기준으로 판단하여야 하며, 이 때 평균매출액은 직전 3개 사업연도의 결산 재무제표 상 매출액을 평균하여 적용하는 것을 원칙으로 하고 있다. 다만, 창업·합병·분할한 기업이나 독립성 기준이 적용되는 경우에는 예외적인 기준이 적용된다. 이와 같이 직전 사업연도의 재무정보를 활용하여 현재시점의 중소기업 여부를 판단함에 따라 사업연도 종료 후 재무제표가 확정되는 3개월간은 매출액 등을 확인하기 어렵다. 따라서, 당해 사업연도의 중소기업 여부는 직전 사업연도 말일에서 3개월이 경과한 날부터 1년간 적용한다(중기령 §3의3).

6. 중소기업 적용기간의 유예

중소기업이 그 규모의 확대 등으로 중소기업에 해당하지 아니하게 된 경우 그 사유가 발생한 연도의 다음 연도부터 3년간은 중소기업으로 본다. 다만, 중소기업 외의 기업과 합병하거나 다음 사유로 중소기업에 해당하지 아니하게 된 경우에는 유예기간 없이 중소기업으로 보지 아니한다(중기법 §2 ③, 중기령 §9).

① 중소기업이 중소기업기본법 제2조 제3항 본문에 따라 중소기업으로 보는 기간 중에 있는 기업을 흡수합병한 경우로서 중소기업으로 보는 기간 중에 있는 기업이 당초 중소기업에 해당하지 아니하게 된 사유가 발생한 연도의 다음 연도부터 3년이 지난 경우
② 중소기업이 독점규제 및 공정거래에 관한 법률 제31조 제1항에 따른 공시대상기업집단에 속하는 회사 또는 같은 법 제33조에 따라 공시대상기업집단의 소속회사로 편입·통지된 것으로 보는 회사에 해당하는 경우
③ 중소기업기본법 제2조 제3항 본문에 따라 중소기업으로 보았던 기업이 같은 조 제1항에 따른 중소기업이 되었다가 그 평균매출액등의 증가 등으로 다시 중소기업에 해당하지 아니하게 된 경우

Ⅶ 중견기업의 범위

1. 할증평가 면제대상 중견기업

할증평가가 면제되는 "중견기업"이란 중견기업 성장촉진 및 경쟁력 강화에 관한 특별법 제2조에 따른 중견기업으로서 상속개시일 또는 증여일이 속하는 사업연도의 직전 3개 사업연도의 매출액의 평균금액이 5천억원 미만인 중견기업을 말한다. 이 경우 매출액은 기업회계기준에 따라 작성한 손익계산서상의 매출액을 기준으로 하며, 사업연도가 1년 미만인 사업연도의 매출액은 1년으로 환산한 매출액을 말한다. (상증법 §53 ⑦)

2. 성장촉진 및 경쟁력 강화에 관한 특별법에 따른 중견기업의 범위

중견기업 성장촉진 및 경쟁력 강화에 관한 특별법 제2조에 따른 중견기업이란 다음 (1), (2), (3) 요건을 모두 갖추고 영리를 목적으로 사업을 하는 기업을 말한다.

(1) 중소기업기본법 제2조에 따른 중소기업이 아닐 것

(2) 공공기관 및 지방공기업에 해당되지 않을 것

공공기관의 운영에 관한 법률 제4조에 따른 공공기관, 지방공기업법에 따른 지방공기업 등 다음의 기관이 아니어야 한다.
① 공공기관의 운영에 관한 법률 제4조에 따른 공공기관
② 지방공기업법에 따른 지방공기업

(3) 그 밖에 지분 소유나 출자관계 등이 다음의 요건을 모춘 갖춘 기업

(가) 소유와 경영의 실질적인 독립성이 다음의 어느 하나에 해당하지 아니하는 기업일 것

① 독점규제 및 공정거래에 관한 법률 제31조 제1항에 따른 상호출자제한기업집

단에 속하는 기업
② 독점규제 및 공정거래에 관한 법률 시행령 제38조 제2항에 따른 상호출자제한기업집단 지정기준인 자산총액 이상인 기업 또는 법인(외국법인을 포함한다)이 해당 기업의 주식(상법 제344조의3에 따른 의결권 없는 주식은 제외한다) 또는 출자지분의 100분의 30 이상을 직접적 또는 간접적으로 소유하면서 최다출자자인 기업. 이 경우 최다출자자는 해당 기업의 주식등을 소유한 법인 또는 개인으로서 단독으로 또는 다음의 어느 하나에 해당하는 자와 합산하여 해당 기업의 주식등을 가장 많이 소유한 자로 하며, 주식등의 간접소유비율에 관하여는 국제조세조정에 관한 법률 시행령 제2조 제3항을 준용한다
㉠ 주식등을 소유한 자가 법인인 경우: 그 법인의 임원
㉡ 주식등을 소유한 자가 개인인 경우: 그 개인의 친족

(나) 금융업 등을 영위하는 기업이 아닐 것

통계법 제22조에 따라 통계청장이 고시하는 한국표준산업분류에 따른 다음의 어느 하나에 해당하는 업종을 영위하는 기업(독점규제 및 공정거래에 관한 법률 제18조 제2항 제5호에 따른 일반지주회사는 제외한다)이 아니어야 한다.
① 금융업
② 보험 및 연금업. 다음의 어느 하나에 해당하는 기업은 기업에서 제외한다
ⓐ 자본시장과 금융투자업에 관한 법률 제9조 제19항에 따른 사모집합투자기구(같은 법 제279조에 따라 등록한 외국 사모집합투자기구를 포함한다)가 최다출자자인 기업
ⓑ 기업구조조정 촉진법 제2조 제3호에 따른 채권금융기관이 최다출자자인 다음의 어느 하나에 해당하는 기업
㉠ 기업구조조정 촉진법 제2조 제7호에 따른 부실징후기업
㉡ 기업구조조정 촉진법 제8조에 따른 금융채권자협의회에 의한 공동관리절차가 개시되어 진행 중인 기업
㉢ 채무자 회생 및 파산에 관한 법률에 따라 회생절차가 개시되어 진행 중인 기업
③ 금융 및 보험 관련 서비스업

Ⅷ. 각 세법상 중소·중견기업주식 할증평가 면제규정 적용방법

1. 상속세및증여세법상 중소·중견기업 최대주주 주식 할증평가 면제

최대주주 등이 보유하는 주식 등이 중소기업 및 중견기업(평가기준일이 속하는 사업연도의 직전 3개 사업연도의 매출액의 평균금액이 5천억원 미만)의 주식 등에 해당하는 경우에는 해당 주식 등을 상속받거나 증여받는 경우에 할증평가를 하지 아니한다(상증법 §63 ③).

2. 명의신탁재산 증여의제 규정 적용시 할증평가 적용방법

주식등의 실제소유자와 명의자가 다른 경우로서 법 제45조의2에 따라 해당 주식등을 명의자가 실제소유자로부터 증여받은 것으로 보는 경우에는 할증평가를 하지 아니한다(상증령 §53 ⑧ 8). 그동안 명의신탁재산이 주식으로서 명의자가 최대주주에 해당할 경우에는 주식할증평가(상증법 집행기준 §45의 2-0-12)를 하였으나 2016.2.5 시행령 개정으로 2016.2.5 이후 평가하는 분부터는 할증평가를 하지 아니한다.

3. 양도소득세 부당행위계산부인규정 적용시

비상장주식의 양도에 대하여 소득세법상 부당행위계산부인규정을 적용하는 경우로서 시가평가를 상속세및증여세법을 준용하는 경우 당해 주식이 중소기업최대주주에 해당하는 경우 할증평가를 면제하여야 하는지 여부에 대하여 조세특례제한법 제101조의 규정을 적용하지 않는다(즉, "할증평가를 한다")라고 해석(서면4팀-1326, 2005.7.27) 하였다.

그러나 2006.2.9 소득세법 시행령 제167조 제5항이 개정되어 중소기업 최대주주의 주식의 양도에 대하여 소득세법상 부당행위계산부인규정을 적용하여 시가를 평가할 때 조세특례제한법 제101조의 규정을 준용(즉, 할증평가를 면제한다)하는 것으로 개정되었으며, 2020.1.1.이후 부터 할증평가 면제규정이 상속세및증여세법 제63조 제3항으로 이관되었으므로 동일하게 준용된다.

4. 법인세법상 부당행위계산부인규정 적용시

비상장주식의 양도에 대하여 법인세법상 부당행위계산부인규정을 적용하는 경우로서 시가평가를 상속세및증여세법을 준용하는 경우 당해 주식이 중소기업최대주주에 해당하는 경우 할증평가를 면제하여야 하는지 여부에 대하여 조세특례제한법 제101조의 할증평가면제규정을 적용하지 않는다(즉, 할증평가를 한다)고 해석(법인-785, 2010.8.25 외 다수)하고 있다. 다만, 2011.1.1 이후에는 개정된 법인세법시행령 제89조 제2항 제2호에 의하여 할증평가를 면제한다(법인-37, 2012.1.11).

5. 법인이 유증·사인증여 또는 증여받을 경우

중소기업 최대주주 등의 주식할증평가 특례 규정인 조세특례제한법 제101조는 적용대상을 개인 또는 법인으로 구분하고 있지 아니하므로 법인이 비상장 중소기업의 최대주주로부터 주식을 증여받는 경우에도 적용된다고 기획재정부는 해석(재재산-1138, 2008.12.31)하였다. 이 유권해석을 법령개정시 반영하여 법인이 최대주주 등이 보유한 중소기업 주식을 유증·사인증여 또는 증여받은 경우에는 법인세법시행령 제89조 제2항 제2호에 의하여 할증평가를 면제한다.

> [예규·판례]
> ① 최대주주 할증평가 적용대상 판단시, 최대주주등 주식등에 우리사주조합의 조합원 보유지분은 포함하지 아니하는 것임(기획재정부 조세법령운용과-1072, 2021.12.15.)
>
> ② 최대주주등의 주식에 대하여 할증평가할 때, 당해 법인의 발행주식총수와 최대주주의 보유주식 수에는 평가기준일 현재 의결권이 제한되는 자기주식은 포함되지 않음(서면4팀-3801, 2006.11.17)
>
> ③ 최대주주 등에 해당하는 자가 친족 등 특수관계자에게 증여하는 주식에 대하여는 할증평가 규정을 적용 하며, 특수관계자에는 30% 이상 출자하여 지배하고 있는 법인의 사용인을 포함하는 것임(서면4팀-2100, 2004.12.23)
>
> ④ 최대주주 등의 주식을 할증평가 할 때 상법상 의결권이 있는 주식에 한함(서일46014-10519, 2003.4.24.).

⑤ 외국 증권거래소에 상장된 외국법인주식인 쟁점주식의 경우, 한국거래소에 상장된 주식의 평가방법을 준용하여 평가하여야 하는 것인 반면, 상증법 제63조에 따라 평가하는 것이 부적당한 경우에 해당한다고 보기 어렵고 할증평가대상에 해당함(조심 2022서6696, 2023.11.13.).

⑥ 비상장 내국법인 주식을 소유하고 있는 최대주주인 비거주자가 동 주식을 특수관계에 있는 다른 비거주자(외국법인 포함)에게 양도하는 경우에도 할증평가하는 것임(국제세원-187, 2011.4.25.).

⑦ 최대주주 등 주식에 대한 할증평가규정이 '최대주주 등'의 보유주식의 가치를 일률적인 규율방식으로 정하거나 '최대주주 등'의 개념을 대통령령에 위임한 것은 공평한 조세부담을 통한 조세정의의 실현과 징세의 효율성이라는 조세정책적·기술적 요구를 종합적으로 고려하여 마련된 실체법적 성질의 규정으로서, 그 입법목적 등에 비추어 입법형성권의 한계를 벗어난 자의적이거나 임의적인 것이라고 할 수 없다. 따라서 위 법규정이 조세평등원칙에 위반되지 아니하고, 위임입법의 한계를 벗어난 것이라고 볼 수 없으며, 국민의 재판청구권을 부당하게 침해하지 아니한다(대법 2008두4237, 2011.6.24.).

⑧ 최대주주 할증평가 관련 규정의 입법취지와 체계 및 개정 연혁 등을 종합적으로 고려하면, 명의신탁재산 증여 의제의 경우 그 제재로서의 성격을 감안하더라도 다만, 2016.2.5. 개정된 구 상증세법 시행령의 시행 전에 해당 주식의 가액을 평가하였다면, 그전의 법령에 따라 최대주주 할증가액이 가산되어야 한다(대법 2017두48451, 2018.2.8.).

⑨ 우리사주조합 명의의 주식은 특수관계인인 사용인이 보유한 주식에 포함되지 아니하므로 최대주주 할증평가 대상이 아님(대법 2020두34902, 2020.6.11.).

제8절 평가심의위원회의 심의를 통한 비상장주식 평가방법

I 개요

　비상장주식 등을 평가할 때 보충적 평가방법에 따른 주식평가액이 불합리하다고 보아 납세자가 유상상장법인의 비교평가에 의한 평가방법, 현금흐름할인법, 배당할인법 등의 방법으로 평가한 평가가액을 첨부하여 상속세및증여세법 시행령 제49조의2 제1항에 따른 평가심의위원회에 비상장주식 등의 평가가액 및 평가방법에 대한 심의를 신청하는 경우에는 같은 령 제54조 제1항·제4항, 제55조 및 제56조에도 불구하고 평가심의위원회가 심의하여 제시하는 평가가액에 의하거나 그 위원회가 제시하는 평가방법 등을 고려하여 계산한 평가가액에 의할 수 있다.

　다만, 납세자가 평가한 가액이 보충적 평가방법에 따른 주식평가액의 100분의 70에서 100분의 130의 범위안의 가액인 경우로 한정한다(상증령 §54 ⑥).

　그 동안 중소기업을 대상으로 납세자가 비상장주식에 대한 보충적 평가방법을 적용하는 것이 불합리하다고 판단하여 유사상장법인 주가 비교평가방법을 적용하려고 하였다. 그러나 이와 같은 방법이 적용되는 사례가 거의 없어서 다양한 평가방법과 함께 중소기업으로 한정하지 않고 일반법인도 적용할 수 있도록 개정하였으며, 2017.7.1. 상속이 개시되거나 증여받는 분부터 적용한다.

① 해당 법인의 자산·매출액 규모 및 사업의 영위기간 등을 고려하여 감안하여 같은 업종을 영위하고 있는 다른 법인(유가증권시장과 코스닥시장에 상장된 법인)의 주식가액을 이용하여 평가하는 방법.
② 향후 기업에 유입될 것으로 예상되는 현금흐름에 일정한 할인율을 적용하여 평가하는 방법
③ 향후 주주가 받을 것으로 예상되는 배당수익에 일정한 할인율을 적용하여 평가하는 방법
④ 그 밖에 ①부터 ③까지의 규정에 준하는 방법으로서 일반적으로 공정하고 타당한 것으로 인정되는 방법

평가심의위원회의 심의를 통한 구체적인 비상장주식평가방법에 대하여 평가심의위원회 운영규정(이하 "훈령"이라 한다)을 중심으로 살펴본다.

1. 평가서 작성자

(1) 원칙

평가서의 작성자는 자본시장과 금융투자업에 관한 법률 제335조의3에 따라 신용평가업인가를 받은 신용평가전문기관, 공인회계사법에 따른 회계법인, 세무사법에 따른 세무법인을 말한다(훈령 §12).

(2) 평가서 작성자 제외 대상

평가서 작성자는 평가대상법인(평가대상법인의 최대주주와 대표이사를 포함한다)과 이해관계 등이 없는 자로서 아래 각 호에 해당하지 않는 자이어야 한다.
① 평가대상법인의 소송대리, 회계감사, 세무대리, 고문 등의 거래가 있는 자
② 평가대상법인과 채권·채무 관계가 있는 자
③ 평가대상법인과 영 제2조의2 각 호에 해당하는 자
④ 국세청평가심의위원회의 심의에서 2번 이상 평가서를 작성하여 신청한 가액이 인정되지 않은 자
⑤ 그 밖에 평가서 작성이 부적절한 자

2. 신청방법

납세자는 평가심의위원회에 심의가 필요한 경우에는 상속세 과세표준 신고기한 만료 4개월 전(증여의 경우에는 증여세 과세표준 신고기한 만료 70일 전)까지 다음에 따른 자료를 첨부하여 납세지 관할지방국세청장(성실납세지원국장)에게 신청하여야 한다(상증령 §54 ⑤, 훈령 §13).

① 상속세 및 증여세법 시행령 제54조 제1항·제4항, 제55조 및 제56조에 따라 평가한 가액(보충적 평가방법에 따른 주식평가액) 및 그 평가 부속서류
② 보충적 평가방법에 따른 주식평가액이 불합리하다고 인정할 수 있는 근거자료와 해당 평가업무에 적용한 평가방법
③ 상속세 및 증여세법 시행령 제54조 제6항 각 호의 평가방법(현금흐름할인방법, 배당흐름할인방법, 기타 이에 준하는 방법으로서 일반적으로 공적 타당한 것으로 인정되는 방법)에 따라 평가한 비상장주식등의 평가액 및 그 평가 부속서류

3. 비상장주식에 대한 요건심사와 보정요구

(1) 청구요건 검토

납세지 관할지방국세청장(성실납세지원국장)은 제13조에 따른 비상장주식 평가신청에 대하여 신청내용을 검토하기 전에 청구요건을 검토하여야 한다(훈령 §14).

(2) 신청서 반려

납세지 관할지방국세청장(성실납세지원국장)은 평가신청이 다음의 어느 하나에 해당하는 경우에는 반려한다(훈령 §14).

① 납세자가 신청기한을 경과하여 신청한 경우[상속세과세표준신고기한 만료 4월 전(증여의 경우에는 증여세과세표준신고기한 만료 70일전)]
② 상속세및증여세법 시행령 제54조 제6항에 따라 납세자가 평가한 가액이 보충적 평가방법에 따른 주식평가액의 100분의 70에서 100분의 130까지의 범위를 벗어나는 경우
③ 상속세 및 증여세 납부의무가 없는 자가 평가를 신청하는 경우

④ 납세자가 보정기한내에 필요한 보정을 하지 아니하거나 보정기한 지난 후에 보정서류를 제출하는 경우

(3) 보정요구

평가신청서류 중 일부를 제출하지 아니하거나 부실하게 제출한 경우 또는 해당 서류에 오류가 있는 경우에는 납세지 관할지방국세청장(성실납세지원국장)은 1회 10일 이내의 기한을 정하여 보정요구를 할 수 있다. 납세지 관할지방국세청장(성실납세지원국장)은 반려대상에 해당하는 경우 그 사유를 기재하여 당초 제출한 신청서 원본 등을 납세자에게 반려하여야 한다. 납세지 관할지방국세청장(성실납세지원국장)은 제출서류를 검토하여 접수된 날부터 5일(보정요구시 15일)내에 국세청장(자산과세국장)에게 제출서류 원본을 송부하여야 한다(훈령 §14).

4. 평가심의위원회가 심의할 때 고려사항

평가심의위원회가 비상장주식등의 가액평가 및 평가방법의 심의를 할 경우에는 다음 각 호의 사항을 고려하여야 한다(상증령 49의2 ⑦).
① 상속세및증여세법 제63조에 따른 유가증권등의 평가방법을 준용하여 평가할 경우 예상되는 적정 평가가액
② 상속세및증여세법 시행령 제54조부터 제56조까지의 규정에 따라 해당 비상장주식 등을 평가할 경우의 적정성 여부
③ 그 밖에 해당 법인의 업종·사업규모·자산상태 및 사회적인 인식 등을 고려할 때 적정하다고 인정되는 평가가액

5. 심의결과의 통지 및 납세자의 활용

(1) 심의결과의 통지

지방청평가심의위원회는 납세자가 비상장주식의 평가 신청한 내용에 대하여 당해 비상장주식의 평가신청대상 해당여부, 반려대상 해당여부 및 비상장법인의 유사상장법인 주가 비교평가액의 적정성 여부를 검토하고 신용평가전문기관으로부터 평가가

액을 통지받은 경우에는 그 평가가액의 적정성 여부를 검토한다.

유사상장법인 주가 비교평가액 및 신용평가전문기관의 평가가액 등을 참고하여 평가대상 비상장주식의 적정한 평가가액이나 평가방법을 결정한다. 신청한 내용에 대하여 반려하거나 결정한 평가가액 또는 평가방법을 상속세 과세표준신고기한 만료 1개월전(증여의 경우에는 증여세과세표준신고기한 만료 20일 전)까지 납세자에게 서면으로 통지하여야 한다(훈령 §20). 평가서의 기재내용이 허위인 것으로 확인되는 경우에는 결과통지는 효력이 상실된 것으로 본다.

(2) 납세자의 국세청평가심의위원회가 통지한 평가가액 등의 활용

납세자는 국세청평가심의위원회가 통지한 평가가액 또는 평가방법으로 계산한 평가가액을 해당 비상장기업의 1주당가액으로 할 수 있다(훈령 §25).

6. 신용평가전문기관에 대한 평가 의뢰

국세청평가심의위원회는 공정하고 객관적인 심의를 위하여 납세자별 주식평가액의 차이가 10억원 이상(보충적 평가방법에 따른 주식평가액을 기준으로 계산한다)에 해당하는 경우 영 제56조 제2항에 따른 신용평가전문기관에 평가를 의뢰할 수 있다. 이 경우 비상장주식의 평가를 신청한 납세자는 상속세및증여세법 시행령 제49조의2 제8항에 따라 신용평가전문기관의 평가에 따른 평가수수료를 부담하여야 한다(훈령 §7).

7. 평가심의위원회의 설치·운영·심의절차 등은 국세청장이 고시

평가심의위원회의 설치·운영, 심의신청절차, 비상장주식 등의 가액평가 및 평가방법 등에 관하여 필요한 사항은 국세청장이 정하여 고시한다(상증령 49의2 ⑨).

II 현금흐름할인법·배당할인법 등 의한 평가시 평가업무

1. 현금흐름할인법·배당할인법 등 의한 평가시

평가서 작성자는 평가심의위원회 운영규정에서 별도로 규정한 부분을 제외한 다른 부분에 대해서는 한국공인회계사회가 제정한 "가치평가서비스 수행기준" 및 금융감독원 기업공시본부에서 제시한 "외부평가업무 가이드라인"을 준수하여 평가업무를 수행하여야 한다(훈령 §15, 16).

현금흐름할인법 및 배당할인법에 의한 평가업무를 수행할 때 추정기간 및 할인율 등은 아래에 따른다(훈령 §15, 16).

① 추정기간은 5년을 적용한다.
② 할인율은 10%로 적용한다.
③ 영구성장율은 0%로 한다.
④ 주요 거시경제지표, 임금상승률 등의 가정은 한국은행 경제전망보고서 및 한국은행 경제통계시스템을 이용하여 산출한다.

2. 자산평가법에 의한 평가시

평가서 작성자는 상속세및증여세법 시행령 제54조 제2항 및 제55조에 따라 평가업무를 수행하여야 한다(훈령 §17).

III 유사상장법인 주가 비교평가방법에 의한 평가업무

1. 의의

상속세및증여세법상 비상장법인의 주식에 대한 보충적 평가방법은 평가대상법인의 재무상태표와 포괄손익계산서를 기준으로 평가되었으나 그 평가액의 시가 적용에 있어서 많은 문제점이 제기되었고, 이러한 문제점을 해결하기 위하여 상속세및증여세법 시행령 제56조의2가 2003.12.30. 신설되었다.

이 규정에 의하면 중소기업으로서, 당해 법인의 자산·매출규모 및 사업의 영위기간 등을 감안하여 동종의 업종을 영위하고 있는 다른 법인의 주식가액과 비교할 때 보충적 평가액이 불합리하다고 인정되는 경우에는 납세자의 신청에 의하여 국세청평가심의위원회에서 심의하도록 하고 있다. 즉, 비상장 중소기업 주식의 평가에 있어서 보충적 평가방법에 의하여 평가한 가액이 불합리한 경우에 납세자가 신청에 의하여 유사상장법인 주가 비교평가방법을 적용하여 평가할 수 있게 되었다. 이와 같이 그 동안은 유사상장법인 주가 비교평가방법을 적용할 때는 비상장 중소기업을 대상으로 하였으나 2017.07.01. 상속이 개시되거나 증여분부터는 중소기업으로 한정하지 않고 일반법인도 적용이 가능하다. 아래의 내용은 재산평가심의위원회 운영규정(이하 "훈령"이라 한다)을 위주로 설명한다.

2. 적용대상 및 요건

(1) 적용대상법인

당해 법인의 자산·매출규모 및 사업의 영위기간 등을 감안하여 동종의 업종을 영위하고 있는 다른 법인(주권상장법인 등을 말한다)의 주식가액과 비교할 때 상속세및증여세법 시행령 제54조부터 제56조까지의 규정에 의하여 평가하는 것이 불합리하다고 인정되는 법인을 대상으로 하고 있으며, 상속세 또는 증여세 납부의무가 있는 자가 신청할 수 있다.

(2) 유사상장법인 주가 비교평가방법의 적용 신청요건

납세자가 비상장법인의 1주당 가액의 평가를 유사상장법인 주가 비교평가방법을 적용하여 납세지 관할지방국세청장에게 신청하기 위해서는 당해 비상장법인이 다음의 요건을 모두 갖추어야 한다(훈령 §18).

① 상속세및증여세법 시행령 제54조 제1항·제4항, 제55조 및 제56조에 따라 평가하는 것이 불합리하다고 인정되는 법인이 발행한 비상장주식등에 해당할 것
② 사업개시 후 3년 이상 경과할 것

③ 재산평가심의위원회 운영 규정 제22조에 따른 1주당 경상이익, 1주당 순자산가액이 양수일 것
④ 재산평가심의위원회 운영 규정 제20조 제1항에 따른 유사상장법인이 1개 이상 있을 것
⑤ 자산총액 중 부동산등이 80% 이상인 법인의 주식등에 해당하지 않을 것. 이 경우 부동산등의 범위는 소득세법 제94조 제1항 제4호 다목에 따른다.

3. 유사상장법인 주가 비교평가방법의 적용절차

(1) 납세자의 평가신청

납세자가 유사상장법인 주가 비교평가방법에 의하여 평가하기 위해서는 상속세과세표준신고기한 만료 4개월 전(증여의 경우에는 증여세과세표준신고기한 만료 70일 전)30)까지 다음 각호의 서류를 첨부하여 납세지 관할지방국세청장(성실납세지원국장)에게 신청하여야 한다(훈령 §18).
① 비상장 기업의 주식평가 신청서 : 별지 제3호 서식
② 비상장 기업의 주식평가 관련 검토서 : 별지 제3호 서식 부표
③ 유사상장법인 주가 비교평가액 계산서 : 별지 제4호 서식
④ 유사상장법인 종가명세서 : 별지 제4호 서식 부표 1
⑤ 유사상장법인 선정기준 검토서 : 별지 제4호 서식 부표 2
⑥ 비상장주식 등 평가서 : 별지 제4호 서식 부표 3
⑦ ①부터 ⑥까지의 규정에 따른 서식의 기재내용을 증명할 수 있는 증거서류

납세자는 비상장주식에 대한 평가를 신청하는 경우에는 비상장주식 평가심의위원회의 설치 및 운영에 관한 규정 제13조 제1항(평가신청의 요건) 및 제14조 제3항의 요건에 해당하는지 여부를 "평가대상 또는 반려대상 여부 검토서" 서식에 기재하여 제출하여야 한다. 이 경우 해당 기재내용이 허위인 것으로 확인되는 경우에는 지방청평가심의위원회의 평가가액 결정 및 결과통지는 효력이 상실된 것으로 본다.

---

30) 2007.2.27 이전 증여분에 대하여는 신고기한 만료 2개월전까지 신청해야 한다.

제8절 평가심의위원회의 심의를 통한 비상장주식 평가방법

유사상장법인 비교평가방법 절차

평가대상법인 요건 검토
※ 평가대상법인 요건(「평가심의위원회 운영규정(이하 '훈령')」§18)
① 비상장기업, ② 사업개시 후 3년 이상 경과
③ 1주당 경상이익, 1주당 순자산가액이 양수일 것, ④ 유사상장법인이 1개 이상 있을 것,
⑤ 부동산 가액 80% 이상에 해당하지 않을 것

유사상장법인 자격 검토
※ 일반기준(훈령§19①1호)
① 상장일부터 6개월 경과, ② 최근 2년간 감사의견이 적정
③ 최근 2년간 합병, 영업양수도, 분할 등 없을 것, ④ 최근 2년간 기업회계기준 위배조치 없을 것
⑤ 최근 6개월 내 관리종목 아닐 것, ⑥ 1주당 경상이익, 1주당 순자산가액이 양수일 것

※ 업종기준(훈령§19①2호) : 중분류기준
- 도소매 및 소비자용품 수리업의 경우 소분류 이내

※ 규모기준(훈령§19①3호) : 총자산가액 5배 이내, 매출액 5배 이내

※ 제외대상(훈령§19④)
① 「자본시장법」 및 동법 시행령에 다른 집합투자기구, 사모집합투자기구, 투자목적회사, 기업인수목적회사
② 「독점규제법」에 따른 지주회사, ③ 「금융지주회사법」에 따른 금융지주회사
④ ①~③과 유사한 법인

유사상장법인 선정
※ 선정기준(훈령§20)
① 일반기준을 만족하는 법인으로서
② 업종기준 세세분류→세분류→소분류→중분류까지 순차적으로 적용해서 2개 이상
(중분류까지 적용한 법인이 2개 미만인 경우 1개)
③ 자본이익률 근접 상위 2개, 하위 2개를 선정(각각 2개 미달하는 경우 미달하는 법인을 선정)

유사상장법인 주가 비교평가액 산출
※ 비교평가액(훈령§21) : 유사상장법인별 주가 비교평가액의 단순평균값
√ 유사상장법인 비교평가액이 '비상장주식의 1주당 순자산가치의 80%' 미만인 경우 1주당 순자산가치의 80%를 적용(훈령§21①)

＊ 평가기준일 직전 사업연도의 재무상태표 및 손익계산서를 기준으로 계산

☞ 국세청 "유사상장법인 비교요소일람표 작성요령. 1p.

4. 유사상장법인 주가 비교평가액의 산정

(1) 의의

유사상장법인 주가 비교평가방법은 평가대상법인이 비상장법인으로서 당해 법인의 자산·매출규모 및 사업의 영위기간 등을 감안하여 동종의 업종을 영위하고 있는 상장법인의 주가와 비교 평가한다. 이 방법을 적용하기 위해서는 당해 법인의 현황과 비교하여 당해 법인의 자산·매출규모 및 사업의 영위기간 등을 감안하여 동종의 업종을 영위하고 있는 유사상장법인을 선정하여야 하고, 유사상장법인으로 선정된 법인 주가 등을 적정하게 반영하여 유사상장법인 주가 비교평가액을 산정하여야 한다.

(2) 유사상장법인의 선정기준

유사상장법인은 평가기준일 현재 다음 각 호의 요건에 모두 해당하는 유가증권시장 상장법인 및 코스닥시장 상장법인이어야 한다(훈령 §19).

(가) 일반기준
① 상장일부터 6개월이 경과할 것
② 최근 2년간의 감사의견이 적정의견에 해당할 것
③ 최근 2년간 경영에 중대한 영향을 미칠 수 있는 합병, 영업의 양수도, 분할 등이 없을 것
④ 최근 2년간 기업회계기준 위배로 인한 조치를 받은 사실이 없을 것
⑤ 최근 6개월 이내에 관리종목으로 지정된 사실이 없을 것
⑥ 재산평가심의위원회 운영 규정 제22조에 따른 1주당 경상이익, 1주당 순자산가액이 양수일 것

(나) 업종기준

소득세법 시행령 제145조 제1항에 따라 국세청장이 결정하는 기준경비율·단순경비율의 업종분류를 기준으로 하여 평가대상 비상장 기업과 같은 중분류 이내에 해당하는 업종을 영위하되, 도·소매 및 소비자용품 수리업의 경우에는 소분류 이내에 해당하는 업종을 영위할 것. 이 경우 해당 비상장 기업 및 유사상장법인이 2이상의 업종을 영위하는 경우에는 매출의 비중이 가장 높은 업종을 주업종으로 한다.

┃ 코드번호의 구조(예시) ┃

코드		기준경비율 및 단순경비율의 업종분류	
자릿수	코드번호	분류단계	업종별
①	D	대분류	제조업
②	15	중분류	음료제조업
③	155	소분류	알코올음료제조업
④	1551	세분류	발효주제조업
⑤~⑥	155101	세세분류	증류주 및 합성주 제조업

(다) 규모기준

① 유사상장법인의 총자산가액이 평가대상 비상장 기업의 총자산가액의 5배를 초과하지 않을 것. 이 경우 총자산가액은 해당 법인이 법인세법 제60조에 따라 제출한 평가기준일이 속하는 사업연도의 직전 사업연도의 재무상태표상의 자산총계에 따른다.

② 유사상장법인의 매출액이 평가대상 비상장 기업의 매출액의 5배를 초과하지 않을 것. 이 경우 매출액은 해당 법인이 법인세법 제60조에 따라 제출한 평가기준일이 속하는 사업연도의 직전 사업연도의 손익계산서에 기재된 매출액에 따른다.

(3) 유사상장법인의 선정 제외대상 법인

유가증권시장 상장법인 및 코스닥시장 상장법인이 다음에 해당하는 경우에는 유사상장법인으로 선정할 수 없다(훈령 §19 ④).

① 자본시장과 금융투자업에 관한 법률 제9조 제18항에 따른 집합투자기구
② 자본시장과 금융투자업에 관한 법률 제9조 제19항에 따른 사모집합투자기구
③ 자본시장과 금융투자업에 관한 법률 제249조의13에 따른 투자목적회사
④ 자본시장과 금융투자업에 관한 법률 시행령 제6조 제4항 제14호에 따른 기업인수목적회사
⑤ 독점규제 및 공정거래에 관한 법률 제2조 제7호에 따른 지주회사
⑥ 금융지주회사법 제2조 제1항 제1호에 따른 금융지주회사
⑦ 그 밖에 ①부터 ⑥까지와 유사한 법인

(4) 유사상장법인의 선정방법

(가) 1단계

비상장 기업과 비교할 유사상장법인은 재산평가심의위원회 운영 규정 제19조 제1항 각 호의 기준에 해당하는 법인으로서 같은 조 제1항 제2호에 따른 업종분류를 기준으로 하여 세세분류가 같은 2 이상의 법인으로 하며, 세세분류가 같은 법인이 2개에 미달하는 경우에는 세분류, 소분류, 중분류까지 순차로 적용하여 2개 이상의

유사상장법인을 선정한다. 다만, 중분류까지 순차로 적용한 법인이 2개에 미달하는 경우 1개를 선정한다(훈령 §20 ①).

(나) 2단계

상기 1단계에서 선정된 유사상장법인 중에서 자본이익률이 평가대상 비상장 기업의 자본이익률과 가장 근접한 상위 2개 법인과 하위 2개 법인을 유사상장법인으로 선정한다. 다만, 유사상장법인의 수가 각각 2개에 미달하는 경우에는 그 미달하는 법인을 유사상장법인으로 선정하며, 상기 1단계에서 1개의 법인을 선정한 경우에는 그 법인을 유사상장법인으로 선정한다. 이 경우 자본이익률은 평가기준일이 속하는 사업연도의 직전 사업연도의 재무상태표 및 손익계산서를 기준으로 다음 산식에 의하여 계산한다(훈령 §20 ②, ③).

$$\text{자본이익률} = \text{당기순이익} \div \text{자산총계}$$

상기 산식을 적용함에 있어서 1년 미만의 사업연도가 있는 경우에는 해당 사업연도의 자본이익률은 다음 산식에 의하여 연으로 환산한 가액에 의한다. 이 경우, 월수의 계산은 달력에 따라 계산하되, 평가기준일이 속하는 달의 일수가 1개월 미만인 경우에는 1개월로 본다.

$$\text{환산자본이익률} = \text{1년 미만 사업연도의 자본이익률} \times (12월 \div 월수)$$

[참고 1] 유사상장법인 선정시 비교요소일람표 이용방법[31]

① 평가대상 비상장법인의 업종에 해당하는 상장법인이 있는지 확인한다
② ①에 해당하는 상장법인이 있으면 비교요소일람표를 이용하여 업종기준을 적용하되, 세세분류에서 평가대상 비상장기업의 자본이익률과 가장 근접한 상위 2개 법인과 하위 2개 법인을 선정한다. 세세분류에서 유사상장법인이 2개 미만인 경우 세분류, 소분류, 중분류까지 순차적으로 적용(다만, 도·소매 및 소비자용

---

[31] 유사상장법인 비교요소일람표 적용요령. p 6~8(국세청, 2013.6.20.).

제8절 평가심의위원회의 심의를 통한 비상장주식 평가방법

품 수리업의 경우는 소분류까지만 적용)하여 유사상장법인이 2개이상 되는 분류단계에서 유사상장법인을 선정한다.

③ ②항에 의해 선정된 유사상장법인에 대하여 규모기준 충족여부를 검토한다. 규모기준을 충족하는 유사상장법인의 수가 2개미만인 경우 다시 ②항부터 시작한다(세세분류 → 세분류 → 소분류 → 중분류 순차 적용)

☞ 〈참고3〉 유형별 유사상장법인 선정방법 참고

④ ③항에 의해 선정된 2~4개의 유사상장법인에 대하여 일반기준 충족여부를 검토한다. 이때 일반기준 미충족으로 유사상장법인의 수가 2개미만이 되는 경우에는 ②항부터 다시 시작한다(세세분류 → 세분류 → 소분류 → 중분류 순차 적용)

☞ 참고자료1 〈유사상장법인 선정기준(일반기준)확인 참고사이트 모음〉을 참고

⑤ 비교요소일람표에서 ④항에 의해 선정된 유사상장법인의 비교요소 등을 찾아 당해 비상장기업의 「유사상장법인 주가비교평가액」을 계산한다.

[참고 2] 유형별 유사상장법인 선정방법

(1) 유형예시

〈유형1〉		〈유형2〉		〈유형3〉		〈유형4〉		〈유형5〉	
유사상장법인	자본이익률	유사상장법인	자본이익률	유사상장법인	자본이익률	유사상장법인	자본이익률	유사상장법인	자본이익률
C	0.11	-	-	-	-	-	-	-	-
B	0.10	ⓑ	0.08	A	0.08	A	0.08	A	0.08
A	0.08	A	0.07	B	0.07	ⓔ	0.07	ⓕ	0.07
ⓐ	0.06	B	0.06	C	0.06	B	0.06	B	0.06
D	0.05	C	0.05	ⓓ	0.05	C	0.05	-	-
E	0.03	D	0.04	D	0.04	D	0.04	-	-
F	0.02	ⓒ	0.03	-	-	-	-	-	-

- 평가대상 비상장법인 : ⓐ, ⓑ, ⓒ, ⓓ, ⓔ, ⓕ
- 유사상장법인(선정기준을 모두 충족함) : A, B, C, D, E, F

(2) 유형별 유사상장법인 선정 현황

평가대상법인	ⓐ 법 인	ⓑ 법 인	ⓒ 법 인	ⓓ 법 인	ⓔ 법 인	ⓕ 법 인
유사상장법인	A, B, D, E	A, B	C, D	B, C, D	A, B, C	A, B

• ⓐ법인 : ⓐ법인의 자본이익률과 가장 근접한 상위 2개법인과 하위 2개법인을 유사상장법인으로 선정
• ⓑ법인 : ⓑ법인의 자본이익률이 가장 높은 경우로서 하위 2개법인을 유사상장법인으로 선정
• ⓒ법인 : ⓒ법인의 자본이익률이 가장 낮은 경우로서 상위 2개법인을 유사상장법인으로 선정
• ⓓ법인 : ⓓ법인의 자본이익률과 가장 근접한 상위 2개법인과 하위에 있는 1개법인을 유사상장법인으로 선정
• ⓔ법인 : ⓔ법인의 자본이익률 상위에 있는 1개법인과 ⓔ법인의 자본이익률과 가장 근접한 하위 2개법인을 유사상장법인으로 선정
• ⓕ법인 : ⓕ법인의 자본이익률과 가장 근접한 상위 및 하위 유사상장법인의 수가 2개

에 미달(각각 1개업체)하므로 그 미달하는 법인(2개법인)을 유사상장법인으로 선정
☞ 유사상장법인의 수가 2개 미만인 경우 중분류 업종까지 순차적으로 확대 적용하여 유사상장법인을 찾아야 하며, 유사상장법인이 1개도 없는 경우에는 당해 비상장법인은 위원회의 평가대상이 아님

(5) 비상장기업의 유사상장법인 주가 비교평가액의 계산방법

(가) 평가방법

평가대상 비상장주식의 유사상장법인 주가 비교평가액은 다음 중 큰 금액으로 평가한 가액에 의하되, 그 가액이 다음 ②에 따른 가액보다 적은 경우에는 ②에 따른 가액으로 한다(훈령 §21, 22).

① 유사상장법인별로 아래 (나)에 의하여 계산한 유사상장법인의 주가 비교평가액의 단순평균값
② 상속세및증여세법 시행령 제54조 제2항에 의하여 계산한 당해 비상장주식의 1주당 순자산가치의 100분의 80

(나) 유사상장법인 주가 비교평가액의 계산

유사상장법인별로 다음과 같은 산식에 의하여 계산한 유사상장법인 주가 비교평가액을 평균하여 계산한다. 다만, 부동산과다보유법인(소득세법 시행령 제158조 제1항 제1호 가목에 해당하는 법인을 말한다)의 경우에는 1주당 경상이익과 순자산가액의 비율을 각각 2와 3으로 가중평균 한다.

$$\text{유사상장법인의 비교평가액} = \text{유사상장법인의 1주당가액} \times \frac{\left(\frac{\text{비상장기업의 1주당경상이익}}{\text{유사상장법인의 1주당경상이익}} \times 3 + \frac{\text{비상장기업의 1주당순자산가액}}{\text{유사상장법인의 1주당순자산가액}}\right) \times 2}{5}$$

1) 경상이익 및 1주당 경상이익

경상이익은 법인세차감 전 손익에서 자산수증익, 채무면제익, 보험차익, 재해손실을 차감하여 계산한다. 또한 1주당 경상이익은 다음 산식에 의하여 계산한 가액에 의한다.

> 1주당 경상이익 = {(평가기준일이 속하는 사업연도의 직전 사업연도의 경상이익 ÷ 평가기준일이 속하는 사업연도의 직전 사업연도말 현재 발행주식총수) + (평가기준일이 속하는 사업연도의 직전전 사업연도의 경상이익 ÷ 평가기준일이 속하는 사업연도의 직전전 사업연도말 현재 발행주식총수)} ÷ 2

1주당 경상이익을 계산함에 있어 1년 미만의 사업연도가 있는 경우에는 해당 사업연도의 경상이익은 다음 산식에 의하여 연으로 환산한 가액에 의한다. 이 경우, 월수의 계산은 달력에 따라 계산하되, 평가기준일이 속하는 달의 일수가 1월 미만인 경우에는 1월로 본다.

> 환산경상이익 = 1년 미만의 사업연도의 경상이익 × (12월 ÷ 월수)

1주당 경상이익을 계산함에 있어서 평가기준일이 속하는 사업연도의 직전 사업연도말의 주식 액면가액과 직전전 사업연도말의 주식 액면가액이 다른 경우에는 평가기준일이 속하는 사업연도의 직전전 사업연도말의 발행주식총수는 다음 산식에 의하여 환산한 주식수에 의한다.

> 환산 주식수 = 평가기준일이 속하는 사업연도의 직전전 사업연도말의 발행주식총수 × (평가기준일이 속하는 사업연도의 직전전 사업연도말의 액면가액 ÷ 평가기준일이 속하는 사업연도의 직전 사업연도말의 액면가액)

1주당 경상이익을 계산함에 있어서 평가기준일이 속하는 사업연도 직전 사업연도 개시일부터 평가기준일까지의 기간 중에 증자 또는 감자를 한 사실이 있는 경우에는 증자 또는 감자 전의 각 사업연도 종료일 현재의 발행주식총수는 다음 각 호의 산식에 의하여 환산한 주식수에 따른다.
① 증자의 경우

> 환산주식수 = 증자 전 각 사업연도말 주식수 × [(증자 직전 사업연도말 주식수 + 증자주식수) ÷ 증자 직전 사업연도말 주식수)]

② 감자의 경우

> 환산주식수 = 감자 전 각 사업연도말 주식수 × [(감자 직전 사업연도말 주식수 − 감자주식수) ÷ 감자 직전 사업연도말 주식수)]

2) 1주당 순자산가액

상기 산식에서 1주당 순자산가액은 평가기준일이 속하는 사업연도의 직전 사업연도말의 재무상태표를 기준으로 다음 산식에 의해 계산한다.

> 1주당 순자산가액 = (자산총계−부채총계) ÷ 발행주식 총수

3) 유사상장법인의 1주당 가액

유사상장법인의 1주당 가액은 재산평가심의위원회운영규정 제20조 제2항에 따라 선정된 유사상장법인의 평가기준일 이전 2개월간의 보통주의 종가평균액을 말한다. 다만, 2개월간의 기간 중에 증자·감자·주식의 액면분할 또는 액면병합 등의 사유가 발생하여 해당 평균액에 의하는 것이 부적당한 경우에는 그 사유가 발생한 날의 다음날부터 평가기준일까지의 최종시세가액 평균액에 따른다.

이 경우 평가기준일 현재 유사상장법인의 주식 액면가액이 평가기준일이 속하는 사업연도의 직전 사업연도말의 액면가액과 다른 경우에는 유사상장법인의 1주당 가액은 다음 산식에 의하여 환산한 1주당 가액에 의한다.

> 유사상장법인의 환산 1주당 가액 = 제3항에 따른 유사상장법인의 1주당 가액 × (직전 사업연도말의 액면가액 ÷ 평가기준일 현재의 액면가액)

5. 「유사상장법인 비교요소일람표」 적용사례[32]

사례 1 유사상장법인이 2개 이상 있는 경우

▌평가대상 비상장중소기업 "甲"의 내용 ▌

개업일	비 교 요 소					1주당가액		발행주식수	액면가액	자본이익률
	직전사업년도		업종코드	총자산가액	매출액	경상이익	순자산가액			
	결산월	사업년도								
2000.1.1.	2022.12.	1.1-12.31	153300	12,190,315,986	6,215,126,537	4,205	36,983	30,000	5,000	0.0645

- 평가기준일 : 2023.8.1.
- 위 표의 비교요소는 평가기준일 직전사업연도(2022.12.31) 재무제표 기준으로 작성되어 있고, 1주당가액 중 경상이익은 훈령 제22조 제1항에 의해 계산(2개년도 경상이익의 단순평균값)하고, 1주당 순자산가액은 훈령 제22조 제5항에 의해 직전사업연도말의 대차대조표를 기준으로 계산〔(자산총계-부채총계) / 발행주식 총수〕
- 1주당 보충적평가액 : 31,830원 ☞ 상증령 § 54~56에 의하여 평가기준일 현재 기준으로 가결산을 한 수치임
    • 1주당 순자산가액 : 28,832원
    • 1주당 순손익가치(최근3년간 순손익액의 가중평균액) : 33,844원
    ① 당해 비상장중소기업이 평가신청요건중 일부(훈령 제13조 제1항 1호~4호)를 충족하는지 여부 검토

---

32) 유사상장법인 비교요소일람표 적용요령. p. 9~14(국세청, 2013.6.20)

제8절 평가심의위원회의 심의를 통한 비상장주식 평가방법

평 가 신 청 기 준 (훈령 제18조 제1항 1호~6호)	여	부
1. 비상장기업에 해당할 것	○	
2. 사업개시후 3년 이상 경과 할 것	○	
3. 1주당 경상이익, 1주당 순자산가액이 양수일 것	○	
4. 유사상장법인이 1개 이상 있을 것	○	
5. 자산총액 중 부동산 등이 80% 이상인 법인(소득세법 제94조 제1항 제4호다목)의 주식 등에 해당하지 않을 것	○	

② 유사상장법인 선정
 - 아래 일반기준 및 규모기준(총자산가액, 매출액) 범위내에 있는 상장법인을 유사상장법인으로 선정
 ※ 규모기준 :
  • 총자산가액 규모(비상장기업 총자산가액의 5배 범위내):
   60,951,579,930원 (=12,190,315,986×5배)
  • 매출액 규모(비상장기업 매출액의 5배 범위내):
   31,075,632,685원(= 6,215,126,537 × 5배)

(단위 : 원)

상장법인명	자본이익률	규모기준(훈령 제19조 제1항 제3호)				유사상장법인여부
		총 자 산 가 액		매 출 액		
		금 액	범위내여부	금 액	범위내여부	
A	0.0755	43,074,156,105	여	24,346,169,031	여	○
평가대상법인(갑)	0.0645					
B	0.0541	75,200,292,529	부	26,019,518,457	여	×
C	0.0427	83,774,910,006	부	33,412,427,638	부	×
D	0.0336	55,153,595,316	여	13,755,906,361	여	○
E	0.0294	37,421,464,271	여	16,800,325,318	여	○
F	0.0187	47,778,066,490	여	71,824,861,831	부	×
G	0.0101	41,530,846,954	부	41,835,803,166	부	×
H	-0.0216	71,218,430,008	부	40,950,966,583	부	×
이하 생략						

- 유사상장법인의 선정기준(훈령 제19조 제1항)에 부합되는 유사상장법인은 3개(위의 표 우측「유사상장법인 여부」에서 ○표시된 것)가 존재하여 당해 비상장 기업 주식은 훈령 제18조 제1항 5호의 평가신청요건 충족 (유사상장법인이 2개 이상 존재)
  ※ 세세분류에서 유사상장법인이 2개미만인 경우에는 유사상장법인이 2개이상이 될 때까지 세분류, 소분류, 중분류까지 유사상장법인 선정기준을 순차적으로 적용
- 유사상장법인 3개 중 평가대상법인의 자본이익률(0.0645)과 가장 근접한 상위 1개 법인과 하위 2개 법인을 비교대상 유사상장법인으로 최종 선정(훈령 제20조 제2항) : 상위 1개 법인으로 A, 하위 2개 법인으로 D,E가 선정됨
③「유사상장법인별 주가 비교평가액의 단순평균값」계산 : 88,290원(원단위 이하 절사)

(단위 : 원)

법인명	유사상장법인 1주당가액	1주당 경상이익	1주당 순자산	비교평가 비율	비교평가액 (주가 × 비교평가비율)
A	10,962	526	4,246	8.28	90,765
D	8,158	530	6,475	7.05	57,513
E	6,879	182	4,793	16.95	116,599
				합 계 액	264,877
평가대상 법인	(甲)법인	4,205	36,983	평 균 값 (합계액÷유사법인수)	88,292

ⓐ 유사상장법인 A 대비 甲법인의 비교평가비율
  ⇒ 10,962원×8.28=90,765원(소수점 이하 절사)
ⓑ 유사상장법인 A 대비 甲법인의 비교평가액
   [(4,205÷526)×3+(36,983÷4,246)× 2}÷5] = 8.28(소수점 셋째자리에서 반올림)
  ⇒ 유사상장법인 D, E도 상기와 같은 방법으로 비교평가비율 및 비교평가액을 계산함
※ 유사상장법인의 주가 비교평가액 계산식

ⓐ 주가 비교평가액 = 유사상장법인의 1주당 가액(2개월간 종가평균액) × 비교평가 비율

ⓑ 비교평가 비율 =
[{(비상장기업의 1주당경상이익 ÷ 유사상장법인의 1주당경상이익) × 3 + (비상장기업의 1주당순자산가액 ÷ 유사상장법인의 1주당 순자산가액) × 2} ÷ 5]
(단, 부동산과다보유법인의 경우에는 1주당 경상이익과 순자산가액의 비율을 2 : 3으로 함)

사례 2 상장된 법인의 수가 없는 업종의 경우

유사업종 중분류번호	유 사 업 종 명	상장법인수
02	임업	없음
10	석탄, 원유 및 천연가스 광업	없음
13	금속 광업	없음
14	비금속광물광업, 연료용 제외	없음
37	폐기물 수집운반, 처리 및 원료 재생업	없음
38	기타 제품 제조업	없음
41	수도업	없음
85	보건업	없음
87	사회복지서비스업	없음
94	인적용역	없음
95	기타 개인서비스업	없음

– 상기 업종에 속하는 비상장기업은 유사한 상장법인이 없으므로 위원회의 평가대상이 될 수 없고, 상속세 및 증여세법 시행령 제54조의 규정에 의해 평가함

6. 유사상장법인 비교요소 일람표의 이용

국세청장은 납세지 관할세무서장이 유가증권시장 상장법인 및 코스닥시장 상장법인으로부터 법인세법 제60조 제1항 및 제2항에 따라 제출받은 재무상태표 및 손익계산서 등 부속서류(이하 이 조에서 "재무제표"라 한다)를 기준으로 유사상장법인 비

교요소일람표를 매년 1회 이상 작성하여 발표하여야 한다.

납세자는 제18조부터 제21조까지의 규정에 따른 비상장주식의 평가신청자격 해당여부 판정, 유사상장법인의 선정 및 비상장 기업의 유사상장법인 주가 비교평가액의 계산 등을 위하여 제1항에 따른 유사상장법인 비교요소일람표를 이용할 수 있다. 이경우 납세자는 유사상장법인 비교요소일람표에 사실과 다른 부분이 있는 것으로 확인되는 경우에는 정당한 내용에 따른다.

유사상장법인 비교요소일람표는 국세청장이 평가기준일이 속하는 사업연도의 직전 사업연도의 재무제표를 기준으로 작성하여 발표한 자료를 말한다. 다만, 해당 유사상장법인 비교요소일람표가 발표되지 아니한 경우에는 평가기준일이 속하는 사업연도의 직전전 사업연도의 재무제표를 기준으로 작성하여 발표된 유사상장법인 비교요소일람표에 따른다.

유사상장법인 비교요소일람표의 비교요소 중에서 평가기준일이 속하는 사업연도 중에 실시한 무상증자 또는 무상감자 등의 사실과 같이 직전 사업연도말의 재무제표에 의하여 파악할 수 없는 비교요소에 대하여는 납세자가 유사상장법인, 거래소에서 자료를 수집하여야 한다.

Ⅳ. 납세자의 평가심의위원회 신청기한 및 평가심의위원회의 결과통지기한

1. 납세자의 평가심의위원회 신청기한 및 신청서류

납세자는 평가심의위원회의 심의가 필요한 경우에는 상속세및증여세법 제67조에 따른 상속세 과세표준 신고기한 만료 4개월 전(증여의 경우에는 상속세및증여세법 제68조에 따른 증여세 과세표준 신고기한 만료 70일 전)까지 다음 구분에 따른 자료를 첨부하여 평가심의위원회에 신청해야 한다. 다만, 평가기간이 경과한 후부터 상속증여세 결정기한까지의 기간 중에 매매등이 있는 경우에는 해당 매매등이 있는 날부터 6개월 이내에 다음의 구분에 따른 자료를 첨부하여 평가심의위원회에 신청해야 한다(상증령 §49의2 ⑤).

① 상속세및증여세법 시행령 제49조 제1항 각 호 외의 부분 단서에 따른 매매등의 가액의 시가인정: 매매등의 가액의 입증자료
② 상속세및증여세법 시행령 제54조 제6항에 따른 비상장주식등의 가액평가 및 평가방법: 다음의 자료
  ⓐ 상속세및증여세법 시행령 제54조 제1항·제4항, 제55조 및 제56조에 따라 평가한 비상장주식등의 평가액(보충적 평가방법에 따른 주식평가액") 및 그 평가 부속서류
  ⓑ 보충적 평가방법에 따른 주식평가액이 불합리하다고 인정할 수 있는 근거자료
  ⓒ 상속세및증여세법 시행령 54조 제6항 각 호의 어느 하나의 방법에 따라 평가한 비상장주식등의 평가액 및 그 평가 부속서류
③ 상속세및증여세법 시행령 제15조 제11항 제2호 나목 및 조세특례제한법 시행령 제27조의6 제6항 제2호 나목에 따른 업종의 변경 : 제1항 제3호의 경우: 업종 변경의 승인 필요성을 인정할 수 있는 근거자료

2. 평가심의위원회의 결과통지 기한

납세자로부터 신청을 받은 평가심의위원회는 해당 상속세 과세표준 신고기한 만료 1개월 전(증여의 경우에는 증여세 과세표준 신고기한 만료 20일 전)까지 그 결과를 납세자에게 서면으로 통지해야 한다. 다만, 법정결정기한내 매매가액 등 시가가 있는 경우의 시가인정에 대한 신청을 받은 날부터 3개월 이내에 그 결과를 납세자에게 서면으로 통지해야 한다(상증령 49의2 ⑥).

제9절 저당권 등이 설정된 재산의 평가특례

I 저당권 등이 설정된 재산의 평가특례 적용범위

저당권 등이 설정된 재산의 평가특례 규정은 해당 재산이 담보하는 채권액 등을 기준으로 평가한 가액과 재산의 평가원칙(시가, 시가가 불분명한 경우에는 보충적 평가방법에 의한 평가액)에 의하여 평가한 가액을 비교하여 그중 큰 금액으로 평가하여야 한다(상증법 §66). 이 경우에 평가특례규정이 적용되는 재산의 범위는 다음과 같다.

① 저당권 또는 질권이 설정된 재산
② 양도담보재산
③ 전세권이 등기된 재산(임대보증금을 받고 임대한 재산을 포함)
④ 위탁자의 채무이행을 담보할 목적으로 대통령령으로 정하는 신탁계약을 체결한 재산. 동 규정은 2019.1.1.이후 상속·증여분부터 적용한다.

저당권 등이 설정된 재산의 평가특례규정은 평가대상 재산에 대하여 평가기준일 현재 저당권 등이 설정된 경우에 한하여 적용되며, 평가기준일 현재 저당권 등이 설정되지 않은 재산은 이 규정이 적용되지 않는다(재삼46014-2050, 1998.10.23). 또한 채권액에는 등기되지 아니한 전세금채권을 포함한다(재재산-1722, 2004.12.30.).

> ※ 저당권 등이 설정된 재산의 평가액(max①, ②)
>
> ① 상속세및증여세법 제60조 내지 제65조에 따라 평가한 가액
>   (시가 또는 보충적 평가방법)
> ② 채권액

Ⅱ 채권액의 의미

(1) 원칙

저당권 등이 설정된 재산의 평가특례규정을 적용할 때 평가기준일 현재 채권액은 채권최고액을 말하는 것이 아니라 평가기준일 현재 남아있는 채권액을 말한다(서면4팀-126, 2007.01.10). 즉, 평가기준일 현재 남아 있는 채권잔액을 말하며, 채무자 입장에서 채무잔액이 된다. 이 경우 채권최고액이 담보하는 채권액보다 적은 경우에는 채권최고액을 의미한다(재재산46014-54, 2001.2.26).

부동산과 예금 및 무체재산권이 동일한 채권의 담보로 제공된 경우 부동산이 담보하는 채권액은 예금과 무체재산권을 평가기준일 현재의 잔액으로 평가한 후 그 평가금액을 공제한 금액으로 한다(재재산-257, 2008.6.4)

(2) 동일한 재산이 다수의 채권의 담보된 경우

동일한 재산이 다수의 채권의 담보로 되어 있는 경우 그 재산이 담보하는 채권액의 합계액을 채권액으로 한다(서면4팀-2298, 2006.07.14).

(3) 근저당권의 채권최고액이 담보채권액보다 적은 경우

근저당권 등이 설정된 재산의 평가의 특례규정에 의하여 평가할 때 해당 재산에 설정된 근저당권의 채권최고액이 담보하는 채권액보다 적은 경우에는 채권최고액으로 한다. 이 경우 제3자의 채무액을 담보하기 위하여 저당권을 설

정한 경우에도 상속세및증여세법 제66조(근저당권 등이 설정된 재산의 평가특례)의 규정에 의하여 평가한다(재경부 재산 46014-207, 2001.8.21.).

Ⅲ 질권이 설정된 재산의 평가

1. 의의

질권이란 채권자가 채권의 담보로 채무자 또는 제3자가 제공한 물건(재산권)을 점유하고 채무의 변제가 있을 때까지 유치함으로써 채무의 변제를 간접적으로 강제하는 담보물건이다. 질권자는 질권의 설정으로 채무자가 채무를 변제하지 않는 경우에는 다른 채권자보다 자기채권의 우선변제를 받을 권리가 있다(민법 §329). 우리나라의 민법에서 질권을 동산질권과 권리질권으로 구별하고 있으며, 부동산질권은 인정하지 않고 있다.

2. 평가방법

질권이 설정된 재산의 평가는 당해 재산의 시가(시가가 불분명한 경우에는 보충적 평가방법에 의한 평가액)와 당해 재산이 담보하는 채권액을 비교하여 그중 큰 금액으로 평가한다.

제10절 비상장주식 평가방법 종합사례

I 사실관계

1. 평가기준일 : 2025.3.20.

2. 평가대상 주식을 발행한 법인 현황

- 평가대상 법인명 : (주)대한민국   대표이사 : 홍길동
- 업태 : 제조, 도소매,
- 중소기업기본법상 중소기업임
- 법인사업개시일 : 1991.4.19.(12월말 법인)

3. (주)대한민국의 자본금 변동내역

구 분	날 짜	주 식 수	액면가액	기말 자본금	신주발행가액
기초	2022.1.1.	100,000	10,000	1,000,000,000	
유상증자	2024.3.27	10,000	10,000	1,100,000,000	@10,000

☞ 평가기준일 현재 발행주식총수는 110,000주임

4. 부동산 보유현황

구분	취득일자	장부가액	기준시가	비고
토지 1	1992.2.1.	4,802,788,049	5,067,972,000	
토지 2	2016.8.15.	400,000,000	381,384,900	
건물 1	1993.9.10.	641,657,679	3,193,813,020	
건물 2	2017.3.1.	1,595,857,607	1,424,332,768	

☞ 부동산은 상기자료 외 다른 평가액 없으며, 평가기준일 현재 근저당권 설정되어 있으나 채권액이 더 낮음

5. 매도가능증권현황

- ㈜대한민국은 아래와 같이 다른 법인의 주식을 소유하고 있음

회사명	보유주식수	지분율	취득원가	재무상태표상가액	보충적평가액
㈜서울	140,000	27%	501,200,000	501,200,000	700,000,000
㈜부산	5,500	3.9%	1,100,000,000	1,100,000,000	1,650,000,000

☞ ㈜서울의 1주당 보충적 평가액은 @5,000, ㈜부산의 1주당 보충적 평가액은 @300,000원이며, 시가없음.

☞ ㈜서울은 중소기업이며, ㈜부산은 최근 3년간 평균 매출액이 5천억 미만인 중견기업이며, 부동산과다보유법인에 해당되지 않음

6. 기타사항

① 평가기준일 현재 보유한 금융상품에서 발생한 이자상당액은 평가기준일까지 계산하여 미수수익으로 장부계상하였으나 원천징수세액은 반영되지 않았음
② 2024년 귀속 법인세는 장부에 계상하였으나 2025.1.1.~ 평가기준일까지의 법인세 결정세액 80,000,000(지방소득세 10% 별도)이나 장부에 미계상됨
③ 법인결산시 외화자산에 대하여는 법인세법상 외화환산손익을 반영하였다고 가정하며, 감가상각도 적법하게 신고하고 있음
④ 최근 3년간 지방소득세와 농어촌특별세 현황은 다음과 같음

연도별	2024년	2023년	2022년	비고
농어촌특별세	-	2,150,000	2,480,000원	
지방소득세	48,572,505	22,529,008	60,851,228	

⑤ 퇴직금추계액 등 상황
 - 평가기준일 현재 임원, 사용인이 전원 퇴직시 지급할 퇴직금추계액은 131,243,260원
⑥ 기타사항
 - 평가기준일 현재 주주총회에서 배당금으로 지급할 금액으로 확정된 금액은 124,327,260원이며 장부에 미계상됨
 - 평가가기준일 현재 ㈜대한민국이 보험계약자 및 수익자로 된 보험금 500,000,000원을 수령할 권리가 확정되어 있으며, 이에 대한 보험료 불입액은 2,000,000원으로 장부에 계상되어 있음
 - 2022년도 손금부인된 세금과 공과금 253,556,430원은 세법상 의무미이행으로 부과된 가산세 등임

Ⅱ ㈜대한민국의 주식을 2025.3.20.에 상속 또는 증여하는 경우 보충적인 방법으로 1주당 가액을 산정해 보세요.

[별지 제3호서식] (2023. 3. 20. 개정) (앞쪽)

법인세 과세표준 및 세액조정계산서

사업연도	2024.1.1. ~ 2024.12.31.	법인명	㈜대한민국
		사업자등록번호	312-81-*****

① 각 사업연도 소득계산	⑩ 결산서상 당기순손익	01		2 164 933 862	
	소득조정금액 ⑩ 익 금 산 입	02		1 384 457 282	
	⑩ 손 금 산 입	03		1 020 765 846	
	⑩ 차 가 감 소 득 금 액 (⑩+⑩-⑩)	04		2 528 625 298	
	⑩ 기 부 금 한 도 초 과 액	05			
	⑩ 기부금한도초과이월액 손금산입	54			
	⑩ 각 사업연도소득금액 (⑩+⑩-⑩)	06		2 528 625 298	
② 과세표준계산	⑩ 각 사업연도소득금액 (⑩=⑩)			2 528 625 298	
	⑩ 이 월 결 손 금	07			
	⑩ 비 과 세 소 득	08			
	⑩ 소 득 공 제	09			
	⑩ 과 세 표 준 (⑩-⑩-⑩-⑩)	10		2 528 625 298	
	⑩ 선 박 표 준 이 익	55			
③ 산출세액계산	⑩ 과 세 표 준(⑩+⑩)	56		2 528 625 298	
	⑩ 세 율	11		20	
	⑩ 산 출 세 액	12		485 725 059	
	⑩ 지 점 유 보 소 득 (「법인세법」제96조)	13			
	⑩ 세 율	14			
	⑩ 산 출 세 액	15			
	⑩ 합 계(⑩+⑩)	16		485 725 059	
④ 납부할세액계산	⑩ 산 출 세 액(⑩ = ⑩)			485 725 059	
	⑩ 최저한세 적용대상 공제감면세액	17		72 858 758	
	⑩ 차 감 세 액	18		412 866 301	
	⑩ 최저한세 적용제외 공제감면세액	19			
	⑩ 가 산 세 액	20			
	⑩ 가 감 계(⑩-⑩+⑩)	21		412 866 301	
	기납부세액 ⑩ 중 간 예 납 세 액	22		106 985 880	
	⑩ 수 시 부 과 세 액	23			
	⑩ 원 천 납 부 세 액	24		4 877 300	
	⑩ 간접투자회사등의 외국 납부세액	25			
	⑩ 소 계 (⑩+⑩+⑩+⑩)	26		111 863 180	
	⑩ 신고납부전가산세액	27			
	⑩ 합 계(⑩+⑩)	28		111 863 180	

	⑩ 감면분추가납부세액	29		
	⑩ 차 감 납 부 할 세 액 (⑩-⑩+⑩)	30		301 003 121
⑤ 토지등양도소득에 대한 법인세 계산	양도 ⑩ 등 기 자 산	31		
	차익 ⑩ 미 등 기 자 산	32		
	⑩ 비 과 세 소 득	33		
	⑩ 과 세 표 준 (⑩+⑩-⑩)	34		
	⑩ 세 율	35		
	⑩ 산 출 세 액	36		
	⑩ 감 면 세 액	37		
	⑩ 차 감 세 액 (⑩-⑩)	38		
	⑩ 공 제 세 액	39		
	⑩ 동업기업 법인세 배분액 (가산세 제외)	58		
	⑩ 가 산 세 액 (동업기업 배분액 포함)	40		
	⑩ 가 감 계(⑩-⑩+⑩+⑩)	41		
	기납부세액 ⑩ 수 시 부 과 세 액	42		
	⑩ ( ) 세 액	43		
	⑩ 계 (⑩+⑩)	44		
	⑩ 차감납부할세액(⑩-⑩)	45		
⑥ 미환류소득 법인세	⑩ 과세대상 미환류소득	59		
	⑩ 세 율	60		
	⑩ 산 출 세 액	61		
	⑩ 가 산 세 액	62		
	⑩ 이 자 상 당 액	63		
	⑩ 납부할세액(⑩+⑩+⑩)	64		
⑦ 세액계	⑩ 차 감 납 부 할 세 액 계 (⑩+⑩+⑩)	46		301 003 121
	⑩ 사실과 다른 회계처리 경정 세액 공제	57		
	⑩ 분 납 세 액 계 산 범 위 액 (⑩-⑩-⑩-⑩-⑩+⑩)	47		301 003 121
	⑩ 분 납 할 세 액	48		150 501 560
	⑩ 차 감 납 부 세 액 (⑩-⑩-⑩)	49		150 501 561

210mm×297mm[백상지 80g/㎡ 또는 중질지 80g/㎡]

■ 법인세법 시행규칙 [별지 제15호서식] 〈개정 2013.2.23〉 (앞쪽)

소득금액조정합계표

사 업 연 도	2024.1.1. ~ 2024.12.31.				법인명	(주)대한민국
					사업자등록번호	312-81-*****

익금산입 및 손금불산입				손금산입 및 익금불산입			
①과목	②금액	③소득처분		④과목	⑤금액	⑥소득처분	
		처분	코드			처분	코드
기업업무추진비	300,000	기타사외유출	500	대손충당금	307,253,583	유보	100
퇴직급여충당부채	55,596,120	유보	400	퇴직급여충당부채	102,033,520	유보	100
감가상각비	169,339,617	유보	400	국세환급금이자	500,000	유보	100
지급이자	46,840,650	기타사외유출	500	감가상각비	122,030,499	유보	100
미수수익	8,678,186	유보	400	미수수익	12,058,493	유보	100
미확정비용	265,465,336	유보	400	미확정비용	261,308,200	유보	100
잡손실	877,520	기타사외유출	500	재고자산평가충당금	159,815,051	유보	100
선급비용	57,702	유보	400	퇴직연금부담금	46,766,500	유보	100
연차수당	21,435,406	기타사외유출	500	수입배당금	10,000,000	유보	100
재고자산평가충당금	335,458,281	유보	400				
업무용승용차한도초과액	18,969,658	기타사외유출	500				
법인세등	461,438,806	기타사외유출	500				
합계	1,384,457,282			합계	1,020,765,846		

210mm×297mm[백상지 80g/㎡ 또는 중질지 80g/㎡]

[별지 제3호서식] (2023. 3. 20. 개정)   (앞쪽)

사 업 연 도	2023.1.1. ~ 2023.12.31.	법인세 과세표준 및 세액조정계산서	법 인 명	㈜대한민국
			사업자등록번호	312-81-******

구분	항목	번호	금액		구분	항목	번호	금액
① 각 사 업 연 도 소 득 계 산	⑩ 결산서상 당기순손익	01	829,196,122			⑱ 감면분추가납부세액	29	
	소득조정 ⑩ 익 금 산 입	02	1,200,717,584			⑲ 차 감 납 부 할 세 액 (⑮-⑫+⑱)	30	
	금액 ⑩ 손 금 산 입	03	794,463,282					
	⑩ 차 가 감 소 득 금 액 (⑩+⑩-⑩)	04	1,235,450,424		⑤ 토지등양도소득에대한법인세계산	양도 ⑬ 등 기 자 산	31	
	⑩ 기 부 금 한 도 초 과 액	05				차익 ⑬ 미 등 기 자 산	32	
	⑩ 기부금한도초과이월액 손금산입	54	9,000,000			⑬ 비 과 세 소 득	33	
	⑩ 각 사업연도소득금액 (⑩+⑩-⑩)	06	1,226,450,424			⑬ 과 세 표 준 (⑬+⑬-⑬)	34	
② 과세표준계산	⑩ 각 사업연도소득금액 (⑩=⑩)					⑬ 세 율	35	
	⑩ 이 월 결 손 금	07				⑭ 산 출 세 액	36	
	⑩ 비 과 세 소 득	08				⑭ 감 면 세 액	37	
	⑪ 소 득 공 제	09				⑭ 차 감 세 액 (⑭-⑭)	38	
	⑫ 과 세 표 준 (⑩-⑩-⑩-⑪)	10	1,226,450,424			⑭ 공 제 세 액	39	
	⑲ 선 박 표 준 이 익	55				⑭ 동업기업 법인세 배분액 (가산세 제외)	58	
③ 산출세액계산	⑬ 과 세 표 준 (⑫+⑲)	56	1,226,450,424			⑭ 가 산 세 액 (동업기업 배분액 포함)	40	
	⑭ 세 율	11	20			⑭ 가 감 계 (⑭-⑭+⑭+⑭)	41	
	⑮ 산 출 세 액	12	225,290,084		기납부세액	⑭ 수 시 부 과 세 액	42	
	⑯ 지 점 유 보 소 득 「법인세법」 제96조	13				⑭ ( ) 세 액	43	
	⑰ 세 율	14				⑭ 계 (⑭+⑭)	44	
	⑱ 산 출 세 액	15				⑮ 차감납부할세액(⑭-⑭)	45	
	⑲ 합 계 (⑮+⑱)	16	225,290,084		⑥ 미환류소득법인세	⑯ 과세대상 미환류소득	59	
④ 납부할세액계산	⑳ 산 출 세 액 (⑳ = ⑲)		225,290,084			⑯ 세 율	60	
	㉑ 최저한세 적용대상 공제감면세액	17	10,750,000			⑯ 산 출 세 액	61	
	㉒ 차 감 세 액	18	214,540,084			⑯ 가 산 세 액	62	
	㉓ 최저한세 적용제외 공제감면세액	19				⑯ 이 자 상 당 액	63	
	㉔ 가 산 세 액	20				⑯ 납부할세액(⑯+⑯+⑯)	64	
	㉕ 가 감 계 (㉒-㉓+㉔)	21	214,540,084		⑦ 세액계	⑮ 차 감 납 부 할 세 액 계 (⑲+⑮+⑯)	46	-78,961,286
	기한내납부세액 ㉖ 중 간 예 납 세 액	22	292,933,080			⑮ 사실과 다른 회계처리 경정세액공제	57	
	㉗ 수 시 부 과 세 액	23				⑮ 분 납 세 액 계 산 범 위 액 (⑮-⑮-⑮-⑮-⑮+⑮)	47	
	㉘ 원 천 납 부 세 액	24	568,290			⑮ 분 납 할 세 액	48	
	㉙ 간접투자회사등의 외국 납부세액	25						
	㉚ 소 계 (㉖+㉗+㉘+㉙)	26	293,501,370			⑯ 차 감 납 부 세 액 (⑮-⑮-⑮)	49	-78,961,286
	㉛ 신고납부전가산세액	27						
	㉜ 합 계 (㉚+㉛)	28	293,501,370					

210mm×297mm[백상지 80g/㎡ 또는 중질지 80g/㎡]

■ 법인세법 시행규칙 [별지 제15호서식] 〈개정 2013.2.23〉   (앞쪽)

사 업 연 도	2023.1.1. ~ 2023.12.31.	소득금액조정합계표			법인명	(주)대한민국
					사업자등록번호	312-81-*****

익금산입 및 손금불산입				손금산입 및 익금불산입			
①과목	②금액	③소득처분		④과목	⑤금액	⑥소득처분	
		처분	코드			처분	코드
감가상각비	167,287,058	유보	400	퇴직급여충당부채	18,7263,640	유보	100
업무용승용차한도초과액	37,339,719	기타사외유출	500	퇴직연금부담금	32,777,100	유보	100
지급이자	12,268,408	기타사외유출	500	수입배당금	10,000,000	유보	100
대손충당금	307,253,583	유보	400	대손충당금	282,101,511	유보	100
미수수익	4,481,603	유보	400	선급비용	57,702	유보	100
미확정비용	261,308,200	유보	400	미수수익	8,678,186	유보	100
잡손실	744,870	기타사외유출	500	미확정비용	135,784,030	유보	100
접대비	1,000,000	유보	400	재고자산평가충당금	306,341,113	유보	100
재고자산평가충당금	169,815,051	기타사외유출	500				
법인세등	239,219,092						
합계	1,200,717,584			합계	794,463,282		

210mm×297mm[백상지 80g/㎡ 또는 중질지 80g/㎡]

[별지 제3호서식] (2023. 3. 20. 개정)　　　　　　　　　　　　　　　　　　　　　　　　　　　　　　　(앞쪽)

사업연도	2022.1.1. ~ 2022.12.31.	법인세 과세표준 및 세액조정계산서	법 인 명	㈜대한민국
			사업자등록번호	312-81-******

① 각 사업연도 소득계산	소득조정금액	⑩ 결산서상 당기순손익	01	2,345,335,690		⑬ 감면분추가납부세액	29	
		⑩ 익 금 산 입	02	2,138,958,744		⑭ 차 감 납 부 할 세 액 (⑮ - ⑫ + ⑬)	30	
		⑬ 손 금 산 입	03	1,400,232,992				
	⑭ 차 가 감 소 득 금 액 (⑩ + ⑩ - ⑬)		04	3,084,061,442	⑤ 토지등양도소득에대한법인세계산	⑮ 등 기 자 산	31	99,000,000
	⑮ 기 부 금 한 도 초 과 액		05	9,000,000		⑯ 미 등 기 자 산	32	
	⑯ 기부금한도초과이월액손금산입		54			⑰ 비 과 세 소 득	33	
	⑰ 각 사업연도 소득금액 (⑭ + ⑮ - ⑯)		06	3,093,061,442		⑱ 과 세 표 준 (⑮ + ⑯ - ⑰)	34	99,000,000
② 과세표준계산	⑱ 각 사업연도소득금액 (⑱ = ⑰)			3,093,061,442		⑲ 세 율	35	10
	⑲ 이 월 결 손 금		07			⑳ 산 출 세 액	36	9,900,000
	⑳ 비 과 세 소 득		08			㉑ 감 면 세 액	37	
	㉑ 소 득 공 제		09			㉒ 차 감 세 액 (⑳ - ㉑)	38	9,900,000
	㉒ 과 세 표 준 (⑱ - ⑲ - ⑳ - ㉑)		10	3,093,061,442		㉓ 공 제 세 액	39	
	⑮ 선 박 표 준 이 익		55			㉔ 동업기업 법인세 배분액 (가산세 제외)	58	
③ 산출세액계산	⑬ 과 세 표 준 (⑫+⑮)		56	3,093,061,442		㉕ 가 산 세 액 (동업기업 배분액 포함)	40	
	⑭ 세 율		11	20		㉖ 가 감 계 (㉒-㉓-㉔+㉕)	41	9,900,000
	⑮ 산 출 세 액		12	598,612,288	기납부세액	㉗ 수 시 부 과 세 액	42	
	⑯ 지점유보소득 (「법인세법」제96조)		13			㉘ ( ) 세 액	43	
	⑰ 세 율		14			㉙ 계 (㉗ + ㉘)	44	
	⑱ 산 출 세 액		15			㉚ 차감납부할세액(㉖-㉙)	45	9,900,900
	⑲ 합 계 (⑮+⑱)		16	598,612,288	⑥ 미환류소득법인세	㉛ 과세대상 미환류소득	59	
④ 납부할세액계산	⑳ 산 출 세 액 (⑳ = ⑲)			598,612,288		㉜ 세 율	60	
	㉑ 최저한세 적용대상 공제감면세액		17	12,400,000		㉝ 산 출 세 액	61	
	㉒ 차 감 세 액		18	586,212,288		㉞ 가 산 세 액	62	
	㉓ 최저한세 적용제외 공제감면세액		19			㉟ 이 자 상 당 액	63	
	㉔ 가 산 세 액		20			㊱ 납부할세액(㉝+㉞+㉟)	64	
	㉕ 가 감 계(㉒-㉓+㉔)		21	586,212,288		㊶ 차감납부할 세액 계 (⑬ + ㊱ + ㊱)	46	441,102,428
	기한내납부세액	㉖ 중 간 예 납 세 액	22	154,663,740		㊷ 사실과 다른 회계처리 경정세액공제	57	
		㉗ 수 시 부 과 세 액	23		⑦ 세액계	㊸ 분 납 세 액 계산 범위액 (㊶-⑫-⑬-⑯-㊷+㊱)	47	441,102,428
		㉘ 원 천 납 부 세 액	24	346,120		㊹ 분 납 할 세 액	48	220,551,214
		㉙ 간접투자회사등의 외국납부세액	25					
		㉚ 소 계 (㉖ + ㉗ + ㉘ + ㉙)	26	155,009,860		㊺ 차 감 납 부 세 액 (㊶ - ⑫ - ㊹)	49	220,551,214
		㉛ 신고납부전가산세액	27					
		㉜ 합 계 (㉚+㉛)	28	155,009,860				

210mm×297mm[백상지 80g/㎡ 또는 중질지 80g/㎡]

■ 법인세법 시행규칙 [별지 제15호서식] 〈개정 2013.2.23.〉 (앞쪽)

사 업 연 도	2022.1.1. ~ 2022.12.31.	소득금액조정합계표	법인명	(주)대한민국
			사업자등록번호	105-86-****

익금산입 및 손금불산입				손금산입 및 익금불산입			
①과목	②금액	③소득처분		④과목	⑤금액	⑥소득처분	
		처분	코드			처분	코드
미수수익	1,214,652	유보	400	재고자산평가충당금	620,595,360	유보	100
세금과공과금	253,556,430	기타사외유출	500	미수수익	4,481,603	유보	100
지급이자	11,457,886	기타사외유출	500	퇴직연금부담금	46,553,800	유보	100
퇴직급여충당부채	4,002,480	유보	400	수입배당금	10,000,000	유보	100
퇴직급여부담금	85,638,800	유보	400	대손충당금	391,998,905	유보	100
대손충당금	362,463,076	유보	400	미확정비용	322,337,390	유보	100
감가상각비	279,042,836	유보	400	업무용승용차 한도초과액	4,265,934	유보	100
재고자산평가충당금	316,341,113	유보	400				
접대비	700,000	유보	400				
미확정비용	135,784,030	유보	500				
업무용승용차한도초과액	39,911,926	기타사외유출	500				
잡손실	292,000	기타사외유출	500				
법인세등	648,553,515	기타사외유출					
합계	2,138,958,744			합계	1,400,232,992		

247

재무상태표 (제34기)

제34기 2025년 3월 20일 현재

회사명 : (주)대한민국 (단위 :원)

차 변		대 변	
과목	금액	과목	금액
자 산		부채	
Ⅰ. 유동자산		Ⅰ. 유동부채	
(1) 당좌자산		매 입 채 무	3,000,864,082
현금및현금성자산	2,236,788,998	미 지 급 금	1,719,083,121
단 기 금 융 상 품	1,500,000,000	예 수 금	195,333,860
매 출 채 권 (대 손 충 당 금)	2,986,106,372 (29,861,058)	예 수 보 증 금	30,360,546
미 수 수 익	12,058,493	선 수 금	893,013,776
미 수 금 (대 손 충 당 금)	23,922,949 (239,229)	단 기 차 입 금	3,670,000,000
외 화 외 상 매 출 금 (대 손 충 당 금)	4,540,547,495 (45,405,474)	미 지 급 세 금	349,087,996
선 급 금	551,276,816	미 지 급 비 용	1,189,069,144
선 급 비 용	31,427,991	외상매입금(관계사)	2,335,519,927
부가세 대급금	463,394,275	미지급금(관계사)	139,029,420
외상매출금(관계사) (대 손 충 당 금)	1,261,457,527 (12,614,575)	Ⅱ. 비 유 동 부 채	
(2) 재고자산		장 기 차 입 금	90,000,000
상 품	916,860,476	판매보증충당금부채	10,000,000
재 료 (재고자산평가충당금)	5,316,479,563 (33,013,318)	이연법인세부채	0
원 재 료 (재고자산평가충당금)	2,496,925,209 (302,444,963)	퇴직급여충당부채	131,243,260
부 재 료	292,238,092	부 채 총 계	13,752,605,132
재 공 품	806,393,078	자 본	
Ⅱ. 비유동자산		Ⅰ. 자 본 금	
(1) 투 자 자 산		자 본 금	1,100,000,000
매 도 가 능 증 권	1,601,200,000	Ⅱ. 자 본 잉 여 금	
장 기 금 융 상 품	2,000,000	주식발행초과금	0
단체퇴직보험예치금	60,211,500	기타자본잉여금	0
(2) 유 형 자 산		Ⅲ. 자 본 조 정	
토 지	5,202,788,049	Ⅳ. 기타포괄손익누계	
건 물 (감가상각누계액)	5,542,785,954 (3,285,886,917)	지 분 법 자 본 변 동	0
구 축 물 (감가상각누계액) (국고보조금)	9,132,979,672 (6,832,270,604) (233,402,181)	부의지분법 자본변동	0
기 계 장 치 (감가상각누계액)	41,893,226,441 (30,965,465,760)	Ⅴ. 이익잉여금(결손금)	36,184,317,664
차 량 운 반 구 (감가상각누계액)	610,032,302 (442,021,228)	이 익 준 비 금	550,000,000
공 구 와 기 구 (감가상각누계액)	1,268,251,058 (1,078,092,878)	기업합리화적립금	314,503,621
비 품 (감가상각누계액)	744,510,940 (668,108,269)	미처분이익잉여금	35,319,814,043
건 설 중 인 자 산	349,000,000	자본총계	37,284,317,664
(3) 무 형 자 산			
개 발 비	50,000		
(4)기타 비유동자산			
보 증 금	5,115,736,000		
이연법인세자산	7,100,000		
자 산 총 계	51,036,922,796	부체와 자본총계	51,036,922,796

[별지 제50호서식(을)] (앞 쪽)

사업연도	2025.1.1. 2025.3.20.	자본금과 적립금조정명세서(을)		법인명	(주)대한민국

※ 관리번호 □□-□□　　사업자등록번호 1 0 5 - 8 6 - * * * * *

※ 표시란은 기입하지 마십시오.

세무조정유보소득 계산

①과목 또는 사항	②기초잔액	당 기 중 증 감		⑤기말잔액 (익기초현재)	비 고
		③감 소	④증 가		
감가상각비	880,231,536	122,530,499	169,339,617	927,040,654	
대손충당금	307,253,583	307,253,583			
미수수익	-8,678,186	12,058,493	8,678,186	-12,058,493	
미확정비용	261,308,200	261,308,200	265,465,336	265,465,336	
선급비용	-57,702	-57,702			
재고자산평가충당금	169,815,051	169,815,051	335,458,281	335,458,281	
퇴직급여충당부채	177,680,660	102,033,520	55,596,120	131,243,260	
퇴직연금부담금	-99,986,500		-45,766,500	-145,753,000	
합 계	1,687,566,642	974,941,644	7888,771,040	1,501,396,038	

22226-84011일 99.4.1. 개정승인　　　　210mm×297mm (신문용지 54g/㎡(재활용품))

〈평가심의위원회 운영규정 별지 제4호 서식 부표3〉 (2021.3. . 개정)

비상장주식 등 평가서

(단위 : 주, 원) (제1쪽)

1. 평가대상 비상장법인

법인명	㈜대한민국	사업자등록번호	105-81-*****	대표자 성명	홍길동
①발행주식총수	110,000	1주당 액면가액	10,000	자본금	1,100,000,000
평가기준일	2025.3.20		②부동산과다보유법인 해당여부		[×]

2. 순자산가치로만 평가하는 경우 [v] 표시 (상속세 및 증여세법 시행령 제54조제4항 해당여부)

가. 신고기한 이내에 청산절차가 진행 중이거나, 사업자의 사망 등으로 사업의 계속이 곤란하다고 인정되는 경우 해산(합병)등기일 (. .)	[ ]
나. 사업 개시전의 법인, 사업개시 후 3년 미만의 법인, 휴업·폐업 중인 경우 사업개시일 (. .), 휴·폐업일 (. .)	[ ]
다. 평가기준일이 속하는 사업연도 전 3년 내의 사업연도부터 계속하여「법인세법」상 각 사업연도에 속하거나 속하게 될 손금의 총액이 그 사업연도에 속하거나 속하게 될 익금의 총액을 초과하는 결손금이 있는 경우 (2018. 2. 13. 삭제)	[ ]
라. 법인의 자산총액 중「소득세법」제94조제1항제4호다목1) 및 2)의 합계액이 차지하는 비율이 100분의 80 이상인 경우	[ ]
마. 법인의 자산총액 중 주식등의 가액의 합계액이 차지하는 비율이 100분의 80 이상인 법인의 주식등	[ ]
바. 법인의 설립 시 정관에 존속기한이 확정된 법인으로서 평가기준일 현재 잔여 존속기한이 3년 이내인 법인의 주식등	[ ]

3. 1주당 가액의 평가

(단위 : 원)

③ 순자산가액	41,490,185,111	제2쪽 4. 순자산가액 "마"
④ 1주당 순자산가액 (③ ÷ ①)	377,183	
⑤ 최근 3년간 순손익액의 가중평균액에 의한 1주당가액 또는 2이상의 신용평가전문기관(회계법인포함)이 산출한 1주당 추정이익의 평균액	153,210	제6쪽 7. 순손익액 "차"
⑥ 1주당 평가액 (㉮ 평가액과 ㉯의 평가액 중 많은 금액)	301,746	
㉮ [(④×2)+(⑤×3)] ÷ 5] * 부동산과다보유법인 [(④×3)+(⑤×2)] ÷ 5]	242,799	
㉯ 1주당 순자산가액(④)의 80%	301,746	
⑦ 최대주주등에 해당하는 경우 1주당 평가액		
㉰ 최대주주등의 주식등의 1주당 평가액 (⑥ × 할증율)	-	
㉱ (⑥ + ㉰)	301,746	

작 성 방 법

※ 이 서식은 상속세 및 증여세법 제63조 제1항 제1호 나목에 따른 거래소에 상장되지 아니한 주식 및 출자지분의 평가관련 서식입니다.
1. 최대주주등의 주식등의 1주당 평가액(⑥ × 할증율) : 「상속세 및 증여세법」제63조 제3항 및 같은 법 시행령 제53조 제4항에 따른 할증평가율을 적용하여 계산합니다. 이 경우 대통령령으로 정하는 중소기업 및 평가기준일이 속하는 사업연도 전 3년 이내의 사업연도부터 계속하여「법인세법」제14조 제2항에 따른 결손금이 있는 법인의 주식등 등 대통령령으로 정하는 주식등은 제외합니다.
   - 할증율

지분율	2019.12.31.이전	2020.1.1.이후
50% 이하 보유	20%	20%
50% 초과 보유	30%	

2. 중소기업이란「중소기업기본법」제2조에 따른 중소기업을 말합니다.

210mm×297mm[일반용지 70g/㎡(재활용품)]

(단위 : 원)　　　　　　　　　　　　　　　　　　　　　　　　　　　(제2쪽)

4. 순자산가액

가. 자산총액

① 재무상태표상의 자산가액	51,036,922,796	
② 평가차액	3,785,972,591	제4쪽 5. 평가차액 "가"
③ 법인세법상 유보금액	265,465,336	
④ 유상증자 등		
⑤ 기타(평가기준일 현재 지급받을 권리가 확정된 가액 등)	498,000,000	
⑥ 선급비용 등		
⑦ 증자일 전의 잉여금의 유보액		
⑧ 소계(①+②+③+④+⑤-⑥-⑦)	55,586,360,723	

나. 부채총액

⑨ 재무상태표상의 부채액	13,752,605,132	
⑩ 법인세	80,000,000	
⑪ 농어촌특별세		
⑫ 지방소득세	8,000,000	
⑬ 배당금·상여금	124,327,260	
⑭ 퇴직급여추계액	131,243,260	
⑮ 기타(충당금 중 평가기준일 현재 비용으로 확정된 것 등)	0	
⑯ 제준비금	0	
⑰ 제충당금	0	
⑱ 기타(이연법인세대 등)	0	
⑲ 소계(⑨+⑩+⑪+⑫+⑬+⑭-⑮-⑯-⑰-⑱)	14,096,175,652	

다. 영업권포함전 순자산가액(⑧-⑲)	41,490,185,111	
라. 영업권	0	제5쪽 6. 영업권 "자"
마. 순자산가액(다 + 라)	41,490,185,111	

(단위 : 원) (제4쪽)

5. 평가차액

가. 평가차액 계산 (① - ②)			3,785,972,591		제2쪽 4. 순자산가액 "가"의 ② 기재		

자산금액				부채금액			
계정과목	상증법에 따른 평가액	재무상태표상 금액	차액	계정과목	상증법에 따른 평가액	재무상태표상 금액	차액
매출채권	2,986,106,372	2,956,245,314	29,861,058	퇴직급여충당금부채	0	131,243,260	-131,243,260
미수수익	10,201,485	12,058,493	-1,857,008	판매보증충당부채	0	10,000,000	-10,000,000
미수금	23,922,949	23,683,720	239,229				
외화외상매출금	4,540,547,495	4,495,142,021	45,405,474				
외상매출금	1,261,457,527	1,248,842,952	12,614,575				
제품	5,316,479,563	5,283,466,245	33,013,318				
원재료	2,496,925,209	2,194,480,246	302,444,963				
매도가능증권	1,800,000,000	1,601,200,000	198,800,000				
토지	5,467,972,000	5,202,788,049	265,183,951				
건물	4,789,670,627	2,256,899,037	2,532,771,590				
구축물	2,300,709,068	2,067,306,887	233,402,181				
개발비	0	50,000	-50,000				
이연법인세차	0	7,100,000	-7,100,000				
①합계	30,993,992,295	27,349,262,964	3,644,729,331	②합계	0	141,243,260	-141,243,260

작 성 방 법

평가기준일 또는 직전사업연도말 현재의 재무상태표상의 자산 또는 부채금액을 기준으로 하여 순자산가액을 계산시 재무상태표상 미계상된 경우를 포함한 평가차액을 계산하는 경우에 사용합니다.

1. 계정과목란에는 평가대상 자산 또는 부채를 재무상태표에 기재된 계정명으로 기입하며 재무상태표상 미계상된 경우에는 추가로 기재합니다.
2. 평가차액은 "①"에서 "②"를 차감한 잔액을 기재합니다.

210mm×297mm[일반용지 70g/㎡(재활용품)]

(단위 : 원) (제5쪽)

6. 영업권

가. 평가기준일 이전 3년간 순손익액의 가중평균액	1,685,386,380	(① × 3 + ② × 2 + ③) / 6
① 평가기준일 이전 1년이 되는 사업연도 순손익액	2,013,198,664	
② 평가기준일 이전 2년이 되는 사업연도 순손익액	964,878,335	
③ 평가기준일 이전 3년이 되는 사업연도 순손익액	2,142,965,618	
나. 가 × 50%	842,693,190	
다. 평가기준일 현재 자기자본	41,490,185111	
라. 기획재정부령이 정하는 이자율		10%
마. 다 × 라	4,149,018,111	
바. 영업권 지속연수		5년
사. 영업권 계산액 $\sum_{n=1}^{n} = (\frac{(나 - 마)}{(1 + 0.1)^n})$ n은 평가기준일부터의 경과연수	0	
아. 영업권 상당액에 포함된 매입한 무체재산권가액 중 평가기준일까지의 감가상각비를 공제한 금액	0	
자. 영업권 평가액 (사 - 아)	0	제2쪽 4. 순자산가액 "라" 기재

작 성 방 법

1. 순자산가액에 가산하는 영업권은 「상속세 및 증여세법 시행령」 제59조제2항에 따른 평가액을 말합니다.
2. 아래의 경우에는 영업권 평가액을 순자산가액에 가산하지 않습니다.
  가. 「상속세 및 증여세법 시행령」 제54조 제4항 제1호·제3호에 해당하는 경우
  나. 「상속세 및 증여세법 시행령」 제54조 제4항 제2호에 해당하는 경우. 다만, 다음에 모두 해당하는 경우는 제외합니다.
     ① 개인사업자가 「상속세 및 증여세법 시행령」 제59조에 따른 무체재산권을 현물출자하거나 「조세특례제한법 시행령」 제29조제2항에 따른 사업 양도·양수의 방법에 따라 법인으로 전환하는 경우로서 그 법인이 해당 사업용 무형자산을 소유하면서 사업용으로 계속 사용하는 경우
     ② ①에 따른 개인사업자와 법인의 사업 영위기간의 합계가 3년 이상인 경우

210mm×297mm[일반용지 70g/m²(재활용품)]

(단위 : 원) (제6쪽)

7. 순손익액

평가기준일 1년, 2년, 3년이 되는 사업연도		2024년	2023년	2022년
① 각 사업연도 소득금액		2,528,625,298	1,226,450,424	3,093,061,442
소득에 가산할 금액	② 국세, 지방세 과오납에 대한 환급금이자	500,000	0	0
	③ 수입배당금 중 익금불산입액	10,000,000	10,000,000	10,000,000
	④ 이월된 기부금 손금산입액		9,000,000	
	⑤ 이월된 업무용승용차 관련 손금산입액			4,265,934
	⑥ 외화환산이익(법인세 계산시 해당 이익을 반영하지 않은 경우)			
	⑦ 그 밖에 기획재정부령으로 정하는 금액			
가. 소계(① + ② + … ⑦)		2,539,125,298	1,245,450,424	3,107,327,376
소득에서 차감할 금액	⑧ 당해 사업연도의 법인세액	412,866,301	214,540,084	596,112,288
	⑨ 법인세액의 감면액 또는 과세표준에 부과되는 농어촌특별세액, 지방소득세액	48,572,505	24,679,008	63,331,228
	⑩ 벌금, 과료, 과태료, 가산금 및 강제징수비 손금불산입액	877,520	744,870	292,000
	⑪ 법령에 따라 의무적으로 납부하는 것이 아닌 공과금 손금불산입액			
	⑫ 징벌적 목적의 손해배상금 등에 대한 손금불산입액			
	⑬ 각 세법에서 규정하는 징수불이행으로 인해 납부하였거나 납부할 세액			253,556,430
	⑭ 과다경비 등의 손금불산입액			
	⑮ 기부금 손금불산입액			9,000,000
	⑯ 접대비 손금불산입액	300,000	1,000,000	700,000
	⑰ 업무와 관련 없는 비용 손금불산입액			
	⑱ 업무용승용차 관련 비용의 손금불산입액	18,969,658	37,339,719	39,911,926
	⑲ 지급이자의 손금불산입액	46,840,650	12,268,408	11,457,886
	⑳ 감가상각비 시인부족액에서 상각부인액을 손금으로 추인한 금액을 뺀 금액			
	㉑ 외화환산손실(법인세 계산시 해당 손실을 반영하지 않은 경우)			
	㉒ 그 밖에 기획재정부령으로 정하는 금액			
나. 소계(⑧ + … ㉒)		528,426,634	290,572,089	974,361,758
다. 순손익액(가 - 나)		2,010,698,664	954,878,335	2,132,965,618
라. 유상증(감)자시 반영액		2,500,000	10,000,000	10,000,000
마. 순손익액(다 ± 라)		2,013,198,664	964,878,335	2,142,965,618
바. 사업연도말 주식수 또는 환산주식수		110,000	110,000	110,000
사. 주당순손익액 (마 ÷ 바)		㉓18,301	㉔8,771	㉕19,481
아. 가중평균액 {(㉓ × 3 + ㉔ × 2 + ㉕) / 6}		15,321		
자. 기획재정부령이 정하는 율		10%		
차. 최근 3년간 순손익액의 가중평균액에 의한 1주당 가액 (아÷자)		153,210		

210mm×297mm[일반용지 70g/㎡(재활용품)]

부록

비상장주식 평가보고서 샘플

○○건설 주식회사에 대한
비상장주식 평가보고서

(근거 법률 : 상속세및증여세법)

2024년 10월 01일

 광교세무법인

목 차

주식가치 평가보고서 ·· 261

경영진을 위한 요약 ·· 262

Ⅰ. 평가개요 ·· 263

Ⅱ. 평가방법 ·· 264

Ⅲ. 평가결과 ·· 270

[별첨1] ○○건설(주)의 비상장주식 평가조서

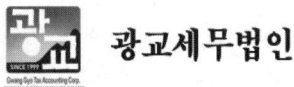

주식가치 평가보고서

○○건설(주)
대표이사 ○○○ 귀하

귀 사의 일익 번창하심을 기원합니다.

저희 광교세무법인(이하 "당 법인"이라 한다)은 ○○건설 주식회사(이하 "귀사"라 한다)의 의뢰에 따라 귀사의 주식가치를 상속세및증여세법(이하 "상증법")상 비상장주식 평가방법에 따라 평가하였습니다. 본 주식 평가는 2024년 10월 01일을 평가기준일로 하여 수행되었으며, 그 결과는 별첨과 같습니다.

당 법인은 상증법에 의거하여 본 주식평가 업무를 수행하였으며, 본 보고서 제출일 이후 발생된 사건에 대하여 본 보고서를 갱신하여야 할 의무를 부담하지 않습니다.

본 보고서는 귀사의 주식이동과 관련하여 시가의 참고로 사용하기 위하여 작성된 것이므로 본 목적에 국한하여 사용되어야 합니다.

2024. 12.   .

광교세무법인

대표세무사 ○○○

경영진을 위한 요약

　본 보고서는 2024년 10월 01일 현재를 기준으로 귀사의 주식이동과 관련하여 시가의 참고목적으로 상증세법에 따라 귀사의 주식 1주당 가액을 보충적 평가방법으로 산출한 것입니다.(상증법 제63조, 동법 시행령 제54조 내지 제56조 및 동법 시행규칙 제17조 내지 제17조의3).

　귀 사의 주식 1주당 가액은 상증세법상 시가에 해당하는 가액이 없어 보충적 평가방법으로 평가하였으며, 1주당 순손익가치와 1주당 순자산가치를 각각 3와 2의 비율로 가중평균한 가액과 1주당 순자산가치에 100분의 80을 곱한 금액 중 큰 금액으로 평가하였습니다.

　당 법인이 상증세법상 보충적인 방법에 의한 평가를 수행한 결과, 평가기준일 현재 귀사의 1주당 주식가치 평가액은 다음과 같습니다.

구 분	금액 및 주식수	비 고
① 순자산가액	9,313,488,577	상증법상 가액
② 발행주식총수	42,500	
③ 1주당 순자산가액	219,140	
④ 최근 3년간 순손익액 가중평균에 의한 1주당가액	463,790	
⑤ 1주당 평가가액 (㉮ 평가액과 ㉯ 평가액 중 많은 금액)	365,930	
㉮ (③×2+④×3)/5	365,930	
㉯ ③×80%	175,312	
⑥ 최대주주의 소유주식의 1주당 평가액	365,930	중소기업 주식임

상속세 및 증여세법에 따른 주식가치 평가내역

Ⅰ 평가개요

1. 평가목적

본 보고서의 목적은 귀사의 주식이동과 관련하여 시가의 참고목적으로 상증세법에 따라 귀사의 주식을 평가한 것입니다.

2. 평가기준일

본 주식의 평가는 2024년 10월 01일을 평가기준일로 하여 수행되었습니다.

3. 평가기초자료

본 주식평가는 귀사로부터 제공받은 재무자료, 세무자료, 기타자료에 근거하여 수행되었으며, 제공받은 자료는 다음과 같습니다.
- 귀사의 2021년부터 2023년까지의 사업연도 법인세 세무조정계산서
- 귀사의 2024년 9월 30일 기준 결산 재무상태표
- 기타 재무제표와 관련된 부속 자료

Ⅱ 평가방법

1. 비상장주식의 시가평가 우선

상증세법상 비상장주식의 1주당 가액은 평가기준일 현재 시가(時價)로 평가하여야 합니다(상증법 §60). 이 경우 시가는 불특정 다수인 사이에 자유롭게 거래가 이루어지는 경우에 통상적으로 성립된다고 인정되는 가액으로 하고 수용가격·공매가격 등 대통령령으로 정하는 바에 따라 시가로 인정되는 것을 포함합니다.

다만, 시가를 산정하기 어려운 경우에는 해당 재산의 종류, 규모, 거래 상황 등을 고려하여 상증법 제63조 제1항 제1호 나목에 규정된 보충적 방법으로 평가하는 것입니다.

2. 보충적 평가방법

시가에 해당하는 가액이 없는 비상장주식의 가액은 1주당 순손익가치와 1주당 순자산가치를 각각 3과 2의 비율로 가중평균한 가액과 1주당 순자산가치에 100분의 80을 곱한 금액 중 큰 금액으로 평가합니다. 부동산과다보유법인(「소득세법」 제94조 제1항 제4호 다목에 해당하는 법인을 말합니다)의 경우에는 1주당 순손익가치와 순자산가치의 비율을 각각 2와 3으로 합니다(상증법 시행령 §54 ①).

다만, 다음에 해당하는 주식은 1주당 순자산가치로만 평가하며, 이 경우 영업권은 법인전환기업 등 일정한 요건에 해당하는 경우를 제외하고는 순자산가액에 가산하지 않습니다.

① 상속세 및 증여세 과세표준신고기한 이내에 평가대상 법인의 청산절차가 진행중이거나 사업자의 사망 등으로 인하여 사업의 계속이 곤란하다고 인정되는 법인의 주식 또는 출자지분
② 사업개시전의 법인, 사업개시후 3년 미만의 법인과 휴·폐업중에 있는 법인의 주식 또는 출자지분
③ 자산총액 중 부동산 등 비율이 80%이상인 법인의 주식

④ 자산총액 중 주식비율이 80%이상인 법인의 주식
⑤ 법인설립시부터 확정된 존속기한중 잔여존속기한이 3년 이내인 법인의 주식

3. 1주당 순자산가치 평가

(1) 순자산가액 평가방법

순자산가액은 평가기준일 현재 당해 법인의 자산을 상증세법 제60조 내지 제66조의 규정에 의하여 평가한 가액에서 부채를 차감한 가액으로 하며, 순자산가액이 0원 이하인 경우에는 0원으로 합니다.(상증세법 시행령 제55조 ①)

이 때 당해 법인의 자산과 부채는 원칙적으로 평가기준일 현재의 시가 또는 시가로 인정되는 것에 의하여 평가하여야 합니다. 여기서 시가로 인정되는 것이라 함은 평가기준일 전후 6월(증여재산의 경우에는 전 6월부터 후 3개월)이내의 기간 중에 매매사례가액, 감정가액, 수용·경매·공매가격 등을 포함합니다(상증세법 시행령 제49조)

시가를 산정하기 어려운 경우에는 해당 재산의 종류, 규모, 거래 상황 등을 고려하여 상증세법 제61조부터 제65조까지에 규정된 방법으로 평가한 가액을 시가로 적용합니다.

당해 법인의 순자산가액을 산정함에 있어 당해 법인의 자산을 보충적 평가방법으로 평가한 가액이 장부가액(취득가액에서 감가상각비를 차감한 가액을 말합니다)보다 적은 경우에는 장부가액으로 하되, 장부가액보다 적은 정당한 사유가 있는 경우에는 그러하지 아니합니다.

(2) 장부가액의 의미

장부가액이란 재무상태표상 장부가액을 말하는 것이며, 감가상각자산의 경우에는 취득가액에서 감가상각비를 차감한 가액을 말합니다.

또한 취득가액에서 차감하는 감가상각비는 법인이 납세지 관할세무서장에게 신고한 상각방법에 의하여 계산한 취득일부터 평가기준일까지의 감가상각비 상당액을 말하는 것이며, 감가상각자산의 내용연수는 법인세법 시행령 제28조 제1항 제2호에

의한 기준내용연수를 적용합니다.(재산세과-29, 2012.02.01.)

(3) 순자산가치 평가시 가감조정사항

① 순자산가액에 가산할 사항
- 자산평가차액
- 법인세법상 유보금액(다만, 상증세법에 의해 평가한 자산 및 개발비와 관련된 유보금액, 순자산가액 평가시 부채에서 차감되는 충당금과 준비금과 관련된 유보금액 제외)
- 유상증자금액 등
- 영업권평가액
- 기타(재무상태표에 미계상된 지급받을 권리가 확정된 가액 등)

② 자산가액에서 차감할 사항
- 선급비용(평가기준일까지 확정된 비용)
- 이연법인세 자산

③ 부채가액에서 가산할 사항
- 부채평가차액
- 평가기준일까지 발생된 미납된 법인세, 지방소득세, 농어촌특별세
- 평가기준일 현재 전임직원이 퇴직할 경우 퇴직급여로 지급하여야할 금액의 추계액
- 이익처분으로 확정후 미납된 배당금과 상여금
- 기타 (충당금 중 평가기준일 현재 비용으로 확정된 금액 등)

④ 부채가액에서 차감할 사항
- 제준비금과 제충당금
- 이연법인세 부채

(4) 구체적인 자산에 대한 보충적 평가방법

① 부동산 평가방법

구분	보충적 평가방법	관련조문
토지	평가기준일 현재 개별공시지가	상증세법 제61조 제1항 제1호
건물	평가기준일 현재 국세청장이 고시한 평가방법	상증세법 제61조 제1항 제2호
오피스텔 및 상업용 건물	평가기준일 현재 국세청장이 토지와 건물을 일괄하여 고시한 가액	상증세법 제61조 제1항 제3호
공동주택 또는 단독주택	국토교통부장관이 공시한 가액	상증세법 제61조 제1항 제4호
임대차계약 체결된 자산	임대료 등 환산가액	상증세법 제61조 제5항

② 기타 유형자산 평가방법

구분	보충적 평가방법	관련조문
회원권	골프회원권 : 국세청장이 고시한 기준시가 특정시설물이용권 : 평가기준일 현재 불입금액과 프리미엄을 합한 가액	상증세법 제61조 제3항
기계장치, 차량운반구, 공기구비품, 선박 등	평가기준일 현재 기계장치 등을 처분할 경우 다시 취득할 수 있다고 예상되는 가액으로 평가하되, 그 가액이 확인되지 아니하는 경우에는 장부가액(취득가액에서 감가상각비를 뺀 가액) 및 지방세법 시행령 제4조 제1항의 시가표준액에 따른 가액을 순차로 적용한 가액	상증세법 제62조

③ 기타자산에 대한 평가방법

구분	보충적 평가방법	관련조문
예·적금	평가기준일까지 불입금액과 미수이자를 합한 가액에서 원천징수세액을 차감한 가액	상증세법 제63조 제4항
매출채권, 대여금 등	원본의 가액과 미수이자를 합한 가액	상증령 시행령 제58조의2
장기채권, 채무	원본의 회수기간이 5년을 초과하는 채권 및 채무, 회사정리절차 또는 화의절차의 개시 등의 사유로 당초 채권의 내용이 변경된 경우에는 각 연도에 회수할 금액(원본에 이자상당액을 가산한 금액을 말한다)을 적정할인율(8%)에 의하여 현재가치로 할인한 금액의 합계액	상증세법 시행령 제58조의2

4. 저당권 등이 설정된 재산의 평가

평가대상 재산에 대하여 평가기준일 현재 저당권, 담보권 또는 질권이 설정된 재산에 해당하는 경우에는 시가 또는 보충적 평가방법에 따라 평가한 가액과 채권액 중 큰 금액으로 평가합니다.(상증세법 제66조)

5. 1주당 순손익가치 평가

(1) 순손익가치의 계산방법

순손익가치는 평가대상법인을 계속기업으로 전제하여 장래 초과 수익력을 측정하는 것으로서, 상증법에서는 순손익가치를 해당법인의 과거의 수익흐름을 기준으로 한 평가기준일 이전 3년간 순손익액을 기준으로 평가합니다.

법인세법 제14조에 규정하는 각사업연도소득금액에서 법인세법상 익금불산입액, 손금불산입액 등을 가감한 금액에 의하여 계산합니다.

$$1주당\ 순손익가치 = \frac{1주당\ 최근\ 3년간의\ 순손익액의\ 가중평균액}{순손익가치환원율(10\%)^*}$$

* 금융기관이 보증한 3년만기회사채의 유통수익률을 고려하여 기획재정부장관이 정하여 고시하는 이자율

1주당 최근 3년간 순손익액의 가중평균액이 "0"이하인 경우에는 "0"으로 합니다. 1주당 순손익가치 계산시 적용하는 1주당 최근 3년간의 순손익액의 가중평균액은 다음과 같이 계산합니다.

$$1주당\ 최근\ 3년간\ 순손익액의\ 가중평균액 = \frac{A \times 3 + B \times 2 + C \times 1}{6}$$

A : 평가기준일 이전 1년이 되는 사업연도의 1주당 순손익액
B : 평가기준일 이전 2년이 되는 사업연도의 1주당 순손익액
C : 평가기준일 이전 3년이 되는 사업연도의 1주당 순손익액

(2) 순손익가치 평가시 가감 조정사항

① 각사업연도소득금액에 가산할 금액
　　- 국세 및 지방세의 과오납금에 대한 환급금이자 (각사업연도소득금액 계산상 익금에 산입하지 아니한 금액)
　　- 수입배당금 중 익금불산입된 금액
　　- 기부금 한도초과 이월손금 산입액
　　- 업무용 승용차 관련비용 한도초과액 이월손금 산입액
　　- 외화환산이익(법인세 계산시 해당 이익을 반영하지 않은 경우)
　　- 그 밖에 기획재정부령으로 정하는 금액
② 각사업연도소득금액에 차감할 금액

- 벌금, 과료, 과태료, 가산금 및 체납처분비 (손금에 산입하지 아니한 금액)
- 손금으로 용인되지 않는 공과금
- 업무와 관련없는 지출
- 기부금한도초과액 (지정기부금 한도초과액 및 비지정기부금)
- 접대비 한도초과액, 과다경비 손금불산입액, 지급이자 손금불산입액
- 법인세 등의 총결정세액
- 감가상각비 시인부족액 (실제 계상여부 관계없이 세법상 감가상각비 반영)
- 업무용승용차 관련비용의 손금불산입액
- 외화환산손실(법인세 계산시 해당 손실을 반영하지 않은 경우)
- 징벌적 목적의 손해배상금
- 그 밖에 기획재정부령으로 정하는 금액

6. 최대주주 등 주식에 대한 할증평가

주주1인과 그의 특수관계인의 보유주식 등을 합하여 그 보유주식 등의 합계가 가장 많은 경우의 해당 주주등 1인과 그의 특수관계인 모두를 최대주주 등이라 합니다. 평가대상 주식이 최대주주 등이 보유한 주식에 해당하는 경우에는 평가한 가액의 20%을 가산합니다. 다만 중소기업기본법상 중소기업주식에 해당하는 경우에는 할증평가는 면제합니다.(상증세법 제63조)

Ⅲ 평가결과

귀 사의 평가기준일 현재 1주당 주식가액에 대한 평가결과는 다음과 같습니다.

별첨1. ○○건설 주식회사의의 1주당 가액

평가기준일 : 2024년 10월 01일

I 평가대상 회사의 개요

구 분	평가대상회사
회 사 명	○○건설 주식회사
본 사 소 재 지	경기도 고양시 일산동구
설 립 연 월 일	2006.5.25.
납 입 자 본 금	425,000,000원
발 행 주 식 총 수	42,500주

II ○○건설 주식회사

1. 1주당 가액

구 분	금액 및 주식수	비 고
① 순자산가액	9,313,488,577	상증법상 가액
② 발행주식총수	42,500	
③ 1주당 순자산가액	219,140	
④ 최근 3년간 순손익액 가중평균에 의한 1주당가액	463,790	
⑤ 1주당 평가가액 (㉮ 평가액과 ㉯ 평가액 중 많은 금액)	365,930	
㉮ (③×2+④×3)/5	365,930	
㉯ ③×80%	175,312	
⑥ 최대주주의 소유주식의 1주당 평가액	**365,930**	

[주1]
　　귀사의 1주당 주식 평가액은 부동산등 비율이 50% 미만에 해당하는 법인에 해당

하여 1주당 순손익가치와 1주당 순자산가치를 각각 3과 2의 비율로 가중평균한 가액과 1주당 순자산가치에 100분의 80을 곱한 금액 중 큰 금액으로 평가하였으며, 중소기업주식에 해당하여 할증평가를 하지 않았습니다.

2. 1주당 순자산가치 계산서

(1) 1주당 순자산가치

(단위 : 원)

구 분		금 액	비 고
1) 재무상태표상 자산가액		15,357,145,264	
2) 자산에 가감	ⓐ 평가차액	150,392,318	평가차액 명세서
	ⓑ 법인세법상 유보금액		[주1]
	ⓒ 자기주식	2,146,911,310	[주2]
3) 자산에 차감	ⓓ 개발비		
가. 자산총액(1) + 2) - 3))			
4) 재무상태표상 부채		8,672,051,172	
5) 부채에 가감	ⓐ 부채에 가산	2,237,976,534	[주3]
	ⓑ 부채에 제외	2,237,976,534	
	ⓒ 외화부채 평가손익		
나. 부채총계(4) + 5))		8,672,051,172	
6) 영업권 포함전 순자산가액 (가 - 나)		8,982,397,720	
7) 영업권		331,090,857	영업권 평가조서
8) 순자산가액(6)+ 7))		9,313,488,570	
9) 평가기준일 현재 발행주식총수		42,500	
10) 1주당 순자산가액 (8) ÷ 9))		219,140	

[주1] 법인세법상 유보금액 반영액

비상장법인의 순자산가액을 계산할 때, 자본금과 적립금조정명세서(을)상의 유보금액은 순자산가액에 가감합니다. 다만,「상속세 및 증여세법」에 의하여 평가하는 자산과 관련된 유보금액과 충당금, 준비금 관련 유보금액, 당기에 익금불산입 유보처분된 이자, 이연자산 및 환율조정차, 국고보조금 관련 유보금액은 순자산가액에 별도로 가감하지 않습니다.

귀사의 경우 자본금과 적립금조정명세서(을)상의 유보금액중 다음과 같이 반영하였습니다.

(단위 : 원)

계정과목	금액	차감액	반영금액	비고
대손충당금	37,509,264	37,509,264		
장기금융상품	27,190,386	27,190,386		
투자자산평가이익	-5,094,121	-5,094,121		
국고보조금(서광)	72,416,928	72,416,928		
국고보조금(신호)	19,646,701	19,646,701		
매도가능증권	45,709,717	45,709,717		
업무용승용차(감가상각비)	118,757,812	118,757,812		
일시상각충당금(서광)	-72,416,928	-72,416,928		
일시상각충당금(신호)	-19,646,701	-19,646,701		
퇴직급여충당부채	1,624,587,675	1,624,587,675		
합계액	1,848,660,733	1,848,660,733	0	

[주2] 자기주식

상증법상 비상장법인의 주식을 평가하는 경우로서 평가기준일 현재 당해 법인이 자기주식으로 보유하고 있는 경우에는 보유목적에 따라 그 평가방법을 달리합니다. 당해 법인이 일시적으로 보유한 후 처분할 자기주식은 자산으로 보아 주식 평가를 위한 순자산가액 계산시 가산합니다.

귀 사가 소유한 자기주식은 5,867주를 소유하고 있으며, 자기주식 1주당 평가액은 기획재정부의 예규와 법령등을 종합하여 일시 보유목적으로 자기주식을 보유한 비상장법인의 1주당 평가액은 다음과 같은 산식에 의하여 평가 할 수 있습니다.

$$\left\{ \frac{\text{자기주식이외의 순자산가액}+(\text{자기주식수}\times 1\text{주당 평가액})}{\text{총발행주식수}} \times 2 + \frac{1\text{주당 순손익액}}{0.10} \times 3 \right\} \times 1/5$$

x = 365,930

[주3] 퇴직급 추계액 및 퇴직급여충당금

상속세및증여세법상 비상장주식을 평가하는 경우 순자산가액 계산시 평가기준일 현재 재직하는 임원 또는 사용인 전원이 퇴직할 경우에 퇴직급여로 지급되어야할 퇴직금 추계액 전부를 부채에 가산합니다. 다만 확정기여형(DC형) 퇴직연금에 가입한 경우 적립금에서 지급되어 법인에서는 추후 퇴직급여를 지급할 의무가 없게 되므로 확정기여형 퇴직연금등이 설정된 자의 퇴직금추계액 상당액은 제외합니다.

상속세및증여세법상 자산에서 차감되는 부채는 평가기준일 현재 지급의무가 확정된 것만을 차감하는 것이 원칙입니다. 따라서 퇴직급여충당금과 같이 발생원인은 당해 연도에 있으나 아직 지출이 안 된 경우에 설정되는 부채성 충당금은 부채에서 제외하여야 합니다.

귀사의 경우 재무상태표상 퇴직급여충당부채 2,237,976,534원을 부채총액에서 제외하고 퇴직급여추계액으로 가산하였습니다.

(2) 평가차액 명세서

(단위 : 원)

구 분	상증세법상 평가액(A)	재무상태표상 금액(B)	평가차액(A-B)	비고
현금등	109,203	109,203		
공사미수금	98,838,498	22,626,450	76,212,048	[주1]
단기대여금	194,554,027	194,554,027		
외상매출금	205,085,462	205,085,462		
선급금	192,469,867	192,469,867		
선급비용	84,063,391	84,063,391		
부가세대급금	157,526,369	157,526,369		
선납세금	53,689,840	53,689,840		
제품	1,372,920,900	1,372,920,900		
원재료	181,674,486	181,674,486		
부재료	231,545,707	231,545,707		
재공품	1,046,090,020	1,046,090,020		
장기금융상품	1,600,000	1,600,000		
매도가능증권	196,057,548	196,057,548		
토지	1,367,107,608	1,367,107,608	0	[주2]
건물	4,967,796,277	4,967,796,277	0	[주2]
구축물	220,222,366	220,222,366		
기계장치	840,375,740	766,195,470	74,180,270	[주3]
차량운반구	473,081,438	473,081,438		
공구과기구	21,556,632	21,556,632		
비품	78,947,631	78,947,631		
건설중인자산	177,395,150	177,395,150		
시설장치	27,933,159	27,933,159		
특허권	56,175,227	56,175,227		
의장권	581,007	581,007		
소프트웨어	4,944,709	4,944,709		
임차보증금	2,718,000,000	2,718,000,000		

구 분	상증세법상 평가액(A)	재무상태표상 금액(B)	평가차액(A-B)	비고
기타보증금	537,195,320	537,195,320		
자산총계	**15,507,537,582**	**15,357,145,264**	**150,392,318**	
외상매입금	1,347,548,487	1,347,548,487		
미지급금	660,782,534	660,782,534		
예수금	339,819,941	339,819,941		
선수금	1,917,356,838	1,917,356,838		
단기차입금	1,634,614,039	1,634,614,039		
미지급비용	178,549,163	178,549,163		
공사선수금	355,403,636	355,403,636		
퇴직급여충당부채	2,237,976,534	2,237,976,534		
부채총계	**8,672,051,172**	**8,672,051,172**		

[주 1] 토지와 건물

상증세법상 토지의 가액은 시가로 평가하는 것이며, 시가에 해당하는 가액이 없는 경우에는 상증세법 제61조 제1항 제1호에 의하여 「부동산 가격공시에 관한 법률」에 따른 개별공시지가로 평가하였습니다. 건물은 상증세법 제61조 제1항 제2호의 건물의 신축가격, 구조, 용도, 위치, 신축연도 등을 고려하여 매년 1회 이상 국세청장이 산정·고시하는 가액으로 평가하였습니다. 다만, 상증세법 시행령 제55조 제1항의 후단 규정에 따라 장부가액이 큰 경우에는 장부가액으로 평가하였습니다. 다만, 임대차계약이 체결된 재산의 경우 임대료 환산가액중 큰 금액으로 평가하였습니다.

가. 경기도 안양시 흥안대로 **번길 20, **아파트 ***호

구분	면적	장부가액	개별공시지가	기준시가	공시가격 안분	평가차액
건물	36.85	226,006,211		43,746,224	78,374,322	-147,631,889
토지	12.7586	88,216,661	3,746,000	47,793,716	85,625,678	-2,590,983
합계				91,539,940	164,000,000	

나. 경기도 안양시 동안구 **동 12*-1 ***다임

(가) 공시가격 안분

구분	용도	면적	단위당 공시가격	공시가격
동관 1**1호	아파트형공장	220.94	1,932,000	426,856,080
동관 1**2호	아파트형공장	220.94	1,932,000	426,856,080
동관 1**3호	아파트형공장	220.94	1,932,000	426,856,080

가) 동관 1**1호

구분	면적	개별공시자가	기준시가	공시가격안분
건물	220.94		153,774,240	207,579,631
토지	43.95	3,696,000	162,439,200	219,276,449
합계			316,213,440	426,856,080

나) 동관 1**2호

구분	면적	개별공시자가	기준시가	공시가격안분
건물	220.94		153,774,240	207,579,631
토지	43.95	3,696,000	162,439,200	219,276,449
합계			316,213,440	426,856,080

다) 동관 1**3호

구분	면적	개별공시자가	기준시가	공시가격안분
건물	220.94		153,774,240	207,579,631
토지	43.95	3,696,000	162,439,200	219,276,449
합계			316,213,440	426,856,080

(나) **다임 평가차액

구분	장부가액	기준시가	평가차액
건물	671,393,412	622,738,894	-48,654,518
토지	549,299,611	657,829,346	108,529,735

다. 충국 음성군 생극면 **리 토지

(가) 장부가액 안분

구분	용도	면적	취득시 개별공시지가	취득시 기준시가	장부가액	장부가액 안분
**리 19	공장용지	3,765	41,100	154,741,500	706,834,965	47,195,212
**리 24	공장용지	306	46,600	14,259,600		59,639,753
**리 18-3	도로	531	19,400	10,301,400	21,654,978	14,035,800
**리 17-1	도로	240	23,300	5,592,000		7,619,178

(나) 평가차액

구분	용도	면적	개별공시지가	장부가액	기준시가	평가차액
**리 19	공장용지	3,765	90,700	647,195,212	341,485,500	-305,709,712
**리 24	공장용지	306	90,700	59,639,753	27,754,200	- 31,885,553
**리 18-3	도로	531	8,050	14,035,800	4,274,550	- 9,761,250
**리 17-1	도로	240	11,100	7,619,178	2,664,000	- 4,955,178

라. 충북 음성군 생극면 **리 672 건물

구분	면적	장부가액	기준시가	평가차액
가동	1,160.50		435,119,800	
나동	380.40		132,150,000	
다동	992.00		337,178,000	
라동	2,500.00		945,000,000	
마동	48.25		22,677,500	
바동	148.00		41,588,000	
사동	50.00		14,050,000	
아동	152.11		44,264,010	
자동	1,202.15		515,439,550	
차동	19.00		5,890,000	
카동	3.95		1,264,000	
합계액		4,040,770,780	2,494,620,860	-1,546,149,920

마. 대명리조트 콘도회원권

구분	장부가액	평가액	평가차액
건물	29,625,874	29,625,874	
토지	1,101,393	1,101,393	

바. 최종 평가차액

구분	장부가액	보충적 평가액	상증법상 평가액	평가차액
건물	4,967,796,277	3,225,359,950	4,967,796,277	0
토지	1,367,107,608	1,120,734,667	1,367,107,608	0

(3) 영업권 평가

상증법 시행령 제59조 제2항에서는 영업권의 평가는 초과이익개념을 적용하되 영업권 지속연수는 원칙적으로 5년으로 보아 5년간의 초과이익을 자본환원율(10%)로 환원하여 영업권을 평가하도록 하고 있으며, 그 산식은 다음과 같습니다.

```
영업권 = 【(최근 3년간의 순손익액의 가중평균액 × 50%)
        - (평가기준일 현재의 자기자본 × 기획재정부령이 정하는 이자율)】
        × 3.79079(기간 5년, 이자율 10%의 정상연금 현가계수)
```

평가대상회사의 평가기준일 현재 영업권 평가내역은 다음과 같습니다.

(단위 : 원)

구 분	금 액
① 평가기준일 이전 1년이 되는 사업연도 순손익액	1,384,138,351
② 평가기준일 이전 2년이 되는 사업연도 순손익액	2,898,231,773
③ 평가기준일 이전 3년이 되는 사업연도 순손익액	1,878,089,880
④ 3년간 순손익액의 가중평균액 {(①×3+②×2+③)/6}	1,971,161,413
⑤ 3년간 순손익액의 가중평균액의 50% (④×50/100)	985,580,706
⑥ 평가기준일 현재의 자기자본	8,982,397,720
⑦ 재정경제부령이 정하는 이자율	10%
⑧ ⑥×⑦	898,239,772
⑨ 영업권 지속연수	5년
⑩ 영업권계산액　{(⑤-⑧)×3.79079}	331,090,857
⑪ 영업권상당액에 포함된 매입한 무체재산권가액 중 평가기준일까지의 감가상각비를 공제한 금액	0
⑫ 영업권평가액 (⑩-⑪)	331,090,857

3. 1주당 순손익가치 계산서

(단위 : 원)

구　　　분	2023년	2022년	2021년
1. 각사업연도소득	1,891,333,024	3,718,449,394	2,316,223,630
2. 소득에 가산할 금액			
① 국세등 과오납환급이자			
② 수입배당금 익금불산입[주1]	618,000	1,155,000	553,500
③ 이월된 기부금 손금산입액			
④ 업무용차량 관련 이월손금산입액			
⑤외화환산이익			
3. 소득에서 차감할 금액			
① 법인세 총결정세액[주2]	215,046,769	613,094,089	316,377,299
② 농어촌특별세 및 지방소득세[주2]	40,595,327	77,455,787	54,190,472
③ 벌금, 과태료, 가산금[주3]	1,691,219	334,823	1,194,145
④ 의무납부 아닌 공과금			
⑤ 기부금 한도초과액			
⑥ 기업업무추진비손금발산입액[주4]	216,340,046	105,181,732	37,752,977
⑦ 지급이자 손금불산입액[주5]	1,488,528	11,386,274	6,467,759
⑧ 업무용차관련 손불산입액[주6]	32,650,784	13,919,916	22,704,598
⑨ 업무무관비용 손금불산입액			
4. 순 손익액 (1+2-3)	1,384,138,351	2,898,231,773	1,878,089,880
5. 유상증(감)자시 반영액			
6. 순손익액 (4 ± 5)	1,384,138,351	2,898,231,77.	1,878,089,880
5. 사업연도말 주식수	42,500	42,500	42,500
6. 1주당 순손익액	@32,567	@68,193	@44,190
7. 1주당 가중평균액			46,379
8. 순손익가치 환원율			10%
9. 1주당 순손익가치			463,790

[주1] 수입배당금중 익금불산입액

법인세법 제18조의2·제18조의4의 규정에 의한 수입배당금액 중 익금불산입액은 각 사업연도 소득에 가산합니다(상증령 §56 ③ 1호).

[주2] 법인세 총결정세액 및 지방소득세

상속세및증여세법 시행령 제56조 제4항 제2호 가목에 의하여 각 사업연도 소득에서 차감하는 법인세액은 법인세법등에 따라 납부하였거나 납부하여야 할 법인세액을 말한다. 이 경우 법인세액에는 토지등 양도소득에 대한 법인세, 미환류소득에 대한 법인세, 법인세 부가세액, 법인세 감면세액에 대한 농어촌특별세를 포함하며, 법인세법 제57조에 따른 외국법인세액으로서 손금에 산입되지 아니하는 세액 및 같은 법 제18조의4에 따른 익금불산입의 적용대상이 되는 수입배당금액에 대하여 외국에 납부한 세액을 포함한다(상증통 63-56…9).

또한 이월결손금이 있는 법인에 대한 법인세 총결정세액은 이월결손금을 공제하기 전의 각 사업연도 소득을 기준으로 계산한 법인세를 말하는 것이며, 그에 따라 감면되는 법인세액이 있는 경우에는 그 금액을 차감한 후의 법인세액에 의합니다(서면4팀-2028 .2007.7.2, 국심 90서2289, 1991.2.4.).

[주3] 벌금, 과태료 및 가산금

법인세법 제21조 제3호 및 제4호에 따라 과태료 및 가산세 등과 손금으로 용인되지 않는 공과금으로 손금불산입하고 기타사외유출로 처분된 금액은 상증법 시행령 제56조 제4항 제2호에 따라 각사업연도 소득에서 차감합니다.

[주4] 기업업무추진비 손금불산입액

법인세법 제25조에 의하여 내국법인이 접대, 교제, 사례 또는 그 밖에 어떠한 명목이든 상관없이 이와 유사한 목적으로 지출한 비용으로서 내국법인이 직접 또는 간접적으로 업무와 관련이 있는 자와 업무를 원활하게 진행하기 위하여 지출한 금액으로서 사업연도의 소득금액계산에 있어서 이를 손금에 산입하지 아니한 금액은 각사업연도 소득에서 차감합니다.

[주5] 지급이자 손금불산입액

법인세법 제28조에 의한 지급이자 손금불산입규정에 의하여 각 사업연도의 소득금액계산에 있어서 이를 손금에 산입하지 아니한 금액은 각사업연도 소득에서 차감합니다.

[주6] 업무용 승용차 관련비용 손금불산입액

법인세법 제27조의2에 따른 업무용 승용차 관련비용의 손금불산입 등 특례에 내국법인이 업무용승용차를 취득하거나 임차함에 따라 해당 사업연도에 발생하는 감가상각비, 임차료, 유류비 등 업무용승용차 관련비용 중 법인세법시행령 제50조의2에서 정하는 업무용 사용금액에 해당하지 아니하는 금액으로 해당 사업연도의 소득금액을 계산할 때 손금에 산입하지 아니한 금액을 각사업연도소득에서 차감합니다(상증령 §56 ④ 2 다).

비상장주식평가 세무

발행일 : 2025년 5월
저　자 : 고경희 (e-mail: gohee119@empas.com)
감　수 : 김진기, 이형춘, 이래현
발행인 : 구 재 이
발행처 : 한국세무사회
주　소 : 서울시 서초구 명달로 105(서초동)
등　록 : 1991.11.20. 제21-286호
TEL. 02-597-2941　　FAX. 0508-118-1857
ISBN 979-11-5520-198-5　　부가기호 93320

저 자 와
협의하에
인지생략

〈이 책의 내용을 한국세무사회의 허락없이 무단복제 출판하는 것을 금합니다.〉
본서는 항상 그 완전성이 보장되는 것은 아니기 때문에 실제 적용할 경우에는
충분히 검토하시고 저자 또는 전문가와 상의하시기 바랍니다.

정가 9,000원